高等教育"十二五"规划教材

学前教育专业系列教材

# 幼儿园课程论

陈文华　主编

刘艳珍　王水玉　王淑芹　副主编

科学出版社

北京

# 内 容 简 介

本书系学前教育专业教材,它以幼儿园课程的基本概念、原理为主线,力求反映本领域知识的逻辑体系,体现学术研究的最新成果,反映幼儿园课程改革的历史脉络和发展趋势,因此具有较强的知识性、实用性和时代性特点。

全书共分幼儿园课程、幼儿园课程目标、幼儿园课程内容、幼儿园课程组织、幼儿园课程实施与开发、国外幼儿园典型课程、国内幼儿园典型课程、幼儿园教育活动设计、幼儿园课程评价等九章。编者在每章编写上尽量做到理论与实践相结合,有利于学生理解和自主学习,做到既便于教、便于学,也便于做,操作性强。

本书可作为学前教育专业的本专科教材,也可以作为幼儿园教师继续教育的教材使用,并可供广大幼教工作者阅读与参考。

**图书在版编目(CIP)数据**

幼儿园课程论/陈文华主编. —北京:科学出版社,2010
(高等教育"十二五"规划教材·学前教育专业系列教材)
ISBN 978-7-03-030218-2

Ⅰ. ①幼… Ⅱ. ①陈… Ⅲ. ①幼儿园-课程-教学研究-高等学校-教材 Ⅳ. ①G612

中国版本图书馆 CIP 数据核字(2011)第 020854 号

责任编辑:王 彦 / 责任校对:马英菊
责任印制:吕春珉 / 封面设计:东方人华平面设计部

**科 学 出 版 社** 出版
北京东黄城根北街 16 号
邮政编码:100717
http://www.sciencep.com

**三河市骏杰印刷有限公司**印刷
科学出版社发行 各地新华书店经销
\*

2011 年 4 月第 一 版 开本:787×1092 1/16
2017 年 11 月第十一次印刷 印张:15 1/4
字数:359 000
**定价:39.00 元**
(如有印装质量问题,我社负责调换〈骏杰〉)
销售部电话 010-62134988 编辑部电话 010-62138978-8208

# 学前教育专业系列教材编委会

主　任　常立学

委　员（按姓氏笔画排序）

　　　　王敬良　　巩汝训　　刘建华　　刘丛连

　　　　刘克宽　　李传银　　李维金　　杨　文

　　　　杨　明　　杨世诚　　肖兰英　　宋兆静

　　　　陈文华　　陈伟军　　屈玉霞　　罗家英

## 本书编写人员

主　编　陈文华

副主编　刘艳珍　　王水玉　　王淑芹

参　编　苏　敏　　唐文秀　　刘小林　　王永峰　　张青瑞

# 前　言

幼儿园课程是学前教育专业核心课程之一，对学生整个专业知识的建构具有基础作用。本书主要为学前教育专业所写，同时也可以作为幼儿教育工作者继续教育的教材和参考书。

本书在编写过程中力求突出以下两个特点：

1. 适应幼儿园课程改革需要，体现基础性和时代性的统一

本书作为学前教育专业教材，力求介绍幼儿园课程领域的基本概念，基本原理与方法，帮助学生构建完整的理论体系。在此基础上，尽量反映学术研究的最新成果，反映教育现实领域提出的新问题和新挑战，掌握幼儿园课程改革的时代发展要求和趋势。本书对当下开展的绘本课程虽然未加论述，但我们非常关注这种课程的发展，在此也请各位同行关注并介绍到教学过程中去。

2. 理论与实践于一体，学思结合

在本教材编写过程中，我们尽力避免由理论到理论、由概念到概念的枯燥推理，尽量做到理论和实践、案例结合起来，在内容结构、体例设计等方面有利于学生学习和思考，使教师在教学过程中不仅言之有理，而且言之有物；在编写要求中，我们特别强调案例的提供，要求每个章节都根据需要提供足够的案例，并要求案例的开放性，以便于学生在学习中增加新的元素和设计；编者在每章的结尾都对该章内容进行了小结，以帮助学生理解掌握本章主要观点和知识，同时布置了练习与思考题，引领学生在行动中学习，在学习中成长。

本书由陈文华教授主持编写，刘艳珍、王水玉、王淑芹担任副主编，参加编写的还有苏敏、唐文秀、刘小林、王永峰、张青瑞等老师。各章编写任务分配为：第一章由唐文秀执笔，第二章由刘小林执笔，第三章由苏敏执笔，第四、五章由王水玉、陈文华执笔，第六章由王永峰执笔，第七章由王淑芹执笔，第八章由刘艳珍执笔，第九章由张青瑞执笔。

本书从初步设计到最终完成历经近两年时间，在此，对关心支持这部教材出版的科学出版社及学前教育界同仁，表示衷心感谢！

本书如有错误或不当之处，恳请读者斧正。

# 目　　录

幼
儿
园
课
程
论

iv

目

录

v

目
录

vii

# 第 一 章

## 幼儿园课程

　　幼儿园课程论是根据幼儿园教育的特点从课程论中独立出来的一门学科。相对于普通教育学中的课程论，幼儿园课程论更具有针对性和操作性，是强调理论与实践结合的一门学科。课程是教育的核心。具有什么样的课程观，就有什么样的教育活动。幼儿园课程也有其自身的理论基础，因此，要研究幼儿园课程的具体问题，必须搞清幼儿园课程的本质是什么，这也是幼儿园课程研究的逻辑起点。

## 第一节　幼儿园课程概述

### 一、课程的本质

#### （一）课程论的历史发展

　　我国古代还没有出现"课程"这一专有名词之前，有关课程实践方面的记载已经在古籍中存在。人们已经认识到要根据学生不同的年龄、学业水平来安排不同的课程内容，以便取得更好的教育效果。春秋时期的"六艺"，即礼、乐、射、御、书、数，就是当时的课程内容。封建社会长期以来作为儒家经典的"四书"、"五经"，都曾经是我国历史上的重要课程内容。

　　在西方，早在古希腊时期的一些著名的思想家和教育家也曾对课程问题进行过论述。柏拉图（Plato，约公元前 427～前 347 年）主要从"理想国"的社会结构出发，论述了为不同社会阶层分设课程的意义，指出算术、几何、天文、音乐即"四艺"所具有的重要价值。智者派则从古雅典的社会需要出发，为当时的年轻人开设了文法、修辞、辩证法三科。柏拉图的"四艺"和智者派的"三艺"，合称"七艺"，构成了西方历史上最早的课程内容。

　　尽管历史上不乏对课程问题的论述，但所有这些都还只能说是一些经验总结和课程思想，所有有关课程问题的见解都只是散见于教育和教学问题的论述之中。直到 20 世纪，随着教育科学的发展，人们才真正把课程作为一个独立的研究领域，对课程进行系统的研究，并从理论上加以概括。

　　一般认为，1918 年美国学者博比特（F.Bobhit）出版的《课程》（*Curriculum*）

一书，是人类历史上第一本课程理论专著。该书的问世，标志着课程作为专门研究领域的诞生。现代课程领域的范围和研究取向最早主要也是由博比特确定的，而博比特是深受20世纪初在美国工业界盛行的"科学管理理论"的影响。科学管理的根本目的是谋求最高劳动生产率，要达到最高的工作效率的重要手段是用科学化的、标准化的管理方法代替经验管理。博比特把工业领域科学管理的原则推衍到课程领域。为了使课程科学化，必须使目标具体化。博比特作为20世纪课程科学化运动的代表，他的课程理论也反映了这种科学倾向。

### （二）课程的含义

在我国，课程一词最早出现在唐宋年间。唐朝孔颖达最早使用"课程"一词。宋代朱熹在《朱子全书》中多次提及课程，如"宽着期限，紧着课程"，"小立课程，大作工夫"等。

在西方，课程一词起源于拉丁语，意为"跑道"（curriculum）。英国教育家斯宾塞（H.Spencer）在《什么知识最有价值？》（1859）一文中第一次使用这一术语。"curriculum"一词是从拉丁语"currere"一词派生出来的，意为"跑道"（race-course）。根据这个词源，最常见的课程定义是"学习的进程"（course of study），简称学程。

国内外学者对课程概念的理解持有种种不同的看法，大致上对课程本质的理解有四种主要的理解。

#### 1. 课程即科目

把课程等同于所教的科目或教材，在历史上由来已久。我国古代的课程有六艺：礼、乐、射、御、书、数；欧洲中世纪初的课程有"七艺"：文法、修辞、辩证法、算术、几何、音乐、天文学。西方学校就是在此学科基础之上增加其他学科，而形成完整的学校课程体系的，最早使用课程一词的斯宾塞，就认为课程是由系统的知识构成的学科或科目，学校教育的任务就是把有价值的知识传递给学生。历史上，这种课程观长期占据主导地位，对学校教育实践产生了深刻而久远的影响，这种局面一直到20世纪30年代后随着课程研究的蓬勃开展才有所改变。但在前苏联和中国，长期以来一直把课程看成是学校所要传授的学科或科目，这在广大教师的观念及教育实践领域至今仍起着主导作用。

可以说，这种定义，实质上是把课程看成是由静态的知识或知识体系构成的，学生的任务就是要掌握系统的学科知识，发展自身的认识能力。这种观点往往只重视学科知识的传授，而忽视学生的兴趣、需要，不能把学生的心智发展、情感陶冶、个性培养和创造力发展等作为教学的重要目标。实际上，学校为学生提供的学习范围，远远超出了正式列入课程的学科；而仅仅学习和掌握学科知识和内容是远远不能适应社会需要的，这种课程观念下的学校教学不可能培养全面和谐发展的人。

#### 2. 课程即经验

把课程看做"经验"，这是20世纪初期以来一批西方课程学者最早所持的课程本质观。这种课程定义把课程视为学生在教师指导下所要获得的经验或体验，以及学生自发获得的经验或体验。杜威是此观点的集大成者。杜威认为，儿童的经验应该是课程的起点和基础，儿童需要在经验中学习，而由成年人和专家编制的教材是比较抽象的，就需要把各科教材转化为儿童的直接经验，才能容易被学生理解和掌握。"就需要把各门学科的教材或知识各部分恢复到原来的经验。它必须恢复到它所被抽象出来的原来的经验。"受杜威的影响，美国著名课程论专家卡斯威尔和坎贝尔认为，"课程是儿童在教师指导下所获得的一切经验"，后来也有一些课程专家把儿童在学校所获得的自发经验纳入课程体系之中，这就更加扩大了课程的范围。

3. 课程即活动

这种观点也比较有代表性，特别是在当前新课程改革背景下，也是广受关注和认同的观点。此观点认为，无论将课程定义为知识还是经验都有难以克服的局限：前者容易导致"唯知识论"，造成"见物不见人"，后者由于经验概念的抽象性，难以为教学实践中的一线老师所理解把握。因此应当通过活动的视角来审视课程的概念。台湾学者欧用生认为，"课程是指有计划的学科或其他活动"。我国学者王策三教授认为，"课程自然不等于学科……课程不仅包括学科，还有其他内容如劳动和其他各种活动"。

"课程即活动"的观点看来，课程是一种教育学活动，是学习者各种自主性活动的总和。学习者通过自身的主体活动而获得发展。此观点下，活动对于教学而言，不是点缀，而是根本，教学与活动具有高度的统一性；没有学生的自主活动，也就没有教学的发生，课程的目标就无法实现。

4. 课程即目标

将预期的结果和目标视为课程，将内容或经验看做课程的手段，是英国及美国课程专家比较普遍的课程观。博比特、泰勒（R.W.Tyler）、加涅（R.M.Gagne）、约翰逊（M.Johnson）、波法（W.J.Popham）等人均是这种观点的代表，他们认为课程是教育者企图达成的一级教学目标，或希望学生达到的学习结果。例如，波法和贝克（L.Baker）则更为明确地阐明课程就是目的，他们认为，"课程是学校所担负的所有预期的学习结果。"波法和贝克把课程看做教育者试图达成的一些教育教学目标，或者希望学习者通过学习而获得的学习结果，是课程即目标的中心含义。在这种课程本质观指导下，教育教学目标的选择和制定成为核心任务，然后，围绕教育教学目标选择组织学习经验，并进行教育评价。在此，目标是教育追求的方向和目的，也是评价的标准。该课程定义强调教育的目的性，可操作性强。这种课程本质观虽然有其缺陷，如过分强调教育的预先计划性而缺乏灵活性，不易照顾到变化了的教育环境及客观要求，但自它产生以来，影响极大。当今课程编制中的"目标模式"就是由此演化而来的一种课程编制模式。

课程概念的表述各有差别，固然有语言方面的原因，但归根到底，反映的是人们对课程本质的理解与把握。而怎样理解和把握课程本质，将之科学地概念化，既是一个理论问题，更是一个实践问题，它直接影响着具体的现实的课程实践。根据以上的分析，我们综合不同学者的理解，得出课程涵义应包涵的几大因素：教育者、学习者、教育目标、教育内容、教育活动。所以我们把课程定义为：教育者以一定的社会目标和发展人的目标为导向，根据学习者的兴趣和需要，选择合适的教育内容，在教育情境中对学习者的身心施加影响，使其获得有益经验的全部教育性活动。

## 二、幼儿园课程的本质

### （一）幼儿园课程的性质

幼儿园课程相对于普通中小学校课程来说，有其特有的本质，它是针对3～6岁正处于迅速发展阶段的幼儿来设置的。要想确定幼儿园课程的含义，必须弄清幼儿园课程的性质是什么。

**1. 幼儿园课程的根基性、启蒙性**

3～6岁是人的一生打基础的阶段，也是人发展最为迅速的一个时期。幼儿园教育在整个教育体系中处于奠基石的位置。幼儿园课程是幼儿教育的载体，它直接影响儿童在这一阶段所获得的经验和发展，并为他们今后的发展奠定基础。3～6岁处于幼儿园阶段的幼儿其身心发展正处关键期阶段，因此，幼儿园课程具有根基性和启蒙性。这一阶段的经验和发展对幼儿的一生影响最大。

**2. 幼儿园课程的活动性**

瑞士的儿童认知发展专家皮亚杰（Piaget）认为：2～7岁的儿童的思维处于"前运算阶段"，这是儿童克服各种心理障碍逐渐向逻辑思维过渡的时期。这一阶段儿童主要是表象性思维，思维的基本特点是相对具体性、直观形象性。因此，对于这一阶段的幼儿来说，只有在活动中的学习才是有意义的学习，他们必须借助于具体的情境、具体的事物，在活动中学习。幼儿园课程的实施，关键在于为幼儿创设适合幼儿身心发展的活动情境，使幼儿在主动探究的过程中获得经验和发展。

**3. 幼儿园课程的生活性**

幼儿正处于身心发展的特殊时期，一些基本的生活卫生习惯、生活自理能力、与人相处的态度及基本的常识等都需要在这一阶段学习。进入幼儿园后，离开了家长的悉心照顾，幼儿需要在幼儿园中学习一些生活常识，这也就决定了幼儿园课程必须具有生活性，体现生活化原则。

**4. 幼儿园课程的全面性、整合性**

幼儿身心发展的水平和学习特点决定了幼儿园的课程应该是全面的、高度整合的课程，必须以实现幼儿身体的、认知的、情感的、道德的、社会性等方面的和谐发展为目标，培养完整儿童。因此，幼儿园课程应涉及多个学科、多个领域，并使之相互联系，相互促进，从而构成一个有机的发展整体。

（二）幼儿园课程的含义

早在 20 世纪 30 年代我国理论界对幼儿园课程的研究已比较深入，幼儿园课程理论研究方面取得了非常突出的成就。陈鹤琴对学前教育课程理论的发展做出了突出贡献，他是我国幼儿园课程改革的先驱和幼儿园课程理论的重要奠基者。陈鹤琴尽管没有给幼儿园课程下一个明确的定义，但他一再强调，幼儿园应该给幼儿以充分的经验，这种经验的来源有两个：一是与实物的接触，二是与人的接触。应该把幼儿能够学而且应该学的东西有选择地组织成系统，应该以幼儿的两个环境——自然环境和社会环境——为中心组织幼儿园课程。这其实也是对幼儿园课程的解释。另一位学前教育家张雪门早在 20 世纪 30 年代初就开始了他对幼稚园课程的研究。曾先后在《幼稚教育概论》、《幼稚教育新论》、《新幼稚教育》等著作中对幼稚园的课程问题进行了深入的探讨。他曾提出："课程是什么？课程是经验，是人类的经验用最经济的手段，按有组织的调制，用各种方法，以引起孩子的反应和活动。幼儿园课程是什么？就是给三足岁到六足岁的孩子所能够做而且喜欢做的经验的预备。"这也是对幼儿园课程所下的定义。同时期的张宗麟也指出："幼儿园课程者，由广义的说之，乃幼稚生在幼儿园一切之活动也"。

借鉴幼儿教育研究先驱对于幼儿园课程的理解，并在分析幼儿园课程性质的基础上，我们得出幼儿园课程的涵义所涉及的几大要素：教育者、幼儿、幼儿园教育情境、教育性活动。我们把幼儿园课程定义为：教育者以一定的社会发展和培养人的目标为导向，针对处于幼儿园学习阶段的幼儿，根据其身心发展需要和社会性发展需要，充分利用幼儿园内外的教育情境，选择适合幼儿全面素质发展的学习内容，对幼儿的身心施加影响，使其获得有益发展的全部活动。

# 第二节　幼儿园课程理论基础

任何学科和研究都有其理论基础，幼儿园课程理论也有其心理学、哲学和社会学理论基础。幼儿园课程理论的理论基础影响着课程目标的确定、课程内容的选择、课程组织的实施和课程活动的评价。了解幼儿园课程的理论基础，有助于深刻把握幼儿园课程理论的主旨和内涵，进而能有效地指导课程实践。

一、心理学基础

心理学以人为研究对象，幼儿园课程活动的对象为处于人的基础发展阶段的幼儿，并以育人为目标，心理学研究和幼儿园课程理论研究共同指向了人，因此，心理学是幼儿园课程论的理论基础。从赫尔巴特（J.F.Herbart，1776～1841）首次提出教育学心理学化直至今天，心理学和教育学密不可分，心理学的研究成果极大地推动了教育学理论和课程理论的进展。随着心理学研究的逐步深入，心理学的诸多流派都对课程论研究有着深刻影响，其中行为主义心理学、认知心理学和人本主义心理学对幼儿园课程理论的进展影响最大。

### （一）行为主义心理学对幼儿园课程的影响

1913 年，美国心理学家华生（J.B.Watson）发表了《一个行为主义者所认为的心理学》的论文，宣告了行为主义心理学的诞生，把长期以来心理学仅仅专注意识方面的研究转移到重视行为方面的研究上来。行为主义的哲学来源是英国经验主义哲学。行为主义强调外部环境对人的学习的决定作用，认为学习过程就是有机体在一定的条件下形成刺激与反应的联系从而获得新经验的过程。行为主义心理学的形成和发展经历了两个时期：一是以华生为代表的经典行为主义；一是以斯金纳（B.F.Skinner）为代表的新行为主义时期。

华生作为行为主义的创始人，提出了刺激—反应学说。刺激指的是外界环境中的任何东西以及体内各组织所引起的种种变化；反应指的是有机体所做出的任何动作。他认为任何心理问题及其解决，都能纳入刺激和反应的轨道之中。华生把刺激和反应分为无条件和有条件两类。无条件反应是非习得的反应，是在学习过程中，通过条件化过程把非习得的反应"组织起来而成的"。由此，他把学习过程堪称是习惯的形成过程，也就是把条件刺激与条件反应"组织起来"，形成一定的联结的过程。

以斯金纳为代表的新行为主义强调反应后的刺激，即强化。斯金纳的操作性条件作用理论是通过观察动物在他发明的实验装置——斯金纳箱中的行为而提出来的。其基本观点为：行为的结果决定有机体行为的加强或减弱，是否重复某种行为，从而决定有机体行为模式的形成；行为结果能增强操作行为发生概率的情况叫做强化；凡行为的结果对行为起到了强化作用，操作条件反射则形成，行为结果对行为起到了惩罚和消退作用，操作条件反射则不能形成。斯金纳将操作条件反射应用于对学习过程的说明，认为学习的存在有两个必要条件：一是必须有反应，或者说必须有动作；一是必须继之以强化，而这种强化越及时越好。

将行为主义心理学的基本观点加以概括，可以归纳为以下几点：①科学心理学所反映的对象只是能够客观观察和测量的外显的行为；②多个个体的反应就是可知行为的整体；③个体行为不是与生俱来的，而是受环境的影响被动学习而来的；④对动物或儿童试验研究而得到的行为原则，可以推广为人的行为原则。

行为主义心理学对幼儿园课程的影响有如下几点：①课程目标要分解、要具体，强调目标的外显性和层次性。由于行为主义强调心理研究对象是客观的、外显的行为，因此，在课程设计中，强调目标的外显性。在行为主义者看来，制定目标是为了便于客观地评价，而不是表达理想的愿望，只有具体的外显的行为目标才是可以客观测量的。同时，由于行为主义者把刺激与反应作为行为的基本单位，学习就是要加强刺激与反应之间的联结。幼儿园课程的目标具有具体性、全面性、整体性的特点，且在课程组织实施中很难把握目标，因此要求目标表述要具体，可操作性强。②提倡教学设计，重视运用不同的教学技术。斯金纳根据操作条件反射和积极强化理论设计了程序化教学，主要遵循小步子、积极反应、及时反馈、自定步调、低错误率的原则。20 世纪 60 年代后，许多国家推行程序教学，另外设计计算机辅助教学、自我教学单元、个别学习法也是以行为主义思想为基础开发出来的。③尝试对幼儿的外显性行为进行评价，重视教学过程中的强化。新行为主义重视反应后的强化，因此，在学习过程中，练习和强化是基本的，强化更为重要，因为强化的次数增多，则概率随着增加。所以，在课程组织过程中重视对学生行为的反馈，并适时地予以强化。

### （二）认知主义心理学对幼儿园课程的影响

认知心理学探讨学习的角度与行为主义者不同。他们认为，环境只是提供潜在的刺激，至于这些刺激是否引起以及引起何种反应取决于学习者内部的心理结构。认知主义心理学由瑞士儿童心理学家皮亚杰首创，经布鲁纳（Jerome S.Bruner）、奥苏贝尔（D.P.Ausubel）、加涅（R.M.Gagne）等人在研究领域、方式、方法等方面的拓展和深化，形成了多种思潮和流派。认知主义心理学对课程与教学论的贡献是多方面的。

皮亚杰的发生认识论认为，人是一个发展中的开放认识系统，在适应外部世界的过程中，不断地同化外界信息，形成和营建自己的认知结构，同时，又不断改变着认知结构自身以顺应外界环境。皮亚杰用同化与顺应，以及两者之间的平衡等概念来解释人类认识的形式：同化——个体对刺激输入的过滤或改变的过程；顺应——有机体调节自己内部结构以适应特定刺激情境的过程；平衡——个体通过自我调节机制使认知发展从一个平衡状态向另一种较高水平的平衡状态过渡的过程。

布鲁纳认为学习不是简单的在强化条件下形成刺激与反应的联结，而是有机体积极主动的形成新的认知结构。学习的实质在于学习者主动地进行加工活动形成认知结构。认知结构的主要成分是类别编码系统，学习过程主要是类目化的过程，学习者在学习过程中主要进行的信息加工活动是类目化的活动，通过这种活动将新知识与原有的类目编码系统联系起来，不断形成或发展新的类目编码系统。编码系统的形成是从低层次向高层次递进的过程，因此，为了促进学生有效地进行类目化以形成类编码系统，应该向他们提供较低层次的类目和事物，让学生"发现"高层次的类目编码。

奥苏贝尔认为，学习是通过同化将当前的知识与原来的认知结构建立实质的、非人为的联系，使知识结构不断发展的过程。所谓实质性，是指新符号所代表的新知识能与学习者认知结构中已有的表象、有意义的符号、概念或命题建立内在联系，而不仅仅是字面上的联系；非人为性，是指符号所代表的新知识与认知结构中有关观念表象建立的是符合人们所理解的逻辑关系上的联系，而不是一种任意附加上去的联系。奥苏贝尔强调，学习过程是自上而下的同化过程，同化的实质是新知识通过与已有的认知结构中的起固定作用的知识和观念，建立实质性的非人为联系，进而被同化到已有的认知结构中来，其结果一方面使新知识被学习者理解，获得心理意义，另一方面已有的认知结构发生改变，增加了新的内容，建立了更广泛的联系。

概括起来，认知主义心理学对学习的基本解释是：①学习是一种内部发展的过程，是一种由同化和顺应交替发生作用，从而导致生理、心理从平衡状态到不平衡状态的循环过程；②学习是一种主动构建的过程，在这一过程中认知结构发挥着重要的作用；③学习是一种对信息符号进行分阶段加工的过程，而这种加工处理是学习者与环境的交互动态的过程。

认知心理学对幼儿园课程的影响表现在：①课程就是促进幼儿在认知结构的形成过程中推动幼儿的认知发展。在认知主义者看来，不论教幼儿学习任何科目，绝不是对幼儿心灵中灌输一些固定的知识，而是使幼儿形成知识的结构及构造知识的能力。如布鲁纳重视思维在学生学习知识结构时的作用。他认为，"对一门学科来说，没有什么比它如何思考问题的方法更重要的事情。"②在课程内容的选择与组织上，认知主义的代表人物布鲁纳强调："不论我们选教什么学科，务必使学生理解该学科的基本结构。"学科的基本结构是由该学科的一般原理和概念以及相应的学习和探究学科的基本态度构成。对于课程与教学内容的组织，布鲁纳主张采取"螺旋式"，这种组织方式一方面保证"直线式"组织的优点，另一方面又继承了圆周式由同心圆一波又一波拓宽的心理组织方式，便于将学科的知识结构与学生的认知结构统一起来。③课程设计要依据幼儿的认知结构水平，尊重幼儿的认知规律。这一原则对幼儿园课程内容的选择和组织实施特别适用。

### （三）人本主义心理学对幼儿园课程论的影响

人本主义心理学产生于20世纪50年代末60年代初的美国，其主要代表人物是美国心理学家马斯洛（A.H.Maslow）和罗杰斯（C.Rogers）等。当时科学技术突飞猛进，给人类社会带来了巨大的效益，因此，"科学主义"和"工具主义"被人们奉为时代精神的核心。一些心理学家针对行为主义心理学过于关注"严格"的研究方法的弊病，认为应重视人之所以为人的实质性的东西。从20世纪70年代开始，人本主义心理学开始在教育界盛行，且一度出现要求改造传统教育模式的人本主义教育思潮，这种思潮对传统的学校教育产生了极大的冲击，给课程研究带来了重要的影响。

人本主义心理学认为，传统心理学存在着严重的贬低人性和非人性化的倾向，主张心理学的研究要有助于人的价值与尊严的提高，应该探讨的是完整的人，而不是把人的各个从属的方面，如行为表现、认知过程、情绪障碍等割裂开来加以分析。人本主义心理学的五个基本假设是：①人作为人，超越了组成人的各种成分的总合，人不能被还原为其组成成分；②人具有他独特的存在，这种存在处于特定的人文和生态背景；③人是有意识的，能意识到自己的存在；④人具有选择能力；⑤人具有意向性，行为是有目的的。行为的目的性使得人追寻意义、追寻价值、追求自我实现。人本主义心理学的核心理念是，相信人的潜能，尊重人的特性、需要和权利，强调人在自身发展中的自由选择性和主动创造性。在人本主义心理学的视野中，人是一个有着巨大潜能的、有思想、有感情、有个性的多方面统一的整体。

基于对人的基本认识，人本主义心理学对学习过程的本质和特点有着独特的解释：①人生来就有学习和生长的自然潜能。最重要的学习不是机械、被动的学习，而是有意义的经验学习。当学生感到学习的材料与自己的目的相关联时，意义学习就产生了。②学习过程是促使每一个体自我发展的过程，而自我发展的实质是自我评价的发展。因为，人的一切学习都是为了使自己能更好地理解自己，形成自我概念，发展自我评价的能力。③每个人都有一种自然生长的本能，都有自我实现的共同趋势和自我指导的能力。反映在学习上，学生是知识的探求者，有学习的主动性，有选择学习的自由。

人本主义心理学对幼儿园课程的影响主要体现在：①在课程目标上以促进幼儿完整人格的发展，独特潜能的发挥以及达成自我实现的目的为核心。人本主义心理学认为，人人都有一种与生俱来的、向善发展的优秀素质或潜能，这种潜能的发展反映了人的共同需要，课程设计的目的就是要促进人的各种潜能充分发展，满足人的多层次的心理需要，进而造就人格更为健全、发展更为均衡的"完整的人"。②课程内容的选择注重对于幼儿的个人意义及与幼儿实际生活的"适切性"。人本主义者认为，知识对于学生是否具有个人意义，决定了学生对知识的理解和保持程度，所以，幼儿园课程内容的选择应多考虑引导幼儿去寻找知识的个人意义。"适切性"指的是课程内容要适合幼儿学习的兴趣、能力和需要，要与学习者的生活经验和社会状况密切相关。在课程组织上，注重"统合"，即：学习者心理发展与教材结构逻辑的统合；情感领域与认知领域的统合；相关学科在经验指导下的统合。从而适应学生多方协调、整体发展的需要。③课程实施中，人本主义者非常重视"人际关系"在人的发展中的作用，认为通过人际间的心灵沟通，发展学生的合作意识、团体意识和交往意识，培养必要的人际交往能力，这本身就是学校教育的一个重要目标。所以，建立良好的人际关系是幼儿园课程实施中应关注的问题。④课程评价是促进学生自我发展的手段。人本主义者推崇自我评价这一促进性内部评价方法，让学生主动参与学习过程和评价过程。因为，自我评价不仅有助于调动学生学习的积极性，发挥学生在自我发展中的主动精神，而且也能避免外部评价所带来的某些不客观、不准确因素的影响，减轻学生的心理负担。同时，人本主义还主张课程评价的方法应灵活而多样。在幼儿园课程实施中，可充分利用自我评价、同伴评价、教师评价等多种评价方式，以期对幼儿心理产生综合效应。

二、哲学基础

幼儿园课程论的发展一定程度上是伴随着哲学的发展变化而不断更新，是不同教育哲学流派课程观的反映。西方比较有代表性的教育哲学流派有：进步主义教育哲学、永恒主义教育哲学、要素主义教育哲学。20 世纪后期，教育哲学出现了后现代转向，在此基础上形成了相应的课程与教学观。

### （一）进步主义哲学基础上的幼儿园课程论

进步主义发端于19世纪末，蓬勃发展于20世纪上半叶，以实用主义哲学为基础，代表人物是美国的哲学家、心理学家、教育家杜威。在哲学上，杜威从黑格尔主义转向工具主义，强调哲学只是解决社会问题的工具。他批判哲学领域中的形式主义，崇尚"实用主义的真理理论"。杜威认为世界上不存在永恒的真理，否认真理的普遍性、绝对性和客观性，认为"实用效果"、"有用与否"才是衡量真理的标准。实用主义把知识看做是有机体与环境的相互作用，即人与宇宙的"交互作用"的对话。检验知识真伪的标准，是看人们所提出并付诸行动的假设和猜测是否"有用"，只有那些能解决实际问题，能达到希望结果的假设和猜测，才是真知。实用主义还认为，人是知识的创造者，也是价值的创造者。

实用主义哲学在教育领域的应用，不仅指导了19世纪末、20世纪初的美国"进步主义教育运动"，而且还引发了一场历时几十年的具有世界影响的课程与教学改革运动。在这当中，杜威的课程与教学观起到决定性的作用。杜威在对传统的课程与教学进行批判的基础上，提出了自己的一系列主张。杜威认为，传统的以学科为中心、以教师讲授为中心的课程与教学是不可取的，应把课程与教学同儿童的生活经验结合起来。理想的课程与教学的中心应该以儿童为出发点，以儿童为中心，以儿童为目的，促进儿童的成长和发展。杜威反对将课程内容等同于教材中所罗列的抽象的知识，而强调以"经验"为中心的课程内容。对于课程内容的组织，认为传统的学科课程的逻辑组织对于成人可能是适用的，但对于儿童而言就不同了，应以儿童为中心组织内容。在教学问题上，以杜威为代表的进步主义者反对把学习看做是学生接受教师传递知识的过程，认为知识必须通过积极主动的活动得来，必须与经验结合在一起，在此基础上，杜威提出了著名的"从做中学"的教学主张。

### （二）永恒主义哲学基础上的幼儿园课程论

永恒主义产生于20世纪30年代，主要代表人物是赫钦斯（Robert M.Huthins）、艾德勒（Mortimer J. Adler）、利文斯通（Richard Living Stone）等人。永恒主义以唯实主义哲学为基础，认为世界是由先验的"实在"所组成的，因而在世界上存在着由"实在"构成的永恒不变的真理。对于人来讲，人作为世界的一部分，也是一种固定不变的"实在"，即存在着不变的人性。人和宇宙都是理智的产物，理智是社会中人的最重要的特性。作为一种教育哲学流派，永恒主义坚持主张过去的东西是卓越的，特别是由伟大的著作家及其著作所代表的过去成就是无与伦比的。

在课程问题上，永恒主义把促进学生理智发展看做教育的最高目的，从"永恒真理"中引申出"永恒的学科"，强调学校应该以"永恒学科"为核心为学生设计和确定课程。在永恒主义者看来，所谓"永恒的学科"主要是历代伟大哲学家、思想家的伟大著作，尤其是古代伟大人物的著作。永恒主义紧紧围绕理智训练这一宗旨，将永恒学科分为三类：理智训练内容的学科——哲学、文学、历史；理智训练方法的学科——数学、科学、艺术；理智训练工具的学科——英语、拉丁语、希腊语等，形成了大百科全书式课程内容体系。在教学方面，永恒主义者极为推崇苏格拉底的教学方法，他们认为苏格拉底的方法最能发展人性、实现理智训练的目的。在永恒主义者看来，教育是教师有目的、有计划地培养学生理智的活动，教师是接受国家的委派来对学生进行教育训练的专业工作者，是学生学习的指导者和引路人，教师有能力也有责任对学生严加管教，直到学生积极主动地刻苦学习。

### （三）要素主义哲学基础上的幼儿园课程论

要素主义产生于 20 世纪 30 年代，是在与进步主义的争斗中相应而生的，主要代表人物是巴格莱（William Chandley）、德米亚谢维奇（Michael Demiashevich）、莫里逊（Henry Morrison）等。要素主义的哲学观点比较庞杂，作为当代西方主要的教育哲学流派之一，其基本观点强调人类文化的"共同要素"。要素主义者认为，在人类的文化遗产中，存在着永恒不变的、共同的、超时空的要素，它们是种族文化和民族文化的基础。要素主义倡导"社会进化论"，认为社会进化就是"积累和精华知识的过程"，社会发展的过程就是文化传承的过程。在个人与社会的关系上，要素主义虽然承认个人的尊严、自由和权利，但更强调个人对社会的遵从、责任和义务。

为了实现社会进步的教育目标，要素主义者认为，应该将人类文化中的"共同要素"作为学校课程的内容，共同的文化要素分为四个方面：①学习习惯和基本技能；②知识，包括观念、概念、含义、事实、原理、理论假说；③理想和情感化的准则；④态度，包括理论观点、顿悟、兴趣、忠诚等。在课程内容的组织与编排上，要素主义者反对实用主义倡导的活动课程打破学科之间的界限以及学科自身的逻辑组织的做法，主张恢复各门学科的自身逻辑，按照严格的系统编写教材。在教学方面，要素主义者认为，教学过程必须是一个训练智慧的过程，强调传统的心智训练，强调学生在学习上必须努力和专心，强调教师在教学中的核心地位。

### （四）后现代主义哲学基础上的幼儿园课程论

后现代主义是 20 世纪后半期西方社会广为流行的哲学、文化思潮。主要代表人物有法国的哲学家雅克·德里达（J.Derrida）、米歇尔·福柯（M.Foucault），美国哲学家伊哈布·哈桑（Ihad Hassan）、弗·杰姆逊（F.Jameson）等。后现代主义哲学是在对传统哲学和现代哲学进行颠覆性批判的基础上产生和发展起来的，后现代主义哲学特征的大致轮廓为：①怀疑与否定的思维特征。后现代主义对任何一种被奉若神明的前提和假定都提出质疑，志在摧毁传统、封闭、僵化的思维方式。②消除判断的价值取向。后现代主义主张摒弃表达认识深度的模式，消解阐释的必要性，赋予不同的话语以平等的权利。③非中心化和反基础、反权威的结构策略。④实用性的知识观。把知识看做是按一定的规则而建构起来的一套语言，是再现人类认识世界活动的最基本的体现。⑤多元化的方法论。后现代主义强调文本的多义性和解释的无限性，允许采用任何方法容纳一切思想。

从20世纪70年代开始，后现代主义哲学被逐步引入课程研究领域。在美国出现了许多后现代课程理论学派，如概念重建主义、新马克思主义、多元文化主义、后结构主义、解构主义，建构的后现代主义等。在众多的后现代课程与教学论学派中，较为突出的是课程论专家小威廉姆·E.多尔（W.E.Doll）的开放性后现代主义课程与教学论。多尔指出，封闭性、简单性和累积性是现代主义课程与教学的主要特征，而后现代课程与教学则强调开放性、复杂性和变革性。所谓开放性，就是把课程与教学视为一个开放的系统，在这个系统中，各种流动、变化、干扰和错误在所难免，而且还是系统自组织的契机和源泉，课程与教学设计必须要考虑这些因素的存在和影响。复杂性则是指课程与教学的影响因素是网状的、综合的、变化的，不是简单的、线性的、固定的。对于变革性，是指系统从远离平衡的状态到形成新的平衡的过程是内在性的、突变的和不确定的。与这些观点相对应，后现代的课程与教学不再强调课程与教学目标的详尽预设，而是认为随着课程与教学的展开，随着教师、学生及教材的互动，逐渐明确，并在行动中不断加以调整的；不再追求课程与教学的内容绝对客观和稳定不变，而是强调其开放性、变革性、情境性、价值化；课程与教学的实施是一种开放的、启发性、激发对话的方式，教学是师生共同参与探究知识的过程，教师是"平等中的首席"；在课程与教学评价中应承认和尊重价值多元，承认和强调学生的组织、建构能力，关注学生的自我意识和创造性。

## 三、社会学基础

教育是随着人类社会的产生而产生，这就意味着课程同社会的关系悠久而密切。在不同的历史发展阶段，人们的社会观念不同，对课程的影响方式和影响层面就会有不同的表现。20世纪初，在早期的社会学家对教育问题所作的开拓性研究的基础上，孕育产生了教育社会学这门新的学科。教育社会学在其发展过程中，出现了诸多流派，这些流派在一定程度上都对学校的课程与教学产生过直接或间接的影响。其中有代表性的教育社会学流派并且对幼儿园课程论有过重大影响就是功能理论。

功能理论也称结构功能主义，代表人物主要有法国的涂尔干（E.Durkheim）、美国的帕森斯（T.Parsons）等人。功能理论以"结构与功能"、"整合"、"稳定"等概念为立论基点，强调社会整合、共同的价值观念和社会稳定，主张社会各部分都在协作的基础上有秩序地实现社会的需要而发挥作用。功能理论的基本观点为：①社会是由许多不同部分构成的一个相对稳定和持久的结构，社会结构的各部分对社会整体发挥各自的功能；②社会因价值的共识而整合。在整体中，某一部分的变化可能影响整体结构，但它不会破坏社会结构的协调与平衡，其关键性原因是社会中存在着共同的价值观和社会观；③社会的变迁尽管存在，但它总是处于稳定和谐的状态。

幼儿园是社会结构中的一个有机组成部分，理应对社会稳定发挥自己的功能。帕森斯在《作为社会系统的学校班级》一文中指出，学校是"社会化的机构"，其"社会化功能可以概括为培养个人的承诺感与能力，这些是他们将来承担自己角色的先决条件。承诺感继而又分为两部分：对奉行社会普遍价值观念的承诺和对于在社会结构中充当某一特定角色的承诺……能力也可分为两部分：首先是完成与个人角色有关的任务所必需的能力与技能，其次是'角色责任感'，或者说符合他人所期待的与这些角色相适应的人际行为的能力。"在他看来，学校就是要通过社会化功能的发挥维持社会的共同文化，并为社会结构提供合格的人力资源，协助维护社会使之成为一个协调一致的整体。

课程是幼儿园教育工作的核心，理所当然地应以满足幼儿个体的社会化需要为目的，向幼儿提供社会普遍的"共同文化"，以使幼儿具备在社会结构中所扮演不同社会角色所需要的知识技能。功能理论基础上的课程观呈现出以下主要特点：①突出社会化功能。由于课程的目的是使学生社会化，为此，必须要使幼儿理解并接受自己在社会中的位置，要规范他们的思想和行为，以有助于维持社会结构、保持社会平衡。②课程内容应贴近生活。幼儿是社会结构中的一个组成部分，不能与世隔绝，课程内容要密切贴近社会生活，特别是面临科学技术与知识迅速变革的现实情景，课程必需使幼儿适应他们生活于其中的社会环境。这是课程实现个体社会化功能的前提条件。③强调社会对课程发展的推动作用。课程是为社会服务的，而社会的进步对课程的发展具有很强的推动作用，能够有力地促进课程与教学的滚动发展。

功能理论从整个社会大系统来考察幼儿园的课程，尤其是通过社会化途径寻求课程同社会系统之间的和谐一致，使课程研究不仅立足于一个较高的层次上，而且着眼于课程中的实际问题解决，其理论价值和实践意义都是不可否认的。

### 本章小结

幼儿园课程的本质是幼儿园课程研究的逻辑起点，规定着研究者的思维方式和研究取向。幼儿园课程是幼儿园教育的核心，要弄清幼儿园课程中存在的现象和问题，必须弄清幼儿园课程的本质。本章通过梳理幼儿园课程的上位概念——课程在不同阶段的含义和表现，并针对幼儿园课程的特点，来把握幼儿园课程的本质，以期揭示幼儿园课程与课程的共性和个性。

任何一门学科都有其理论基础，这是学科生存和发展的土壤。幼儿园课程论的发展是在哲学、心理学和社会学发展的基础上发展起来的。弄清幼儿园课程的理论基础，便于更深刻地理解幼儿园课程的本质和把握幼儿园课程研究的发展趋向。

### 思考与练习

1．课程的本质是什么？

2．什么是幼儿园课程？

3．对课程本质观有哪几种主张？

4．幼儿园课程的特点有哪些？

5．幼儿园课程论的理论基础有哪些？

6．行为主义心理学对幼儿园课程论的影响有哪些？

7．功能理论基础上的课程论有什么特点？

# 第 二 章

## 幼儿园课程目标

课程目标是课程的指南针和方向盘，是课程的灵魂，在课程要素的中居于基础和核心地位。课程目标是特定教育价值的具体体现，是一定课程的基本立足点和最终归宿，它既是课程内容选择和组织的基本依据，也是课程评价的标准，是指引课程顺利实现预期效果的重要保证。因此，制定适宜的课程目标是实现课程价值的第一个关键步骤。

当前，幼儿园课程设计主要有两种模式，即目标模式与过程模式。两种模式对教育内在价值的不同认识，使得课程目标的制定有两种不同的取向。目标模式认为课程目标是课程设计最关键的准则和中心，应预先制定明确的课程目标，增强课程的计划性和可操作性，使儿童发生目标期望的行为。过程模式认为课程实施过程无法加以准确的预测，具有不确定性，因此完全预设的课程目标在复杂的教育情境面前可能会大打折扣，课程目标不是预先设定好的，应适应具体的教育现实，在儿童、教师和环境的相互作用中生成适宜的目标。这两种取向分别揭示了课程目标的预设性和生成性，对于教育工作者制定课程目标产生了很大的影响。

但是，在真正制定课程目标时，这两种取向使很多幼儿园教师产生疑惑："一会儿说目标必须在前，一会儿又说目标可以在过程中生成，到底是在前还是在后？"幼儿园课程目标到底应该怎样制定？制定的依据是什么？课程目标中应包含哪些内容？怎么表述？这是每一个幼儿教师必须首先弄清楚的问题。

## 第一节　课程目标概述

### 一、课程目标的内涵

要了解课程目标的内涵，首先要弄清三个概念及其相互关系：教育目的、教育目标、课程目标。这三个概念在不同层面上体现着一定的教育价值理念。教育目的的特点是普遍性、模糊性，规定了一定时期教育的总体方向。要让其实现，需要经过复杂的、多方面的努力，其中，把教育目的细化为不同年龄阶段的教育目标，并将每个阶段的教育目标转化为具体的课程目标是极其关键的一步。这样，课程目标在教育目的和具体课程实践之间架起一座桥梁，使教育的价值在每个具体的教育活动中得以体现。

（一）课程目标的定位

教育目的（educational aims）是对受教育者的质量和规格的总体要求，从宏观角度明确了一个国家人才培养的规格，体现了国家、社会普遍的、终极的教育价值追求。这种对教育的要求一般体现在一个国家的教育方针和教育政策中。如我国的《中华人民共和国教育法》规定了我们国家的教育目的是"教育必须为社会主义现代化建设服务，必须与生产劳动相结合，培养德、智、体等方面全面发展的社会主义事业的建设者和接班人"，这种宏观的教育目的体现了不同性质教育的发展方向，构成了教育实践活动的第一要素和前提。

教育目标（educational goals）是教育目的的下位概念，它规定了不同性质不同阶段的教育价值，如我国的学前教育、小学教育、中学教育、高等教育分别有各自的教育分目标，在不同的教育层次上体现教育的性质。目前，我国幼儿园的教育目标在《幼儿园工作规程》中有所规定，即"对幼儿实施体、智、德、美诸方面全面发展的教育，促进其身心和谐发展。"这是幼儿园在确定课程目标时不能违背的基本原则，也是幼儿园在确定课程目标时必须考虑的一个层次。

课程目标（curricular objectives）是教育目标的下位概念，规定了课程开发与教学设计中课程的具体价值和任务。在教学实践中，课程目标不是空泛、笼统的，课程目标的确定与课程内容的选择、课程的组织和实施以及课程评价紧密相连。也就是说，课程目标总是以一定的教育目的和教育目标为导向，具体体现在不同的年级目标、学科目标、单元目标、单个活动目标之中。因此，相对于教育目的、教育目标来看，课程目标更加具体、可操作，与某个具体教育活动的目标更贴近。从三者关系上看，教育目的到教育目标再到课程目标是一个从宏观到中观再到微观，从概括到具体的过程，体现了各级目标的层次性。三者之间的关系见图2-1。

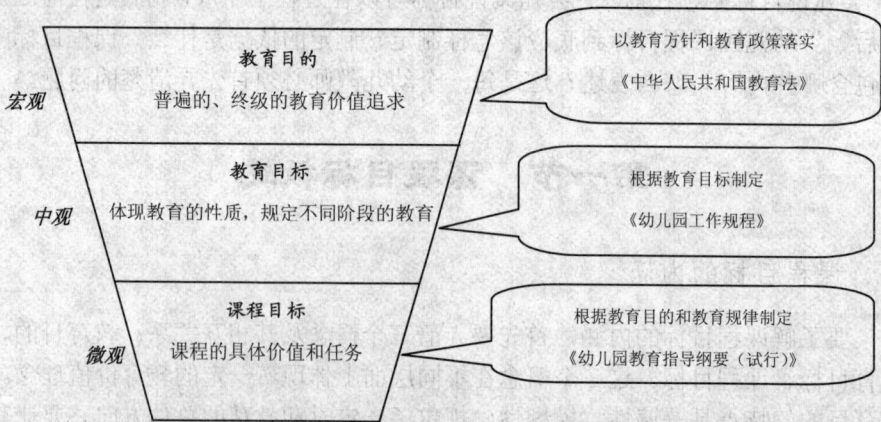

图2-1 教育目的、教育目标、课程目标三者之间的关系

实践中幼儿园教师对于"目标在前还是在后"的疑问，可以从教育目的、

教育目标、课程目标三者之间的关系上得到一些启示。所谓"必须在前"的目标带有教育目的和教育目标之义，而"在过程中生成"的目标则更多的体现出课程目标的具体性和可变性。教育目的和教育目标是课程目标的前提和基本原则，必须在具体的课程实施前确定，以在总体上保证教育完成培养特定人才的任务。课程目标更多的面向具体的课程实践，而具体的教育情境是复杂的、不确定的，需要结合实践作出一些调整，即在课程实施过程中生成。

### （二）课程目标的含义

课程目标是一定的教育价值理念或教育目的在课程领域的具体化，明确了特定阶段的课程所要达到的预期结果。

广义的课程目标，就是教育意图。在西方，它包含了"宗旨"、"目的"和"目标"，甚至包含了"教学目的"和"教学目标"，可以分为"课程宗旨"、"课程目的"、"课程目标"、"教学目的"和"教学目标"；在我国，它则包含了"教育方针"、"教育目的"、"教育目标"、"培养目标"、"教学目的"和"教学目标"等方面的含义。从广义的角度来看，课程目标与教育目的、教育目标一致或等同，一定程度上造成了人们对课程目标、教育目标认识的混乱。

为了弄清具体课程目标与教育目的、教育目标的区别，我们取课程目标狭义的概念。狭义的课程目标定位于教育实践中教与学的关系，以一个具体化的视角阐明课程要达到的预期结果，主要包括"教学目的"和"教学目标"，其中的也包括了"年级教学目标"、"单元教学目标"和"课时教学目标"。从实际来看，狭义的课程目标也更符合其具体性、预测性和操作性的特点。

## 二、幼儿园课程目标的内涵

按照上述对课程目标的解释，幼儿园课程目标指的是幼儿园阶段的课程要达到的预期效果。幼儿园阶段的课程到达到什么样的效果，《幼儿园教育指导纲要（试行）》（以下简称《纲要》）对幼儿园的主要活动内容——健康、语言、社会、科学、艺术等每个领域的课程目标作了比较详细的阐述。如社会领域目标为：

1）能主动的参与各项活动，有自信心。
2）乐意与人交往，学习互助、合作和分享，有同情心。
3）理解并遵守日常生活中的基本的社会行为规则。
4）能努力做好力所能及的事，不怕困难，有初步的责任感。
5）爱父母长辈、老师和同伴，爱集体、爱家乡、爱祖国。

应当说，《纲要》目标更多的指向幼儿的一般发展，体现出课程的整合性。但它对于课程目标的表述依然是笼统而概括的，幼儿园必须制定出具体的、更具操作性课程目标，才能对课程实施产生直接的指导作用。

从幼儿园课程目标的地位上看，课程目标可以说是幼儿园课程的"指南针"和"方向盘"。在幼儿园课程中，目标处于核心地位，它是课程实施的起点和归宿点，是选择课程内容、组织课程实施的依据，也是评价课程是否达到预期效果的重要标准。因此，课程设计的第一步，也是最关键的一步就是制定科学、合理的课程目标。

# 第二节　课程目标的基本价值取向

明确课程目标的基本价值取向，能够增强反省意识，提高制定课程目标的自觉性与自主性。由于课程开发者不同的教育价值取向，在课程开发的三个基本来源——社会的需要、儿童的需要、学科的要求上各有偏重，便产生出了"社会本位"、"儿童本位"、"学科本位"等典型课程观及其他种种折中性质的课程观，同时也产生出多种相应的课程目标取向。常见的目标取向主要有行为目标取向、生成性目标取向、表现性目标取向等。

## 一、行为目标

### （一）行为目标的含义

行为目标是随着课程研究领域的独立而出现并逐步发展、完善起来的课程目标模式。它是把学校要达成的教育目标，以具体的、可操作的行为加以陈述，指明学习后学习者所发生的可见行为变化。行为目标的设计，旨在目标的具体化和可操作，用泰勒的话说是为了"有助于选择学习经验和指导教学"。

### （二）行为目标的发展

"行为目标"的早期倡导者是博比特。他认为，20 世纪已进入科学的时代，而"科学的时代要求精确性和具体性"，因此，课程目标必须科学化、具体化、标准化。他用"活动分析法"对人类经验和职业进行了系统分析，由此提出了10 个领域中的 800 多个目标，并明确提出课程目标的来源是基于对人类经验和职业的分析，为行为目标在课程领域的确立奠定了基础。

美国著名课程论专家泰勒系统发展了博比特等人的行为目标理念，克服了博比特等人把课程目标无限具体化的倾向，主张在课程目标的概括化与具体化之间找到一个"度"，并提出了影响至今的经典目标原理。泰勒的主张为行为目标的健康发展打下了坚实的基础。

20 世纪五六十年代，布卢姆等人继承了泰勒的"行为目标"理念，借用生物学中的"分类学"概念，提出"教育目标分类学"，从而把"行为目标"取向发展到一个新的阶段。20 世纪六七十年代，美国著名教育学者梅杰、波法姆等人又领导发动了"行为目标运动"，该运动把行为目标取向的发展推到了顶峰。

行为目标以儿童应达到的可见行为作为课程是否获得预期效果的标准，强调的是课程目标的具体性、可把握性和可操作性，能够指导教育者具体实施教育活动并评价其活动的效果。

### （三）行为目标的应用

行为目标由于其具体性、可操作性，可以在课堂教学中提高课程整体效率的特点在世界各国得到广泛传播，也对我国的教学实践中产生了较大的影响，在一段时期内行为目标几乎成为课程目标的同义语。在我国幼儿教育实践中，课程长期以来是这样运作的：以课程目标导向选择教育内容、组织教育活动、实施教育评价等，这是比较典型的行为目标取向。行为目标取向受到教师们的认同，因为它为教师指明了活动后要达到的具体结果，并以活动结果的达成度作为评判教学效果的主要标准，这与长期以来幼儿园重视活动结果的现实也是相吻合的。以某个美术活动为例，该活动目标之一表述如下："幼儿在尝试将不同颜色的染料混合在一起之后，能准确讲述其中某两种染料混合后产生的变化"。在这个教育活动目标中，幼儿是主体，"讲述"是行为动词，"在尝试将不同颜色的染料混合在一起"是行为产生的条件，"能准确讲述其中某两种染料混合后产生的变化"是行为达成的程度。这样，教师可以把多数幼儿有无达到"能准确讲述其中某两种染料混合后产生的变化"这个目标作为教学好坏的依据。

近几年，随着课程改革的深入，行为目标本身的具体内容发生了变化。过去，教师注重的是认知部分的目标，现在开始认识到情感态度、能力、认知三维目标的整合。

### （四）行为目标的评价

行为目标取向于"认知理性"，它为教师的教学尤其是评价提供了可把握的客观标准。由于行为目标具有精确性、具体性、可操作性特点，当教师将教学内容以行为目标进行陈述时，教师便可以清晰地领会和把握教学内容，教育目标转化为课程目标也变得容易，有利于教师控制教学过程；当教师将教学内容以行为目标进行陈述时，教育内容也比较明确具体，有利于教师就教学内容与教学管理者、儿童、家长进行准确的交流；更重要的是，行为目标便于准确评价，因为行为目标是以具体的行为呈现，很容易判断目标是否达成，有利于教师、儿童明确努力的方向。总之，行为目标简单明了、易于把握，有利于儿童基础知识和技能的获得，它对于保证一些相对简单的教育目标的达成是有益的，因此行为目标在目前幼儿园教育实践中的普遍存在有其现实意义与价值。

但行为目标也存在许多不容忽视的缺陷。行为目标追求目标的明确化、具体化，倾向于把"完整的人"肢解，把人的学习分解成各个独立的部分，而不是把学习视为一个整体，人的整体性的心理和行为被肢解为一些简单的、孤立的行为，不利于儿童的整体认知和个性发展。一些简单的知识技能的训练可以进行一定程度的分解和具体化，但人的高级心理能力如情感、态度、价值观等心理特质很难用外显的行为加以衡量。如果试图用行为方式陈述所有课程目标，显然是不适合的。幼儿园在制定具体的行为目标时，应了解它的基本价值取向与不足之处，深入研究幼儿发展的哪些方面可以通过行为来测量，哪些方面则是不能用行为指标来衡量的。只有通过这样细致而深入的研究，幼儿园确定的行为目标取向的课程目标才有可能是适宜的。

二、生成性目标

（一）生成性目标的含义

生成性目标是指在教育过程中儿童、教师与教育情境之间相互作用而形成的课程目标。生成性目标是在教育情境中随着教育过程的展开而自然生成的课程目标，它强调学生、教师与教育情境的交互作用，关注的是教育的过程，关注的是教育过程中儿童的需要和兴趣，关注的是一定情境下儿童经验的生长和获得。

（二）生成性目标的发展

生成性目标的渊源可以上溯到杜威"教育即生长"的命题。根据这一命题，教育的目的就是促进儿童的生长。他明确反对把外在的目的强加于儿童，认为课程与教学目的不是预先设定好的，而是在教育过程中内在的决定的，是教育经验的结果。在他看来，教育是儿童经验的不断改造，儿童的生活、生长及经验改造本身就是教育目的。

英国著名课程论专家斯坦豪斯提出的"过程模式"也倡导生成性目标。斯坦豪斯认为，课程不应以事先规定的目标为中心，而要以过程为中心，要以儿童在教室内的表现为基础而展开。教育主要包括"训练"、"教学"和"引导"三个过程，"训练"和"教学"可以用行为目标来表述，但"引导"则不能用行为目标来表述，因为"引导"的本质恰恰在于它的不可预测性，很难预测的目标是无法用行为目标准确表述的。

生成性目标在人本主义理论中发展到极点。人本主义心理学家罗杰斯认为，凡是可以教的东西，相对来讲都是无用的，而真正能影响人行为的知识，只能是他自己发现并加以同化的知识。因此课程要为儿童提供有助于个人自由发展的学习经验，而不是关注如何让幼儿获得一些现成的、可以直接教给儿童的东西，这不能反映课程的本质。

生成性目标取向于"实践理性"，它鲜明地体现出过程性、即时性，即目标不是外在于教学过程预先设定好的，而是在不断发现问题、解决问题的过程中逐渐产生的。这种目标不具有外在的强加性，是师生共同选择、确立的，它自然而然地促进了教育活动的深入发展。

（三）生成性目标的应用

以生成性目标为取向的幼儿园教育活动在强调幼儿经验获得的课程中可以看到。在西方国家，特别是自20世纪以来，早期儿童教育课程的设计和实施出现了以儿童发展理论为其主要依据的倾向，强调儿童游戏，强调儿童主动的活动，强调活动的过程，强调儿童、教师和教育环境的交互作用等等，更促使生成性目标取向在早期儿童教育课程中被广泛采用。如美国的High/Scope 课程，没有设置特定的课程目标，只是列出了数十条关键经验作为教师在组织和实施教育过程的提示，目的就在于把教师从对工作手册和工作程序表的服从中解脱出来，在教育过程中更好地发挥儿童和教师双方的主动性和积极性。

在目前我国幼儿教育实践中，生成性目标也受到了幼儿园课程和教师的关注。走近幼儿，关注儿童成长的教育理念使得教师逐渐开始关注儿童本身的兴趣和需要，并注重将课程要达到的目标与儿童的发展需要相结合。如在某大班社会活动"我为申奥出点力"的活动中，有的孩子为表达对北京申办奥运会的盼望之情，提出要给萨马兰奇爷爷写信，得到很多孩子的赞同。教师经过思考后决定将活动转入写信环节，并临时生成了通过写信表达自己的想法的目标。不得不提到的是，有的教师尽管有这样的生成性取向，但觉得"生成性目标"很难把握，不知如何在活动过程中比较自然的生成目标，这是需要以后加以关注和重视的方面。

### （四）生成性目标的评价

生成性目标并不是将事先确定好的课程目标强加给幼儿，幼儿有权利通过自己的自主活动，去学习他们认为值得学习的东西，在自己已有的水平上生成活动，主动建构知识。这种目标取向消解了行为目标取向过于重视以教学结果来评价教学过程的倾向，课程目标不是预设好的，而是师生在教育过程中、在教育情境的相互作用中所产生的自己的目标，因此以生成性目标为取向的课程能够激发儿童的学习动机，促进幼儿的终身学习。

生成性目标在理论上肯定了幼儿在课程中的主体地位，但被批评过于理想化。生成性目标要求在教学过程中与幼儿进行有意义的对话和交流，这就需要教师不仅要熟悉各科知识和幼儿身心发展的特征以及可运用的教育资源，而且要求教师在了解幼儿兴趣和需要的基础上及时洞察幼儿的新的兴趣点生成合适的活动目标，但大多数教师没有经过这方面的训练，这对很多教师来讲是很大的挑战。另外，生成的目标具有很大的不可预测性和不可控制性，在教育活动中难以被教师广泛的运用，完全以生成性目标为导向的教育活动也容易使教师对教育活动的评价由于缺乏客观标准而带有过多的主观色彩，因此生成性目标难以成为主导的课程目标，一般与预设的课程目标结合运用。

## 三、表现性目标

### （一）表现性目标的含义和发展

表现性目标指儿童在具体教育情境中产生的个性化的表现，追求的是儿童的个性化反应。

这是美国课程学者艾斯纳（E.W.Eisner）提出的一种目标取向。艾斯纳发现，在艺术领域里预定的行为目标不适用，行为目标涵盖不了儿童在艺术活动中基于自身的创造性的表现，因此提出了表现性目标作为补充。艾斯纳认为课程中存在的两种不同的教育目标：教学性目标和表现性目标。教学性目标是在课程计划中预先规定好的，这种规定明确指出了大部分学生在完成学习活动后所应习得的具体行为，如学习到的技能、知识等。表现性目标不是规定学生在完成一项或多项学习活动后学习到的知识和行为，而是指向每个儿童在教育情境的种种"际遇"：指明儿童所处的情境、将要处理的问题和将要从事的活动，追求的是同一任务同一内容下儿童的个性化的表现。表现性目标追求的不是幼儿反应的一致性，而是反应的多样性和个性，因为不同儿童对同一问题的认识和反应是多种多样的，带有明显的个人色彩，不可能事先予以确定。

与表现性目标相对应的课程评价也不像行为目标那样以预定目标的达成情况来评定课程效果，表现性目标为取向的课程评价是一种美学评论式的评价，即对儿童活动及其结果作鉴赏式的评判，依据儿童在活动中创造性和个性的表现来评价活动的质量。

### （二）表现性目标的应用

表现性目标指向人的自主发展和个性化发展，鼓励儿童运用已有的技能，拓展并探索自己的观点和情感，并且其评价以儿童的创造性和个性评价活动质量为取向，有助于培养儿童的创造性，鼓励儿童个性充分发展。

在某大班"参观海底世界"的活动中，教师将活动设计目标放于在人为创设的海底世界的氛围中，让幼儿"讨论海底世界有趣的事情"和"利用语言、绘画等方式表达对海底世界的喜爱"上，而不是关注于幼儿在活动过后能"说出五种以上海底生物的种类"上。因而，表现性目标在艺术欣赏活动、艺术创编活动或较为复杂的智力活动中体现的比较多，对教师的专业素质和能力也有比较高的要求。

但目前在幼儿园教育实践中，与"生成性目标"一样，如何确定和实现"表现性目标"依然是一个难题。主要原因在于教师长期以来习惯于运用行为目标模式设计幼儿园课程，幼儿教师自身创造性不足也影响了表现性目标作用的发挥。因此，深入了解该取向的优势和缺陷，根据实际确定适宜的表现性目标，并使教师明确这一取向对幼儿发展的重大意义，这对提高教师对幼儿园课程的认识以及在教育实践中更有效地实施课程有着重大意义。

### （三）表现性目标的评价

表现性目标在本质上是对"解放理性"的追求，强调儿童的个性发展和创造性表现，尊重个性差异，指向人的自由与解放，这种目标取向与当代人本主义的教育价值观是相契合的。表现性目标重视的是人的个性，尤其是教师和儿童在课程教学中的自主性、创造性。另外，承认表现性目标并不意味着完全否定行为目标的合理性，只是行为目标适合于人的发展中那些较低的层面，表现性目标更适合于人的发展中较高方面的精神需求。

与生成性目标相同，表现性目标具有不可预测性，不易操作的特点，因此，难以被教师广泛运用，在教育活动的评价也往往带有很多的教师主观色彩。在设计教育活动时，确定的活动目标会比较模糊，很难对教育活动实施起到明确的导向作用。

幼儿园课程论

## 四、课程目标取向的整合

不同的课程目标取向表现出不同的特点或呈现方式。有的是规定性的，即预先设定课程结束后儿童应该发生哪些可见行为的变化，这就是行为目标；有的目标不提前设定，而是在教育情景中随着教育过程的展开而自然生成的，如生成性目标；有的是唤起性的、非规定性的，不表明学生在学习后会产生什么行为，而是强调学生围绕提供学习的主题或情景展开个性化的反应，这是表现性目标。应该说，从行为目标取向发展到生成性目标取向，再发展到表现性目标取向，体现了课程发展对人的主体价值和个性解放的追求，反映了时代精神的发展方向。

在确定课程目标时，教师可以从行为目标、生成性目标和表现性目标等不同的取向设计目标。不同取向的目标只是从某一特定的角度把握课程目标，它们之间不是相互排斥或对立的，而是相互补充和联系的，都有其存在的价值。在幼儿园课程的编制中，应兼容并蓄各种课程目标取向，以每种课程目标取向的长处，弥补他种课程目标取向的短处，为达成学前教育的目的服务。

首先，行为目标具体、明确，便于操作和评价。因此某些简单知识和技能的传授、行为习惯的训练可以运用行为目标来表述，使全体或多数儿童都能够发生目标所规定的变化。

其次，生成性目标和表现性目标关注活动过程，关注幼儿的较高层次的兴趣和需要。因此，幼儿的学习能力和学习兴趣的培养、个性发展和创造性的表现可以运用生成性目标和表现性目标来表述。

最后，课程目标要具有开放性，允许儿童、教师和具体教育情境生成新的目标，允许儿童创造性思维的发展和个性的张扬，注重儿童知识技能、情感、态度的全面培养。

在制定课程目标时，必须兼收并蓄这几种目标模式，确定好课程目标的取向。目标取向确定后，课程目标的选择和目标的陈述就具备了一定的基础。可以说，目标取向是什么，就决定了一个幼儿园课程内容的选择和课程实施的安排以及相应的评价的建立。如果没有明确的课程目标取向，那么对课程内容的选择和课程实施的安排只能是"人云亦云"，在实施过程中也容易出现各种偏差。

## 第三节 幼儿园课程目标的制定依据

### 一、制定幼儿园课程目标的基本依据

幼儿园课程目标的制定是幼儿园课程实施的第一步，课程目标必须要建立在科学性和合理性的基础之上，这就是课程目标制定的依据。一般认为，儿童发展、社会生活和人类知识是制定课程目标的依据，同时也是课程目标的重要来源。尽管不同的价值观对这三个来源的关系存在不同认识，尽管除

这三个来源之外还有可能有其他来源，但儿童发展、社会生活和人类知识三个方面是课程目标的基本来源这一点已取得人们的共识。要制定科学的课程目标，必须要综合考虑这三个方面的因素，以使课程目标真正实现其"统领"作用。

## （一）幼儿的需要

课程是儿童的课程，因而儿童需要是课程目标最基本的来源之一。幼儿园课程是为支持、帮助、引导幼儿学习，促进其身心和谐发展设置的，课程目标是在一定期限内对儿童学习效果的期望。为了建立合理的期望，必须研究幼儿，了解他们身心发展的规律，尤其是关注幼儿的发展需要。研究幼儿的发展需要，要考虑幼儿心理发展规律及学习特点，考虑幼儿应该和可能达到的理想发展。课程设计者必须要考虑幼儿的的兴趣和认知发展规律，联系幼儿已有生活经验及熟悉的人与事物确定合适的目标。如心理学研究发现，幼儿口语表达能力在不同年龄阶段呈现出不同的特点，3～4岁幼儿能主动讲述自己生活中的事情，但在集体面前讲话往往不太大胆、不自然；4～5岁幼儿能够独立地讲故事，但不够系统，逻辑性不强；5～6岁儿童能够比较系统的讲述，而且能够做到生动、有感情。因此，某地区幼儿园课程设计中语言领域的学年目标为："3～4岁继续学说普通话，能用简单的语言回答别人的问题，表达自己的需要，4～5岁学习用普通话大胆、清楚地说出自己想说的事，5～6岁用普通话大胆、清楚地说出自己想说的事，乐意与人交谈，讲话礼貌"。

需要注意的是，幼儿的兴趣和需要是以人为本的教育的基础，但满足幼儿的兴趣和发展需要本身不是幼儿园课程的终极目标。因为有的需要是儿童暂时没有意识到或不能清晰地意识到的，需要教师及其他成人的引导和帮助。教育不仅要激活幼儿原有的兴趣，也要不断培养新的兴趣，在满足幼儿兴趣的基础上扩展、引导幼儿新的兴趣和需要同样是教育工作者应注意之处。

## （二）社会的需要

儿童的成长是一个不断社会化的过程，他们生活的学校、家庭、社会离不开社会环境的影响，儿童的个体发展总是与社会发展交织在一起的，当代社会发展的需求必然在课程目标中有所反映。因此幼儿园课程必须要为幼儿积极适应未来社会生活做准备，在考虑幼儿园课程目标时，必须研究社会对幼儿成长的期望和要求。

社会对儿童成长的期望，既直接反映在政府制定的教育政策法规和相关文件中，也反映在家庭生活中，同时体现在社会政治、文化、经济生活中。幼儿园在制定课程目标时要理解各种政策法规，尊重家长的合理要求，把握社会生活的发展变化，以此作为基础来制定幼儿园课程目标，提高幼儿园教育对社会的适应性，这样才能培养出既能适应社会的要求，又能主动学习、和谐发展的人。如"萌发幼儿爱家乡、爱祖国、爱集体、爱劳动的情感"的目标就集中体现了我国社会价值观对儿童未来发展的社会品质的要求。

### （三）知识发展的需要

知识是人类智慧的结晶，研究人类知识能够帮助幼儿更好地认识自然、认识社会、认识自己，形成判断是非对错美丑的标准，掌握有效的行动方式方法。儿童应该学什么，学习的内容对儿童来说有什么意义，往往取决于所选知识本身的教育价值，因此，人类知识也是课程目标的重要依据和来源。

什么是学科知识？学科知识即学科的逻辑体系，包括学科的基本概念、基本原理、学科的探究方式、学科的发展趋势以及该学科与相邻学科之间的关系等等。对于学习者来讲，各学科的知识相对具有两种价值：学术发展价值和一般发展价值。学科知识的学术发展价值强调将学习者逐步引入该领域的专门研究，知识的一般发展价值则注重这门学科知识的一般教育功能。幼儿的年龄特点和幼儿园课程的性质，决定了幼儿园课程注重的是学科知识的一般教育功能和价值，而非专门的学术价值。也就是说，从知识的角度考虑幼儿园课程目标，我们关注的应该是"该学科领域与幼儿的身心发展有什么关系，它能够促进幼儿哪些方面的发展"。例如，当把科学作为幼儿园课程内容时，它的课程目标则是：

1）对周围的事物、现象感兴趣，有好奇心和求知欲；

2）能运用各种感官，动手动脑，探究问题；

3）能用适当的方式表达、交流探索的过程和结果；

4）能从生活和游戏中感受事物的数量关系并体验到数学的重要和有趣；

5）爱护动植物，关心周围环境，亲近大自然，珍惜自然资源，有初步的环保意识。

幼儿园课程目标的三大来源——儿童发展、社会生活和人类知识为课程目标的确定划定了范围，但不是所有的信息都要作为课程目标，要从繁多的可能目标中确定出适宜的课程目标，需要经过进一步的筛选、过滤，最终确定出合适的课程目标。

## 二、制定幼儿园课程目标的原则

### （一）全面性原则

全面发展的课程，首先应体现在全面发展的课程目标上。全面发展的课程目标首先要做到课程应尽量涵盖与儿童未来发展直接关系的各个方面，指向幼儿的全面发展。因此，幼儿园课程目标要包括体、智、德、美各方面，要在语言、社会、健康、科学、艺术各领域都有所涉及，在每个领域提出适合儿童年龄特征和心理发展特点的子目标。这些目标不仅要注重儿童知识的获得，更要注重儿童良好的情绪、情感、健康的生活态度的培养。

全面发展的课程目标还要兼顾不同类别的目标。学前教育不仅指正规的学校教育，还包括非正规的教育，相应的，幼儿园课程不应局限于正规的或显性的课程，还应包括非正规的和隐性的课程。在幼儿园课程目标的确定上不仅要考虑显性目标，也需要考虑隐性课程目标，以达到显性目标和隐性目标的同构。显性目标，是指那些易观察到的行为以及容易测评的知识、技能方面的目标，隐性课程则更多地指向情感、态度、价值观等难以进行量化的目标。要使课程目标达到显性目标和隐性目标的同构，就要将知识与技能、行为与情感、态度与价值观等相互联系，紧密结合。

### （二）系统性原则

幼儿园课程目标要有连续性和一致性。从目标的纵向联系上看，各个年龄阶段目标之间要相互连接，层层递进，体现儿童心理发展的渐进性。在制定课程目标时，要用长远的眼光审视目标对儿童未来发展的价值，遵循儿童心理发展的特征和顺序，切不可拔苗助长或者用孤立的眼光看待儿童的现实发展，造成儿童应有学习经验的缺失和断层。如儿童书面语言的发展基础是其口头语言的发展和词汇的大量增加，当幼儿知道"草"字念什么却不懂得字的含义时，实际上并没有掌握这个词，只有将相应的口头词汇和"草"字的字形相结合，才能理解字词的真正意义。因此，儿童学习看书、阅读必须先学会听、说，如果在制定课程目标时过于强调儿童的早期阅读，可能会影响儿童口头表达能力的发展和词汇的增加。

从横向上看，幼儿园教育目标要体现全面发展的内涵，必须要做到幼儿园课程的总目标、领域分目标、单元目标和具体教育活动目标保持一致，并且目标要体现出层次性。从上层目标到下层目标，每层目标应是上层目标的具体化，各个层次的目标与整体目标之间要协调一致，以保证每一个具体目标的实现为总目标的实现打下扎实的基础。

### （三）可行性原则

课程目标的制定要充分考虑本地区、本幼儿园、本班幼儿的实际。所定的目标应以儿童身心发展成熟程度即可接受水平为基础，即目标要在儿童的"最近发展区"内，既不要等于或低于儿童已有水平，使课程失去应有的引导、促进发展的价值和功能；也不要一味攀高，使儿童丧失学习的兴趣和信心。

课程目标的制定还应考虑各地区的不同情况，注意城乡差距、地区经济发展水平差距和不同风俗习惯的差距等，因地制宜，发挥本地资源的优势。此外，还应特别注意的是课程目标是否是教师经过努力之后所能达到的。众所周知瑞吉欧教育体系将儿童看做拥有充分的生存和发展权利的人，它的课程目标是让儿童"更健康、更聪明、更具潜力、更愿学习、更好奇、更敏感、更具随机应变的适应能力、对象征语言更感兴趣、更能反省自己、更渴望友谊"，但由于其对教师的要求太高等原因在我国很难实施，这样的目标只能是理想，在现阶段条件下很难变为现实，因此不能直接迁移作为我国幼儿园课程的目标。

### （四）时代性原则

幼儿园课程目标应该体现出鲜明的时代特点，要立足于现在，面向未来，培养适合未来社会需要的人才。课程目标的时代性原则要求我们要关注社会，关注社会的发展，在了解社会发展趋势的基础上预测未来社会所需要的人才规格。

国际 21 世纪教育委员会在《教育——财富蕴藏其中》中明确指出，面对未来社会的发展，教育必须围绕四种基本的学习来组织和重新设计，即学会认知、学会做人、学会共同生活，学会生存，这四种基本学习可以看做是面向 21 世纪的课程的基本目标。

学前教育作为基础教育的重要组成部分，作为学校教育和终身教育的奠基阶段，更加应该重视如何面向未来的问题，制定课程目标时更需要具有超前意识。一些幼儿园看到未来社会信息化国际化发展的趋势，提前把计算机教育和英语教育引进幼儿园课程，这当然是面向未来的实际举措，但是培养未来社会所需要的人的基本素质更重要，尤其是情感、态度和能力方面的素质。

### （五）补偿性原则

补偿性原则又叫做缺失优先原则。从社会需要和人的潜能出发而考虑制定的全面和谐发展的课程目标是一种理想的目标，这种理想的目标与儿童的现实发展之间必然存在差距，不同群体、不同个体与理想目标各方面的差距可能是不完全一样的，差距有大有小。其中差距最大的部分尤其应该引起教育工作者的注意，在确定课程目标时将他们特别突出出来，以借助于课程使儿童发展的不足得到补偿。因为幼儿期是为人的一生发展打基础的时期，这一时期身心健康和谐发展对人的一生成长意义重大。这一时期幼儿发展的某些不均衡现象主要是由于缺乏某些学习经验导致，因此完全可以通过改变经验得以补偿，如相当一部分城市幼儿身体运动的协调性、灵活性较差，缺乏耐受性和对自然变化的适应能力，这主要是城市幼儿因为生活环境比较单一狭小，缺乏运动锻炼的结果，因此城市幼儿可以适当增加体育锻炼和户外活动来弥补这一部分的不足。

当前，我国幼儿发展的不少缺失应引起足够的重视。如独生子女自我中心意识强，缺乏交往意识和合作精神，过于依赖成人造成的独立能力较差、缺乏自主性和责任感，女性生活环境造就胆小、害羞、缺乏男子气概的男孩等等。我们必须在所制定的课程目标中突出此类缺失，努力做到长善救失，使儿童达到比较均衡的发展。

## 第四节　幼儿园课程目标的层次结构

### 一、幼儿园课程目标的层次

幼儿园课程目标的层次指的是幼儿园课程目标的纵向结构，是指课程实施在总体的课程目标的指导下，对不同年龄阶段、不同时间段内儿童要达到的知识和能力发展水平的要求。从课程目标的层次来看，幼儿园课程目标从宏观到中观再到微观，体现出多层次性（见图 2-2）。

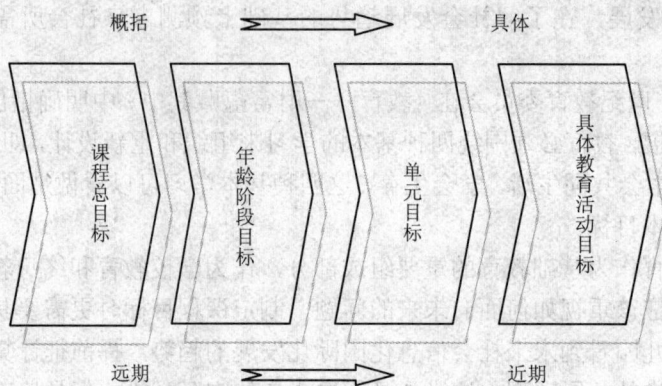

概括 ⟶ 具体

课程总目标　年龄阶段目标　单元目标　具体教育活动目标

远期 ⟶ 近期

图 2-2　幼儿园课程目标的层次

## （一）课程总目标

幼儿园课程总目标集中表现为幼儿园课程分领域的目标，从宏观角度概括了健康、语言、社会、科学、艺术五大领域的总的发展要求，这类目标一般比较宏观，表述较为概括、抽象，在课程体系中起到提纲　领的作用。在我国《纲要》中已有明确说明。社会领域课程的总目标如下：

1）能主动地参与各项活动，有自信心；

2）乐意与人交往，学习互助、合作和分享，有同情心；

3）理解并遵守日常生活中基本的社会行为规则；

4）能努力做好力所能及的事，不怕困难，有初步的责任感；

5）爱父母长辈、老师和同伴，爱集体、爱家乡、爱祖国。

## （二）年龄阶段目标

年龄阶段目标是对课程总目标的进一步分解。按照小、中、大班幼儿的发展水平，制定每个年龄阶段一年要达到的目标（也叫学年目标），并且各个年龄段的发展目标衔接性要强，保证幼儿在前一个年龄阶段的发展基础上进一步提高。如《幼儿园课程指导——教育活动设计》根据《纲要》中对于科学领域总目标的描述，规定了幼儿园科学领域的年龄目标（见表 2-1）[①]。

## （三）单元目标

单元目标是针对各个年龄阶段目标的再分解。单元目标可以以时间为单元，表现为学期目标、月目标、周目标；也可以以内容为单元，表现为一定时间内围绕特定的主题展开活动。表 2-2 是某幼儿园以"好玩的沙"为单元设计的单元活动目标。

---

① 浙江省幼儿园课程指导编写委员会. 2001. 幼儿园课程指导. 北京：新时代出版社.

表 2-1　科学领域学年目标

| 3～4岁 | 4～5岁 | 5～6岁 |
|---|---|---|
| 1.在成人的引导下能发现周围环境中有趣的事物<br><br>2.乐意用多种感官感知周围的物品、现象，了解物品的颜色、大小、形状、数量、方位等明显的特征，尝试简单的比较、分类<br><br>3.喜欢操作、摆弄，尝试提问和表达自己的所见所闻等<br><br>4.亲近大自然，喜爱并学习爱护周围的动植物 | 1.对周围的事物、现象感兴趣，有好奇心<br><br>2.喜欢用多种感官探索周围环境，喜爱提问，愿意收集感兴趣的信息<br><br>3.尝试用适当的方式表达自己的探索过程<br><br>4.能从生活和游戏中学习简单的数、形、时空等概念。学习使用比较、分类、排序、测量等方法<br><br>5.关心周围环境，爱护植物，萌发初步的环保意识 | 1.对周围的事物、现象感兴趣，有好奇心和求知欲<br><br>2.喜欢用多种感官探索周围环境，乐于动手动脑<br><br>3.感受信息的重要，学习多途径收集有效的信息<br><br>4.愿意与同伴共同探索，能用适当的方式表达、交流探索的过程和结果<br><br>5.在日常生活和游戏等多种活动中，加深对数量、形体、时空实际意义的理解，能从多个角度进行简单的比较、测量、排序、分类、推理等认知活动<br><br>6.乐意亲近大自然，萌发热爱自然的情感，懂得珍惜资源和保护环境，具有初步的环保行为 |

表 2-2　单元活动目标

单元名称：好玩的沙

| 设定理由 | 单元总目标 | 活动名称 | 活动目标 |
|---|---|---|---|
| 幼儿最喜欢玩沙、水和土。沙、水这类材料可以变幻出各种活动。本单元之设定主要是来探讨沙的颜色、性质及用途，并培养玩沙的良好习惯，满足幼儿玩沙的兴趣，激发幼儿的好奇、创造以及仔细观察事物的态度 | 1.认识沙的颜色、性质及干沙与沙的不同（认知）<br><br>2.认识沙在日常生活中的用途（认知）<br><br>3.喜欢利用沙来做各种造型活动（情感）<br><br>4.养成分工合作和收拾整理的习惯（情感与行为技能）<br><br>5.养成仔细观察的科学态度（情感） | 活动一：认识沙 | 1.观察后能说出沙与石头的不同<br>2.能认出沙的颜色<br>3.能仔细观察事物 |
| | | 活动二：干沙与沙 | 1.会把干沙加适量的水变成沙<br>2.能利用干或干的方法，使沙变成干沙 |
| | | 活动三：漏沙与量沙游戏 | 1.知道筛过后的沙不含杂物，可使漏斗中的沙流畅<br>2.能利用唱歌或数数来计时，比较大小、口径不同的漏斗流出等量的沙所需的时间不同<br>3.能利用小量杯量沙，说出两个粗细不同的杯子哪一个装得多，哪一个装得少 |
| | | 活动四：沙画及沙的装瓶配色游戏 | 1.能利用口径不同的漏斗画出粗细不同的线条<br>2.能利用不同颜色的沙来作画<br>3.能利用沙做色彩的搭配装瓶游戏…… |
| | | 活动五：立体造型 | 1.知道干沙不可以做造型<br>2.知道沙可以做造型，但干了后会松散，没有保存性<br>3.会把干沙加树、水做成立体造型，并可永久保存…… |
| | | 活动六：沙箱设计 | 1.能依自己的构想设计沙箱的内容<br>2.喜欢做新的尝试<br>3.能与别人共同合作设计 |

## （四）具体教育活动目标

具体教育活动目标是对单元目标的再分解，就是我们通常所说的"教学目标"，是教师在设计某一活动时具体要考虑的目标。与宏观和中观层次上的目标不同，微观层次上的教学目标总是与具体的教学活动相联系，一般要求制定的非常具体、清晰。具体活动目标在每一个教学活动设计中体现的最明显。下面是某幼儿园大班科学活动《认识左右》的活动目标：

1）创设情景，让幼儿体验左右的位置与顺序。

2）通过活动，使幼儿能确定物体左右的位置与顺序，并能用语言来表达，初步体验左右的相对性。

3）使幼儿在学习活动中获得积极的情感体验。

从以上目标中可以看出，具体的教育活动目标指向性非常明确，指明了幼儿在活动后应获得的知识、行为、情感态度上的变化，这些目标也是大多数幼儿能够达到的发展水平。

## 二、幼儿园课程目标的结构

课程目标的每一个层次，也有横向结构问题。幼儿园课程目标的结构应包含以下三个维度：

### （一）幼儿心理发展结构

布鲁姆等人的《教育目标分类学》以人的身心发展的整体结构为框架，为建立教育目标体系提供了一个比较规范化、清晰化的形式标准，被人们广泛采用。他将教育目标分为认知、情感、动作技能三大类，每一领域又包含儿童发展的不同内容：认知领域包括知识的掌握和认知能力的发展；情感领域包括习惯、兴趣、态度、价值观和社会适应能力的发展；动作技能领域包括感知动作、运动协调、动作技能方面的发展。布鲁姆的教育目标分类学体现了对儿童全面发展价值的关注，这也符合教育要促进儿童身心的全面和谐发展的总目标。制定课程目标时，要涵盖幼儿认知、情感、动作技能发展的各个方面，保证幼儿在基本知识、基本能力和基本素养方面得到全面提高。

### （二）课程内容结构

在确定课程目标时，还有一个非常重要的问题，就是设计者希望通过课程使幼儿获得哪些方面的发展。无论是幼儿认知、情感还是动作技能的发展，都是从较高的层次上对幼儿发展提出的指导性要求，这些方面仍需要通过具体的课程内容及其组织和实施实现。如当谈到幼儿认知发展时，可能是在语言活动中让幼儿达到"能认识生活中常见的简单标记和文字符号"的认知目标，也可能是在科学活动中达到"认识周围环境中的数、量、形、时间和空间"的认知目标，等等。因此，课程内容的几大领域——健康、科学、社会、语言、艺术等也是制定课程目标时必须考虑的因素，在每个领域中也都要顾及到幼儿认知、情感、动作技能三方面的发展。

### （三）幼儿心理发展年龄水平结构

幼儿年龄小，身心发展非常迅速，在不同的年龄段表现出不同的年龄特征和心理发展的特征。不同年龄阶段的幼儿在注意力、记忆力、想象力、思维能力及个性等方面体现出明显的发展差异，应该为每个年龄段的儿童选择什么样的教育内容，对每个年龄段幼儿提出什么样的发展要求，必须要考虑幼儿现阶段心理发展的已有水平和应达到的水平的差距。因此，在确定课程目标时，同样要考虑小、中、大班儿童发展目标的差异，为不同年龄段幼儿制定适合的目标。如同样是健康领域中"基本生活习惯的培养"的内容，小班课程目标需要让孩子"有初步的进餐、睡眠、盥洗、排泄等生活习惯"，中班课程目标提高要求，要求"初步养成良好的生活、卫生习惯，有初步的生活能力"，大班课程目标进一步提高要求，"生活、卫生习惯良好，有基本的生活自理能力"。

幼儿园课程目标体系的理论建构模式应该是由上述三方面综合构成的三维立体结构。在设定课程目标时要综合考虑幼儿心理发展结构、课程内容和幼儿心理发展年龄水平三大维度，在每个年龄阶段五大领域的教育内容中都要体现幼儿认知、情感、动作技能的发展要求，制定出适宜的幼儿园课程目标。

## 三、幼儿园课程目标的表述

### （一）确定表述的角度

教育活动包含了教师的教和幼儿的学两方面的互动，在表述目标时就可以从两个角度来表述课程目标。

#### 1. 教师角度表

从教师的角度出发确定活动目标，表述的是教师期望通过教育活动使幼儿获得的学习结果。一般我们常用"鼓励……引导……帮助……使……激发……"等词语表述教师的教。如：

引导幼儿对身边常见事物和现象的特点、变化规律产生兴趣和探索的欲望。

为幼儿的探究活动创造宽松的环境，让每个幼儿都有机会参与尝试，支持、鼓励他们大胆提出问题，发表不同意见，学会尊重别人的观点和经验。

提供丰富的可操作性的材料，为每个幼儿都能运用多种感官、多种方式进行探索提供活动的条件，等等。

#### 2. 幼儿角度表

从幼儿学习的角度确定的活动目标，指出幼儿在学习之后应该知道的知识和能够做到的行为。一般我们常用"感受……喜欢……理解……能……"等词语表述学生的学。如：

能主动地参与各项活动，有自信心；

乐意与人交往，学习互助、合作和分享，有同情心；

理解并遵守日常生活中基本的社会行为规则；

能努力做好力所能及的事，不怕困难，有初步的责任感，等等。

需要注意的是，无论从哪个目标表述活动目标，都应注意表述的角度要一致。为了使教师可以更多关注幼儿的学习，关注幼儿在学习之后的获得，一般以幼儿角度表述活动目标，这样可以既照顾到儿童的需要、兴趣和能力水平，也考虑到儿童的长远发展，促进儿童在原有基础上进一步发展和提高。

### （二）确定表述的形式

#### 1. 为目标

行为目标展现的是一些具体、可见的幼儿的外部行为，如学习的知识，获得的技能等，如某绘画活动"妈妈的　"的行为目标之一是："通过观察妈妈的　画出妈妈的长相，能画出眼睛、　子、嘴巴、耳　等　的主要部位"。这些可以观察到的幼儿学习行为变化比较具体明确，可以规定大多数幼儿应达到的水平。行为目标对教师的指导性强，也使教师容易评估儿童学习的效果，但目标不宜完全以行为目标的形式呈现，因为情感态度类目标难以用行为目标进行表述。

#### 2. 表现性目标

表现性目标指向幼儿在参与活动中获得自己独有的体验，是一种非特定性的、较广泛的目标，它描述的是幼儿学习后身心的一般变化。如艺术活动"欣赏乐曲，根据自己的理解即兴创编舞蹈动作，表达自己此时的心情"，鼓励儿童表现出自己的创造性，而不关注事先规定了的幼儿行为变化的结果。"根据儿歌《秋天娃娃》即兴创编诗歌，表达自己对秋天的情感"，它更多的是表述儿童情感态度、能力发展方面的目标，关注的是儿童学习过程中学习兴趣和各种能力的培养，而不指向统一的、特定的行为结果。

### （三）表述的要求

不同层次的目标应用不同的方法表述。对于宏观的课程总目标和中观的年龄阶段目标来说，只能原则性的提出目标的方向和范围，无法表述的太具体。对于单元目标和具体活动目标，要求在表述目标时必须清晰、明确，具有可操作性，避免过于笼统、概括和抽象，不能用活动的过程或方法来取代。如某个健康活动《刷牙歌》的目标是"学习正确的刷牙方法，养成早晚刷牙的好习惯……"，而不仅仅是"培养幼儿良好的生活卫生习惯"这样的提法。

### 本章小结

本章主要讲了两方面的问题：

1）幼儿园课程目标的内涵和基本的目标取向；

2）幼儿园课程目标的制定依据、层次结构及表述要求。

课程目标是一定的教育价值理念或教育目的在课程领域的具体化，明确了特定阶段的课程所要达到的预期结果。课程目标的涵义有广义和狭义之分，为了与教育目的、教育目标相区分我们取其狭义的概念，以一个具体化的视角阐明课程要达到的预期结果。幼儿园课程目标的价值取向主要有三种：行为目标取向、生成性目标取向、表现性目标取向。制定幼儿园课程目标的基本依据主要是幼儿的需要、社会的需要和知识发展的需要；制定幼儿园课程目标的原则有全面性原则、系统性原则、可行性原则、时代性原则、补偿性原则、协调性原则。

　　幼儿园课程目标从宏观到微观分为四个层次：课程总目标、年龄阶段目标、单元目标和具体教育活动目标。幼儿园课程目标的结构应包含以下三个维度：幼儿心理发展结构，包括认知、情感、动作技能三方面发展；课程内容结构，包括健康、科学、社会、语言、艺术几大领域；幼儿心理发展年龄水平结构，包括小、中、大班儿童发展目标的差异。只有综合考虑三大维度才能制定出适宜的幼儿园课程目标。此外，幼儿园课程目标的表述应当注意统一表述角度，都从幼儿或教师角度进行表述。在表述不同层次的课程目标时要有所区分，宏观目标应体现出全面性和全局性，越低层次的目标应表述的越具体，以符合教师对具体教育活动的指导要求。

　　**思考与练习**

　　1．如何理解以下几个概念：幼儿园课程目标、行为目标、生成性目标、表现性目标？

　　2．确定幼儿园课程目标时应考虑哪些方面的因素？

　　3．确定幼儿园课程目标应遵循哪些原则？

　　4．幼儿园课程目标可分为哪几个层次？课程目标的结构又包括哪些？

　　5．结合所学内容，制定大班第二学期期末主题活动"走进小学"的目标。

# 第三章

## 幼儿园课程内容

### 第一节　幼儿园课程内容的界定

什么是幼儿园课程内容？要弄清楚这个问题，首先要明确什么是课程内容？有人认为课程内容是知识，或更直接点认为课程内容就是教材；另有人认为课程内容不仅包括知识，还应包括活动，譬如说游戏活动等也属于课程；还有一些人认为，不管是知识还是活动，归根结底，课程内容其实都是学生所获得的某些经验或体验。可以说，对于到底什么是课程内容，人们还没有一个统一的定论，其原因就在于课程内容的概念既具体又抽象，它具体得以至于内容数不胜数，然而抽象得似乎谁都明白却又谁都说不清楚。很多课程理论研究者和教师围绕课程内容都进行过深入的探讨，他们都认为课程内容是课程的核心，是课程生命活力的源泉，人们之所以对于课程内容概念的界定不统一主要是因为不同的人在探讨这一问题时都是从自己的价值判断出发的，所以，在界定幼儿园课程内容的概念和总结幼儿园课程内容特点的同时，我们还有必要对课程内容的价值取向问题进行一些探讨。

#### 一、幼儿园课程内容的概念

幼儿园课程内容属于课程内容的下位概念，所以首先我们要明确课程内容的概念界定。

有些课程论专家所使用的"课程内容"这一词语，是指一些课程中的问题领域、课题或科目。这里的问题领域、课题、科目，仍然是脱离实际运动过程的观念形态，实际上是课程内容的静态形式。例如，将幼儿园课程内容划分为健康、语言、科学、音乐、工作、社会等领域或科目，尽管它们所对应的活动是动态的，但这些"内容"所表述的只是静态的"材料"。什么样的知识适合学前儿童呢？什么知识对学前儿童最具有发展价值呢？这是学前教育课程应解决的问题。有价值的知识，并不一定能为学前儿童所接受和理解。

迄今为止，对于课程内容这一概念并没有一个统一的表述，不同的教育研究者根据自己的教育价值取向对此概念进行了不同的定义，如：

施良方在《课程理论》中将课程内容定义为：课程内容是指各门学科中特定的事实、观点、原理和问题，以及处理它们的方式。

靳玉乐在其《现代课程论》中指出：课程内容是作为符合课程目标要求的一系列比较规范的间接经验和直接经验组成的用以构成学校课程的文化知识体系，课程内容是课程的主体部分。

从对课程内容的界定中我们可以看出课程目标对课程的内容具有方向指导作用。也就是说课程目标一旦有了明确的表述，就在一定程度上为课程内容的选择和组织提供了一个基本的方向。而课程内容是课程目标的最直接的体现，是实现课程目标的手段，直接指向"应该教什么"的问题。研究表明，不管人们在什么意义上使用"课程内容"这一术语，我们都可这样理解：课程内容是课程价值的主要载体；它的主要作用在于根据各个层次的课程目标恰当地选择和组织信息。

综上所述，我们可以将课程内容定义为：课程内容是一系列比较系统的直接经验和间接经验的总和。

根据学前教育的特点，学前教育界的专家们认为："幼儿园课程内容是实现幼儿园课程目标的手段，是指根据课程目标而选择的内容，是课程的实质性部分，是课程目标得以实现的中介。从整体来讲，幼儿园课程内容是动态的，但它同时又包含着相对静态的知识形式。"并认为幼儿园课程内容可以分为三种形式，即以知识为中心的静态形式、以活动为中心的动态形式和以生活为中心的动静融合形式。

以知识为中心的静态的课程内容观认为：课程内容就是静态的知识和知识体系。在一定意义上，课程即"教育方案或计划"，所指的课程内容是文本的，如"课程内容就是教材""课程内容就是学科知识"等，其实质上就是一种以学科为中心的课程观。代表人物为赫尔巴特、凯洛夫、布鲁纳等。这种课程内容观有利于教师把握教育进程，有利于教师进行教育教学评价，但它违背儿童身心发展规律，也与现代教育观不符，因此其存在状况逐渐式微。

以活动为中心的动态的课程内容观认为："课程即活动""课程即经验"，以儿童兴趣、动机为中心构建的课程内容是动态的。杜威、陶行知的"做中学"等教育思想就体现了"课程内容是动态的"这种理解。儿童在实际操作中获得"经验"，这里的"经验"是"结果"，不是课程内容。课程内容就是实际存在的活动过程。杜威认为，学校科目的互相联系的真正中心，不是科学，不是文学，而是儿童本身的社会活动。这种思想的典型观点就是"课程即活动""课程即经验"，这是以儿童兴趣、动机为中心构建的课程内容，是动态的，即不断生成的。这种动态形式的课程内容观的优点是能激发学习者兴趣，发展学习者的实际行为能力，增长实际经验，能将学习者的非智力因素（如兴趣、需要、动机、情感、性格等）紧密结合起来，使学生在"切身体会"中获得发展。但它难于让学生掌握系统的知识体验。动态的课程内容确实生动形象，但教育时间有限，学生学习的特殊性之一也表现在集中学习时间，在短时间内学习人类的知识精华，所以，如果花费大量时间让学生搞活动获得直接经验，这肯定是很低效的。同时由于系统学科知识受到轻视，易导致仅关注外显的活动，活动流于形式，从而导致教学质量下降。

以生活为中心的动静融合的课程内容观认为："教育即生活""生活即教育"，生活是儿童学习的目标和内容。根据学前教育的特点，开展生活教育应当实行静态和动态的融合方式。辩证唯物主义认为：合理科学的课程内容应该就是既有动态形式，也有静态形式，静态和动态是应该融合的。那如何安排动静课程内容的比例呢？我们认为这要根据孩子的心理发展顺序和知识经验基础以及接受能力来定。一般随年龄增长，课程内容的动态性减弱，静态性增强。当然这与儿童的思维特点有关，如低年级的孩子，注意力不易集中，所以课程内容应需要多点动态，丰富多样；而高年级的孩子在自律意识和自控能力上都有所增强了，所以这时可以以静态内容为主，而动态为辅。同时，到底是动态多点还是静态多点，还要根据学科特点，很多纯理论性或真理性的东西并不适宜活动。

通过概述课程内容的概念和表现形式，可以看出课程内容涵盖面是非常广的，不仅包括知识，还有经验、活动、情感、态度、价值观等。

综上所述，幼儿园课程内容是幼儿园课程目标的最直接的体现，是实现课程目标的手段，直接指向"应该教什么"的问题。本书将"幼儿园课程内容"概念这样界定："幼儿园课程内容就是以培养幼儿完整健全人格和身心全面和谐发展为目的而选择和组织的能够帮助幼儿获得有益经验的一切幼儿园课程因素的总和。"

## 二、幼儿园课程内容的特点

学前儿童一般是处于 0～6 岁的年龄阶段，具有自身的年龄段特点，学前儿童知识结构的特点是由其认识结构和活动范围决定的。他们从与周围事物的直接接触、对事物的直接感受、操作中以及自身积极活动中习得知识。直接、具体、形象是其认知的主要特征，缺乏分析、比较和系统化。经观察、分析和科学研究表明，学前儿童认知结构的建立，是在已有经验、表象的基础上不断发展的过程，是他们在日常生活活动中与外界相互作用的产物，经历着由小到大、由简单到复杂、由松散到系统、由无序到有序的过程，是知识系统化、结构化的过程。学前教育课程就要针对学前儿童知识结构与认知结构特点，选择适合的知识。但教育不是适应，在本质上是改善和提高。因此，要选择既适于学前儿童学习，又具有发展价值的知识。如生理上各个器官发育不成熟，非常稚嫩，但是发育迅速；而心理上表现为对外界的强烈好奇心与求知欲等，学前儿童认识能力差，知识结构简单，对抽象的概念和理论难以理解，对具体性、形象性强的知识可以接受。他们所获得的多是前科学概念或日常概念，积累的是关于周围自然、社会环境中最粗浅的知识。他们获得的知识具有不同于小学生的特点：具体性——学前儿童的知识多与具体实物相联系，反映周围事物和现象。形象性——他们关于事物的知识，往往以形象或表象形式贮存于脑中。可以说，知识就是事物的表象。非系统性——他们掌握的知识零散，缺乏联系，因果关系少，知识结构松散。非科学性——学前儿童习得的知识，经验性强，多是日常经验累积的产物，反映的是事物的个别特征、个别现象和个别联系，属于前科学知识。

学前儿童生理心理特点以及他们所能接受的知识的特点决定了幼儿园课程内容的基本特点。

### （一）启蒙性

0～6岁的孩子对外界环境充满好奇新鲜，但具有很深的朦胧感，所以我们在引导孩子认识世界时，要从孩子的角度孩子的视界去看问题，也就是"请蹲下身来和孩子说话"。

### （二）生活化

幼儿园课程内容的生活化特点一方面表现为课程内容的选择应与现实生活密切相关，从生活中生成内容，因为孩子是在真实的环境中成长，所以我们要为孩子创设出更适合他们特点的学习环境；另一方面表现为生活教育，对于孩子来说，有时生活教育比知识教育来的更为重要，而生活教育（比如做人的道理、文明卫生习惯等）更不是可以通过简单的"口耳相传"教会，特别强调"身教重于言教"，所以幼儿教师和家长应更注重将教育与生活相交融，寓教育于生活中。

### （三）游戏性

孩子处于这样一个特点的年龄阶段——好动，如果像要求大孩子那样让他认认真真地学习，是不可能的，也是没有必要的，而"寓教于游戏中"的教学效果最好。

### （四）活动性和直接经验性

现在，有很多孩子被认为是"神童"、"小天才"，为什么呢？他们能背诵唐诗宋词，能背诵英语课文，但是孩子们能真正理解那些诗歌中所蕴含的深刻情感吗？我觉得不能，孩子们更多的是在机械记忆，孩子的聪明智慧往往被我们给耽误了，因为这种机械的记忆是对孩子创造力和想象力的扼杀，所以我们必须注重孩子的亲身经验，让孩子多动手，在做中学。正如杜威所说的："只有在活动中的学习才是有意义的学习，只有以直接经验为基础的学习，才是理解性的学习。"

### （五）潜在性

幼儿园课程内容的潜在性特点更多的是与环境相融合的，包括物理环境和人文环境。物理环境中如幼儿园的设施、墙壁的颜色等，人文环境中如幼儿园文化等都是与幼儿园课程内容紧密相关的，对于儿童的发展具有不可忽视的重要价值。

掌握了幼儿园课程内容的概念和特点，启示我们作为幼儿教师在选择和编制幼儿园课程内容时，要遵循幼儿身心发展规律，把握幼儿园课程的特点，因环境制宜，以儿童为本，灵活设计。明确了幼儿园课程内容的概念与特点，如要进一步探索幼儿园课程内容的选择，必然要对幼儿园课程内容的取向问题进行必要的讨论。

### 三、幼儿园课程内容的三种价值取向

课程价值取向是人们基于对课程总的看法和认识，在制订和选择课程方案以及实施课程计划时所表现出来的一种倾向性。对于课程内容来说，主要存在三种不同的取向：知识的价值取向、社会的价值取向和人的价值取向，这些都反映了人们对课程内容的不同理解，在其背后，实质上体现的是不同的教育目的取向。

#### （一）幼儿园课程内容的三种价值取向

##### 1. 知识的价值取向：课程内容即教材

课程内容在传统上历来被视作学生应习得的知识，教学的重点就放在向学生传递知识这一基点上，而知识的载体就是教材。所以，课程内容被理所当然地认为是上课所用的教材。这是一种以学科为中心的教育目的观的体现。其代表人物是夸美纽斯、赫尔巴特和布鲁纳等。如夸美纽斯从其"把一切事物教给一切人"的泛智教育论出发，提出百科全书式课程的观点。

这种把重点放在教材上的静态课程内容价值取向迄今在教学实践中还是最为盛行，可以说有它自身的优势，当然也必存在其局限性。

（1）优点

1）考虑到各门学科知识的逻辑性、系统性。

2）在教材取向下，教师与学生有明确的教育内容，容易把握和评价，从而使课程教学工作有据可依。

（2）缺点

1）学科系统的过分性强调容易导致对新知识更新的排斥和对学生要求的忽视。

2）课程内容定义为教材，把课程内容看做是预设好了的东西。这意味着只有学科专家最清楚教师应该教些什么、学生应该学些什么。

##### 2. 社会的价值取向：课程内容即学习活动

其主要代表人物是杜威。他将课程内容看做是学习活动，认为"课程的最大流弊是与儿童生活不相沟通，学科科目相互联系的中心点不是科学，而是儿童本身的社会活动。"博比特、查特斯（W.W.Charters）和塔巴（H.Taba）等人，认为课程应该对当代社会的需要作出反应。通过研究成人的活动，识别各种社会需要，把它们转化成课程目标，再进一步把这些目标转化成学生的学习活动。

这种课程内容即学习活动的取向优点与缺点分别是：

（1）优点

强调课程与社会生活的联系，强调儿童在学习中的主动性，主张学生通过

参与活动习得知识，要求课程与社会活动密切联系，这样学习才有意义，才能激发学生的兴趣，是一种探究式的发现式的教学。

（2）缺点

尽管这些活动在表面上可能很活跃，但是，这往往不是儿童对课程内容的同化，不会从根本上引起儿童深层次的心理结构的变化，没有从根本上反映出儿童学习这一本质。概括起来也就是：

1）课程内容的活动取向，往往注重学生外显的活动，而无法看到学生是如何同化课程内容的，无法看到学生的经验是如何发生的。

2）由于对系统学科知识的鄙视，造成了仅关注外显的活动，就不会深层次的研究学习，活动容易流于形式，从而导致教学质量的下降。

3. 人的价值取向：课程内容即学习经验

课程内容即学习经验的取向将儿童在学习过程中所获得的经验作为选择和组织课程内容的出发点。其代表人物是泰勒，他认为课程内容即学习经验，而学习经验是指学生与外部环境的相互作用。他认为，学习是通过学生的主动行为而发生的；学生的学习取决于他自己做了些什么，而不是教师呈现了些什么内容或要求做些什么。由此他推断出："教育的基本手段是提供学习经验，而不是向学生展示的各种事物"。

把课程内容视为学习经验的优点与缺点分别表现在：

（1）优点

1）强调学生是一个主动参与者，认为学生是学习活动的主体，学习的质和量决定于学生而不是课程。

2）强调学生与外部环境的互相作用。教师的职责是要构建适合学生能力与兴趣的各种情境，以便为每个学生提供有意义的经验。把课程内容视为学生的学习经验，是一种建构主义的观点，他们认为学生是否真正理解课程内容，取决于学生的心理建构。取决于学生已有的认知结构的情感特征对课程内容是否起着支配作用，知识只能是"学"会的，而不是"教"会。

（2）缺点

把课程内容看做学习经验这一取向加剧了内容选择的难度。因为儿童的经验主要还是儿童自己的心理体验，这是一种主观的东西，课程编制者和教师都难以把握，容易使课程内容过分泛化，并导致学校课程总是以学生为主导受学生的支配。而且实践也证明，过于强调以学习者为中心，于教育质量提高无太大益处。

尽管课程内容的这些不同取向对课程内容的关注点各不相同，甚至存在着冲突，但是，在课程编制中课程相互兼容，取长补短，根据课程编制者的教育价值观，在学科知识、学习活动和学习经验之间取得平衡。

**（二）幼儿园课程内容的价值取向对课程内容选择的影响**

纵观课程内容的不同取向，可以总结出其对课程内容的选择具有决定性的影响作用：

1. 课程内容即教材的取向

在选择幼儿园课程内容时必须：

1）注重内容的基础性，将经过认真筛选过的基础知识和基础技能编入教学计划、教学大纲和教材。

2）要求这些基础知识和基本技能应能在一定程度上反映人类文化遗产中的精华，又是发展中的儿童适应未来社会生活所必需的。

2. 课程内容即学习活动的取向

在选择幼儿园课程内容时，应做到：

注重使课程内容贴近社会生活，以有益于儿童接触社会，了解社会，并初步学习一些与自身社会生活相贴近的知识和技能。

3. 课程内容即学习经验的取向

在选择幼儿园课程内容时，应做到：

注重课程内容与儿童发展特征相符合，使课程内容能够通过儿童与环境之间的有意义的交互作用而被儿童同化，这就是说，在选择课程内容时，要充分顾及儿童的兴趣、需要和能力。

综上所述，在选择幼儿园课程内容时，课程内容适合儿童发展特征、贴近社会生活以及顾及基础性这三个方面并不矛盾和相互排斥，只是不同的教育价值取向在涉及课程内容选择的问题时，以不同的方式平衡这三者之间的关系。

## 四、制约幼儿园课程内容的因素

分析幼儿园课程内容的影响因素有利于我们更加明确幼儿园课程内容的研究范围以及选择和组织幼儿园课程内容时应注意哪些方面的问题。根据现有研究得出，制约幼儿园课程内容的因素主要包括三个方面：

### （一）社会因素

社会发展对幼儿素质发展的一般要求,是幼儿园课程内容选择的客观依据。一定的社会生产力的发展水平和状况、政治经济制度、社会意识形态，对幼儿的素质发展提出了不同的要求。

### （二）学前儿童身心发展的规律

学前儿童身心发展规律、水平和需要，制约着幼儿园课程内容。一方面，幼儿园课程内容的选择需要考虑幼儿现有的发展水平及其发展规律。另一方面，幼儿园课程内容的选择还应考虑幼儿身心发展的需要。

### （三）科学文化知识体系

课程内容的基本要素是知识。因而，幼儿园课程内容的选择也必须考虑人类科学文化知识和技术本身的特点及其发展趋势。知识是制约课程内容选择的基本因素。

# 第二节　幼儿园课程内容的选择与组织

　　幼儿园课程内容的选择是幼儿园课程的核心和基础。通过学习幼儿园课程内容的概念、特点以及表现形式，我们了解到幼儿园课程内容所涵盖的面是非常广的，不仅包括知识、经验、活动，还包括情感、态度、价值观等。可以说，人类社会积累下来的知识和经验浩如烟海，而且当代社会知识增长速度又飞快，而学生所能掌握的学科门类以及各门学科的内容又都是有限的，期望学生吸收社会所需要的全部信息，可能吗？当然不可能，所以我们的课程内容必须经过严格的、精心的选择。本节将从幼儿园课程内容选择的出发点和来源、选择的原则和标准、组织形式等方面对幼儿园课程内容的选择进行深入的探索。

## 一、幼儿园课程内容选择的出发点和来源

### （一）幼儿园课程内容选择的出发点

　　幼儿园课程内容的确立有其参照标准，但是这些标准不是固定的，更不是唯一的。在确立课程内容时，我们需要考虑这样一些问题：所选的内容是否与幼儿当前经验相吻合，所选内容是否与该年龄段的教育目标相一致，所选内容是否有可利用的社会资源和家长资源等问题。要考虑很多很多因素,那怎么办？孩子的生活范围这么大，从哪选内容最适宜呢？本书认为我们可以从这样几个出发点来考虑：

　　1. 以幼儿社会生活经验与兴趣为出发点选择内容

　　即从幼儿的兴趣和需要出发，既贴近幼儿的生活来选择幼儿感兴趣的事物和问题，又有助于拓展幼儿的经验和视野的原则。可以说，从幼儿的兴趣和需要出发选择主题是单元主题活动的灵魂。如《宠物小精灵》、《小汽车》、《小石头》等教学案例中的课程内容都是考虑到了幼儿的兴趣和需要而选择的主题。

　　2. 以幼儿现实发展需要为出发点来选择内容

　　幼儿课程来自于现实生活，也就是说幼儿园课程内容既要适合幼儿的现有水平，又要符合幼儿的现实需要，同时课程内容的选择还应着眼于从现有的内容和材料出发。例如"旅游节"。

　　**案例**

旅　游　节

上海旅游节即将来临，幼儿教师们正想通过这个机会设计一系列活动，以

让孩子们更了解自己生活的城市。鹏鹏的妈妈是在旅游局工作，她带来了很多"旅游节火车巡游评选卡"，当孩子们看到卡片上的图案时，立即被美丽的花车所吸引，都要求爸爸妈妈带他们去看花车巡游，看完后，孩子们兴奋不已，纷纷议论着"美丽的花车"，更有一些孩子提议自己来做花车，顺着孩子的现实兴趣热点，以"花车"为主题的课程内容就产生了。

3. 以幼儿未来发展为出发点来选择内容

也就是说，所选内容应既有利于幼儿长远发展，又应具有一定的挑战性。我们在设计各个教育活动时，必须考虑是否能有利于某一目标的发展和实现，也就是所设计活动的价值实现。具体说来，就是要从幼儿课程目标出发。如《纲要》中对幼儿园课程内容的五大领域的目标都有具体的要求，例如对社会领域的活动就要求要达到的目标包括：

1）乐于与人交往，学习互助合作和分析，富于同情心；

2）要努力做好力所能及的事，不怕困难，有初步的责任感等。

所以，在选择幼儿园课程内容时，应多设计能为孩子们提供合作交往，相互帮助的活动。像"谁能帮帮我"、"小狗诊所"，"狗狗美容院"等主题内容。

（二）幼儿园课程内容选择的来源

1. 第一来源是学科领域

选择幼儿园课程内容可以以一定的学科领域为基础，但是应选择幼儿关注的话题。随着《纲要》的颁发与实施，随着幼儿园课程的综合化趋势，现在，越来越多的幼儿园课程是从幼儿生活领域中选择内容源并融合其他学科领域的活动来设计。例如：幼儿现实生活中常见的水果就可以作为一个很好的课程内容来辐射出丰富的学习资源。例如：

水果——类别：苹果、香蕉、西瓜……

个数：如 1+2-3 可以表述为○+○○-○○○。

颜色：视觉上的和谐感，如红苹果、青苹果和黄苹果。

儿歌：关于水果的儿歌《APPLE SONG》。

2. 第二个来源是幼儿自身的内在环境与外在环境

（1）幼儿内在环境包括生理方面和心理方面

幼儿生理上主要包括身体的发展与变化、身体的健康与保护等，如"我的器官的用处"、"我生病了"、"我是自己的保护神"等课程内容都是以幼儿生理上的变化为来源的；心理上包括幼儿的兴趣、爱好、能力、情绪情感等。如"我高兴"、"我的本领"等课程内容是以幼儿心理的变化为来源的。

（2）幼儿外在环境主要包括社会环境和自然环境

社会环境中有大环境也有小环境。由大环境生成的社会活动，例如《我为灾区献爱心》活动：北京师范大学实验幼儿园在 2008 年南方雪灾、地震、洪涝等自然灾害后，号召并鼓励孩子们以自己的方式献爱心，孩子们通过捐款、义卖自己的玩具、图书、学习用品等方式表达了自己对灾区小朋友的牵挂，这种让孩子们通过自己劳动所得去奉献的教育方式实质上就是为孩子们创设了一个心理环境，这个心理环境是由大的社会环境产生，最终落实到孩子们身边的生活环境中的，从而使孩子们有更深刻的情感体验。同时社会环境中还有一些小环境，主要是指紧密与孩子周围生活环境相关的，如"快乐的幼儿园"、"我的朋友"、"超市"等都是围绕孩子周围的小环境选择的课程内容。

案例

毕 业 典 礼

大班的孩子就要毕业了，老师们为了让孩子懂得自己已经长大了，有更深刻的成长体验，和孩子们精心准备了一个毕业典礼，以此进行成长教育，让每个临近毕业的孩子都戴着博士帽，从而自然生成一种成就感，给孩子们准备传递梦想的蜡烛并放气球意味放飞希望。

自然环境中也包括大环境和小环境，大环境如所生活城市的自然环境等，小环境如幼儿园自然环境、班级环境等。从这些环境中寻找有利于儿童发展的课程内容，如"珍贵的水"、"海底世界"等。

3. 第三个来源主要指人为专门概括出来的一些现象

如人们专门提炼和概括的过程、原理或变化规律。举一个简单的例子："味道"、"色彩"，都是很抽象的词语，在现实生活中没有这个物质，是人们概括出来的，并且具有多层含义，所以要让幼儿有趣味地学习它，体会它是不容易的。

案例

"甜 甜 的"

2006级学生王海珍在幼儿园实习时，遇到了一个难题：如何让孩子们感受到"甜"的味道，并能体会到"甜"的抽象含义。前一个目标比较好实现，她想到通过组织游戏，把各式各样的糖果作为奖品给幼儿，让幼儿在吃糖的过程中体验"甜"的味道；可"甜"不仅是一种味道，还可以表示"开心"的含义，要怎么让孩子们理解呢？王老师问孩子："小朋友们，糖果甜不甜呀？""甜！""那你们开不开心啊？""开心！""老师看到你们脸上的笑容好甜啊！以后都要这样啊！""好！"

通过这样的方式，让孩子们浅层理解"甜"也可以表达的抽象含义："味道"、"开心的情感"。

## 二、幼儿园课程内容选择的依据

幼儿园课程内容是幼儿园课程要素的重要因素之一，是实现幼儿教育课程目标的基本材料和媒介，那么什么样的幼儿园课程内容才是适合幼儿成长的有价值的课程内容呢？

## （一）幼儿园课程内容的选择应紧紧围绕幼儿教育的目标

课程内容是课程目标的载体。有价值的幼儿园课程内容就应该是"有助于孩子获得基础知识，形成基本技能，培养正确的价值观和情感态度"的内容。所以，要选择幼儿园课程内容，首先就以幼儿教育的目标为导向，在课程目标的基础上进一步丰富多样，比如相比较传统应试教育下的 "难、旧、繁、偏、深"的教育内容，在当前素质教育目标下的课程内容则要求在基础知识上必须发展学生的个性和多样性。体现了课程目标是要求所有学生达到的最低标准，学生潜能的充分发展还要依靠更丰富的内容。

## （二）幼儿园课程内容的选择应紧紧立足于幼儿发展

《纲要》指出幼儿园课程内容的选择应体现"既适合幼儿的现有水平，又有一定的挑战性。"也就是内容的难易程度应处在"最近发展区"，所以，我们在选择课程内容时，应充分考虑幼儿的生理和心理特征，选择既与幼儿已有经验相适应，又有利于幼儿主动建构的活动内容，综合多方面因素使幼儿园各年龄段幼儿的各教育活动之间的内容有衔接性和层次性，最终实现幼儿的全面发展。只有了解幼儿，才能促进幼儿全面发展。

## （三）幼儿园课程内容的选择应基于幼儿的真实生活

杜威提出"教育即生活"、"教育即生长"、"教育即经验的重组和改造"，认为学生在学校，其实和在家里一样，也是一种生活过程，孩子在这个过程中生长发展。教育内容要紧密结合来自于幼儿发展的生活经验，儿童发展的特点、需求与日常生活经验是儿童教育内容的首要资源，社会、文化、本土自然和人文资源也是教育内容的宝贵而丰富的资源。所以，幼儿园课程是幼儿正在经历着的生活现实，所以幼儿园课程内容必须具有真实性。"让教育回归生活"、"生活教育"等口号相继提出，认为只有当幼儿园课程内容是儿童真正关心的、感兴趣的问题时，幼儿才会发自内心地付诸行动，这样的课程才能带给幼儿现实感和满足感。

## 三、幼儿园课程内容选择的原则

如何选择课程内容是提高教学水平的关键。从整体上讲，幼儿园课程内容是动态的，但它同时又包含着静态的知识形式，那么如何选择课程内容，如何选择既能准确把握课程目标，又能满足幼儿全面发展需要，同时保证课程内容的科学性和特色性？

教师选择幼儿园课程内容的时候需努力整合不同方面、不同领域的教育内容，同时要充分顾及儿童的兴趣、需要和能力，更应注重家庭、社区、教育资源的开发利用，另外还不可忽视隐性课程的重要影响和积极作用。幼儿园的教育内容应该是全面的、启蒙性的，身体的、认知的、社会的、艺术等方面内容的融合，交融于幼儿的知识经验结构中，所以作为幼儿教师，应努力整合不同方面、不同

幼儿园课程论

领域的教育内容。幼儿园课程内容选择的原则可以从如下几个方面入手。

## （一）分科课程内容与综合课程内容相结合

课程结构的整合突出体现在将传统的单一的学科知识传授课程向跨学科的多学科融合化的课程整合；将传统的单一的课堂教学向一日活动、家庭、社区多种范围的整合；将传统的以教材为蓝本的课程向从实际出发，因地制宜综合利用各种教育资源的整合。即"各领域的内容要有机联系，相互渗透，注重综合性、趣味性、活动性，寓教育于生活、游戏之中"。一般来说，幼儿园课程内容以五大领域为主，即社会领域、科学领域、语言领域、艺术领域、健康领域。这五大领域就是对学科知识的融合，要比分学科更适合幼儿的思维特点。

## （二）趣味性内容和知识性内容相结合

运用有效的手段将幼儿需要的学习知识，通过趣味的教学形式表现出来，激发他们的学习愿望，发挥其主体性，让幼儿体验学习的乐趣，也就是寓教于乐。其实这是由孩子的思维特点决定的，孩子对形象的、直观的、具体的、动感的事物感兴趣，因此，幼儿园课程内容的选择应充分顾及儿童的兴趣、需要和能力，贴近幼儿的现实生活，体现社会和时代的需求，促进幼儿在原有水平获得更高层次的发展。我们应将着眼点放在幼儿的兴趣爱好上，随时对幼儿的需求和特点进行分析，以开发孩子真正感兴趣的符合自身特点的课程。

## （三）预设课程内容与生成课程内容相结合

预设课程内容是指教育者在教育活动之前制定的教学方案及其教学手段，一般情况下以文本教案为主要表现形式；生成课程内容则是指在教育活动过程中师生通过教育行为产生的新的兴趣点、知识点或价值判断。教育者要根据实际将两者有机的结合才能最大的发挥教育的功能。

**案例**

### 小班音乐游戏"大象和蚊子"

活动目的：
1）体验、表现音乐故事的情趣，感受与同伴活动的快乐。
2）感受大象和蚊子不同的音乐性质，乐意随音乐做游戏。
活动准备：
知识准备：通过图片、录像等方式，引导幼儿观察大象和蚊子的形态，并能够模仿它们的各种动作。
物质准备：音乐光盘、森林场景、桌面演示教具、"大象"长鼻子、"小蚊子"指偶若干、打击乐器鼓、沙锤等。

活动过程:

## 一、幼儿随音乐入场

师: 小朋友, 瞧! 森林里的景色真美啊, 让我们跟着音乐到森林里去玩吧! (引导幼儿听音乐手拉手, 愉快入场。) 美丽的森林到了, 小朋友们找个位置休息吧。

[反思: 活动一开始, 教师注重为幼儿营造一个童话般的游戏环境, 引导幼儿在这种宽松的氛围中, 以游戏的形式进入活动室, 从而激发了幼儿参与活动的兴趣, 调动了幼儿主动融入活动的积极性。]

## 二、教师演示桌面教具讲述故事, 激发幼儿的兴趣

师: 小朋友, 你们看, 谁来了?
幼: 大象。
师: 大象是什么样子的?
幼: 大大的身体, 长长的鼻子……
师: 是的, 大象有长长的鼻子, 粗粗的四肢和大大的身体。这只大象在森林里散步, 接下来会发生什么事呢? 请小朋友认真听一听。

[反思: 这个故事比较简单, 要想引起幼儿的兴趣, 老师讲述的技巧十分关键。教师在此环节充分地调动起自己的激情, 结合桌面教具, 运用生动的语言、可爱的表情和夸张的动作讲述了故事《大象和蚊子》, 特别是拟声词的运用, 令故事中大象和蚊子的角色更加鲜明, 具有诙谐的色彩。幼儿们都听了入了神, 同时, 也感染了参与观摩的客人——老师们。]

## 三、欣赏音乐, 引导幼儿感受音乐的不同性质

1. 结合桌面教具, 完整欣赏音乐, 重点指导幼儿感受。
师: 刚刚发生了什么事? 让我们随着音乐来听这个故事吧。小朋友们仔细听, 哪段音乐听起来是大象走出来了, 哪段是蚊子飞出来了?

[在引导幼儿分辨大象和蚊子的不同音乐性质时, 幼儿根据已有的知识经验, 基本能够分辨得出。]

2. 结合片段音乐, 启发幼儿利用肢体动作自由表现音乐的角色特点。
(1) 引导幼儿听第一段音乐集体表演 "大象"。
师: 小朋友, 你们在听音乐时, 大象是怎么走的呢?
(2) 幼儿听第二段音乐集体表演 "小蚊子"。
师: 我们再听听看, 谁飞来啦? 我们变成小蚊子一起飞起来吧。

[反思: 幼儿对模仿大象走路和小蚊子飞来飞去的动作十分感兴趣, 特别是男孩子, 他们学大象走路时那种憨态可掬的样子, 十分可爱。在过渡环节中, 我始终用游戏的口吻来调节幼儿的活动量, 注意动静的交替, 幼儿不易疲劳。]

3. 结合乐器感知音乐。

（1）教师出示乐器并演奏，引导幼儿辨别大象和蚊子的不同音色。

师：小朋友。你们瞧，这是沙锤，这是鼓，你们听听哪种音乐听起来像是大象来了，哪种音乐听起来像是蚊子的声音，你们听出来了吗？

（2）幼儿演奏乐器，感受大象和蚊子的声音。

师：小朋友们，蚊子来了。（引导幼儿听第一遍）蚊子飞走了，让我听听蚊子的声音。（引导幼儿再次感受第二遍音乐。）

师：咦，大象来了，蚊子要躲起来啦。（引导幼儿听一遍音乐）

[反思：此环节中，教师鼓励幼儿用脚步表现大象的笨重，在提醒幼儿听音乐通过大象与蚊子躲藏的方式来辨别不同的音乐性质时，教师害怕幼儿出错，语言的提示稍多了些，可以适时的退出，让幼儿学会自己听音乐进行游戏。]

（3）引导幼儿再次听音乐演奏乐器，在演奏中进一步感受并表现"大象"与"蚊子"不同的音乐性质。

[反思：小班幼儿对乐器的演奏是具有一定难度的。于是我选择了两种幼儿易于分辨的、音色对比明显的乐器，让幼儿在扮演游戏角色的过程中，进行乐器的伴奏，进一步增强对音乐的感受和理解。乐器不仅可以用来为旋律伴奏，还成为了幼儿喜爱的游戏道具了。]

**四、游戏"大象与蚊子"，体验快乐的游戏氛围**

师：小朋友今天耳朵真灵，现在我们一起来玩大象和蚊子的游戏吧！

教师出示并逐一介绍游戏道具（大象鼻子、大象头饰、蚊子指偶）及游戏场景。

1. 第一遍，教师引导幼儿听音乐，并能跟随着音乐的节奏自由表现大象与蚊子的样子。

师：美丽的大森林里面来了谁呀？

幼：大象。

师：对了！我就是大象妈妈，今天我要带着几只象宝宝和我一起到森林里散步。（教师请几个小朋友到旁边戴头饰准备扮演象宝宝。）

师：那剩下的小朋友扮演什么呢？嗡——谁来了呀？（配班教师扮演蚊子妈妈，引导其他幼儿扮演蚊子。）

2. 第二遍，引导幼儿熟悉游戏的基础上，请个别幼儿来扮演大象，并提醒幼儿大象出来时蚊子要躲在每棵树后，别让它发现了。

师：现在大象妈妈要去休息了，象宝宝们继续玩吧，（蚊子妈妈："蚊子们注意了，象宝宝的肉可香了，我们可要多叮上几口才能飞走哦。"（师退出游戏）

3. 第三遍，教师鼓励幼儿互换角色，听音乐自由游戏。

师：刚才象宝宝和蚊子宝宝都表现的很好，现在你们可以和好朋友交换头饰、指偶继续玩游戏。

[反思：此环节教师主要是以游戏的形式，引导幼儿听音乐通过肢体动作大胆表现动物的形态和动态。在此环节，幼儿满足于游戏中躲藏的过程，听音乐的能力还不够，特别是在大象与蚊子音乐过渡的环节，需要老师的提醒。再有

就是：由于小班的幼儿的动作局限性大，他们只满足于模仿简单的动作，创造性不够，在后期的活动中，我们可以通过"找不同"等各种方式来丰富幼儿经验，鼓励他们大胆表现出与别人不一样的动作。随着幼儿年龄的增长，和这样音乐活动的不断深入开展，幼儿的水平将会不断地得到提高。]

**五、游戏结束**

师：小朋友们，今天你们在森林里玩得高兴吗？现在时间不早了，我们该回去了，让我们和客人老师说再见吧！（在音乐中自由结束）

[反思：师生的良好互动将整个活动气氛推向了高潮。直至游戏结束，幼儿仍意犹未尽，于是我们将活动进行了延伸，将目标要求做适当的调整。特别是引导幼儿在扮演"大象"时，要求步伐根据音乐的节奏进行，使音乐不再是成为游戏的背景而是能让幼儿真正地与音乐融合在一起，使他们在音乐的氛围中得到真正的快乐。]

"大象和蚊子"这一活动中，幼儿教师在课前备课过程中预设本活动的目标为：让幼儿了解音的不同性质，利用动画中大象出场的"咚咚咚"和蚊子出场时的"嗡嗡嗡"不同音质，同时利用鼓与沙锤的不同音质很好的实现了这一目标，而在游戏表演活动过程中，教师发现孩子不仅已经把握了不同音质的特点，更重要的是孩子对于音乐的节奏产生了兴趣和初步的认知，所以即兴将目标要求做适当的调整，将课程内容进一步深化。

**（四）必选课程内容与自选课程内容相结合**

必选课程内容是幼儿园在国家《纲要》指导下完成的上级教育部门同意制定的教学计划内容，这里包括国家课程和地方课程。自选课程是指幼儿园教师在完成上述任务后，充分利用当地社会文化教育资源，结合幼儿园及幼儿实际自我开发的课程或称园本课程。

例如：大班语言活动"三只小兔"。

幼儿老师边叙述"三只小兔"的故事情节边启发孩子想象思考，孩子自己口述的小故事是孩子自编的，是在基础内容上生成的，此外教师还为孩子准备了各种头饰放在活动区，让孩子将自己编的小故事在游戏活动中表演出来，分析一下，在老师的精心设计下，必学内容"三只小兔"的故事孩子已经了解了，而除此之外孩子还在老师的指导下，自发生成了很多内容，即自选的内容，不仅包括自编故事，还包括在游戏区域的拓展活动。

**四、幼儿园课程内容的组织形式**

在组织课程内容时，人们往往有两种不同的逻辑起点或角度，形成不同的组织形式。

**（一）儿童中心组织形式**

这种组织形式也就是指以儿童经验为中心的课程。这种组织形式强调个体的兴趣和需要,注重让儿童在生活情境中学习。教师的任务是为儿童提供学习材料和学习机会,创设一个富有教育性的环境,让他们在与环境的相互作用中,自发地发现和掌握知识。活动课程是这种组织形式的典型代表。它是围绕儿童的兴趣或需要来组织学习经验,注重"做中学",没有统一的内容,也没有统一的教学进度,学生可以根据自己的兴趣、需要和能力自由选择活动任务,自主地进行学习。教师的角色是支持者、合作者和引导者。活动课程为幼儿提供了更多的自主活动的机会,有利于幼儿思维能力和动手操作能力的提高,也有利于幼儿个性的发展。但是儿童获得的学习经验或知识基本上是零散的,缺乏衔接性和顺序性,学习者难以形成较系统的知识网络。因此,如何使儿童的经验概括化,并在此基础上实现心理结构的复杂化,是这类课程进一步完善的关键。

### (二)活动组织形式

#### 1. 幼儿活动

活动组织形式从幼儿参与活动的规模来看,幼儿园教育活动的组织可分为集体活动(全班活动)、小组教学和个别活动等。

(1)集体活动

一般大家把全班活动称为集体活动。其特点是全班幼儿在同一时间内做基本相同的事情,活动过程一般是在教师组织和直接指导下进行。当把这种组织形式运用于教学时就是集体教学。

集体教学的最大优点是效率高(当然,这是有条件的),也有利于培养幼儿的集体感和纪律性。然而由于幼儿人数多,个别差异大,难以照顾到每个幼儿的需要,也难以让每个幼儿积极参与。加上幼儿的学习往往需要较多的感官参与,也需要较多的相互交流和感情支持,集体活动难以满足幼儿的这些需要。因此,这种组织形式有一定的适用范围,不是所有的情况下都适合。适合与否,应当根据目标、内容以及幼儿学习该内容的特点来确定。比如,当全体幼儿都对某个学习内容感兴趣、该内容的学习也不需要有过多的直接操作时(如讲故事),集体教学的优越性才能显示出来。

(2)小组活动

幼儿园的小组活动可以是教师有计划安排的活动,可以是教师组织指导的活动,也可以是幼儿自发的活动。小组活动的最大特点是为幼儿提供了与同伴和教师交谈、讨论、合作、分享经验的机会,同时更容易让幼儿主动积极地操作材料,并可以按自己的速度和方式去做所要求做的事。教师有目的有计划地组织指导的小组活动,常常被称为小组或分组教学。

分组可以是随机的,也可以是按能力分组。按能力分组的优点是比较能够照顾到幼儿的不同需要,但这种分组一旦比较固定,就容易产生"标签效应",影响儿童的自我评价,因此要谨慎使用。分组教学适合学习新内容,以及一些要求幼儿有更多的发言机会的内容,如主题谈话等。

例如认识物体的沉浮现象时,教师准备好若干份基本相同的操作材料,交代清任务，让幼儿分组进行探讨。教师更多的是观察了解活动情况，给予必要的帮助和指导，最后对幼儿的学习情况进行归纳总结。这种方式一般来说具有集体教学的优点，同时在一定程度上克服或弥补了其不足，但比较适合于那些操作性强，孩子可以独立进行而不需要教师太多指导的内容。中国幼儿园中，目前这种小组教学的情况较多。第二种是同一主题、不同内容的分组。即全班学习的内容主题是一个，但每组活动的具体内容有所不同，可以说是各组之间分工合作，每组从一个方面或一个角度探讨与主题有关的一个问题，最后大家通过交流分享，获得关于这个主题的较完整的学习经验。第三种是教师面向一组幼儿进行教学，其他组幼儿以不影响该组幼儿的学习为前提，自由选择区域活动，然后轮流交换。

（3）个别活动

个别活动可以是由一个教师面对一两个幼儿进行指导，也可以是幼儿的自发、自由活动。教师的指导一般在幼儿自选活动时间进行，教师作为同伴参与到幼儿的活动中去，与个别幼儿互动，或是针对个别幼儿的特殊情况，进行专门辅导。

（4）游戏

游戏作为一种特殊的活动方式，在集体活动、小组活动以及个别活动中都是结合游戏这一活动形式进行。对幼儿教育工作者来说，游戏在幼儿身心全面发展中的价值与功能已是不言而喻的了。作为一种幼儿最感兴趣、最能发挥并发展其主体性的活动形式，在强调培养学习者的创新精神和实践能力、全面提高学习者的基本素质的今天，游戏的教育功能更应该受到重视，使它真正成为幼儿园教育的基本途径。但需要注意的是，重视游戏的教育功能，把它视为教育的重要途径，目的是要给幼儿充分的游戏自由，让他们在享受游戏的自由和快乐时自然地获得发展，而不是要把游戏简单地变为教学。否则，游戏就会变质，其教育价值相应也就会大打折扣。

（5）日常生活和常规性活动

日常生活和常规性活动是指除教师专门组织的教学活动和游戏以外，幼儿在幼儿园的所有活动。包括幼儿的各种自由交往、户外玩耍等；也包括幼儿的日常生活和常规性活动，前者如入（离）园、进餐、盥洗、入厕、午睡、起床等，后者如做操、各种值日活动（整理卫生、气象报告、植物生长记录、班级新闻报道）以及转换活动。幼儿园的教育目标和内容中有很多是通过日常活动和生活环节完成的，尤其是幼儿的文明卫生习惯、生活自理能力，以及一些社会行为规范方面的目标和内容。特别是考虑到幼儿教育之养成教育的性质和该类活动占幼儿在园时间的比例，日常活动与生活应该成为幼儿园教育的一个重要途径。

（6）家园合作

幼儿的发展是幼儿园、家庭、社会多方面教育影响力"汇合"的结果。家庭和幼儿园是幼儿生活、学习的主要场所。幼儿的发展可以说是整合从两种场所所获得的学习经验的结果。家园合作，可以使来自两方的学习经验更具一致性、连续性、互补性：一方面，幼儿在园中获得的经验能够在家庭中得到延续、巩固和发展；另一方面，在家庭获得的经验能够在幼儿园学习过程中得到运用、扩展和提升。因此，为实现幼儿教育的目标，我们应该树立"大教育"的观念，与家庭建立起新型的合作伙伴关系，相互尊重、相互支持、真诚合作。同时，家长与教师之间的密切伙伴关系，会使幼儿产生安全感、信任感，形成参与社会生活的积极态度。

### 2. 教师活动教学活动

教师活动教学活动即教师专门组织的教育活动。这是狭义的教育活动。它指的是教师按照明确的课程目标和课程内容，有计划、有组织、循序渐进地引导幼儿获得有益的学习经验的一种教育途径。无论课程内容是以分科形式、广域形式、单元主题形式还是其他何种形式组织的，这里都把它称为教学活动。相对而言，教学活动具有目标明确、内容精选、计划性强、教师的组织指导作用明显等特点。这类活动的主要作用在于帮助幼儿获得新知识、新技能，并整理、扩展、提升幼儿的已有经验。

### （三）学科中心组织形式（organization form centred on subject）

这类组织形式考虑问题的出发点是知识本身的逻辑性和系统性。虽然在知识分类的标准（强调分类的严格程度）上也有很大差别，但着重知识本身仍是它们的共同点，具体可分为：

### 1. 分科形式

这是一种比较严格地按照知识的类别（科目）组织课程内容的形式。它把课程内容组织成不同的独立科目，每一科目系统地阐述自己的知识体系。例如中学的代数、物理、无机化学、英语等。分科目组织课程内容是典型的论理组织法，因此，它往往具有逻辑组织法的所有优缺点。

### 2. 广域形式

为了克服严格的分科组织形式所造成的知识割裂的问题，广域课程相对弱化了知识的分类标准，把性质基本相同的学习内容分为若干领域，如健康、语言、科学、社会、艺术等，以使该领域内的相关知识达到统一整合。这种形式加强了领域内部相关知识的联系，但本质上仍属于学科课程，各领域之间还有可能是相互割裂的。

### 3. 综合形式

综合课程力图打破学科之间的界限，将各领域的知识以一定的形式整合起来，构成一个有机整体，使各领域的知识之间相互影响、相互渗透。综合的组织形式加强了学科知识之间的横向联系，但各学科自身的纵向逻辑性、系统性不强。

选择好幼儿园课程内容是幼儿园课程目标得以落实的关键。幼儿园的课程内容对于教师和幼儿的发展要具有拓展性，应有利于引导幼儿探索实践，开阔幼儿的视野，丰富幼儿的学习经验。教师在教学实践中应依据幼儿园课程目标，灵活地选择幼儿园课程内容并创造性地进行组织，应充分利用幼儿园内外多样的课程资源，开发真正适合幼儿发展的幼儿园课程内容体系，为幼儿的全面发展和健康成长创造有利的条件。

# 第三节　幼儿园课程内容的发展趋向

当下，幼儿园课程正在进行着一场根本性的变革。《纲要》指出："幼儿园应为幼儿提供健康、丰富的生活和活动环境，满足他们多方面发展的需要，使他们在快乐的童年生活中获得有益于身心发展的经验"。教育改革的关键就是教育观念的转变。在实施《纲要》和课程改革的过程中，要不断学习、探讨、实践、总结经验。目前幼儿园课程内容发展的新趋向有以下几点。

## 一、幼儿园课程内容的整合化

我国传统的学前教育是以分科课程为主的，随着社会的发展以及教育理念的更新，人们越来越意识到，幼儿并不能以某一学科的内容与环境相对话，而是以整个身心与环境发生作用，由此分领域课程内容逐渐成为幼儿教育的内容主体。与学科相比，领域是一种组织知识较为广泛的形式，一个知识领域可能包含两个或两个以上的学科，因此，领域课程的综合化水平高于分科课程。当前随着知识观的演变，新知识观所强调的知识的开放性，认为知识永远是一个开放的系统，不能局限在某个领域或时空，促使领域课程又慢慢演变为综合课程、主题课程或项目课程等多种形式，可以说，幼儿园课程内容的整合化是幼儿园课程内容发展的一个必然趋势。

## 二、幼儿园课程内容的生活化

对于学前儿童来说，最有效的学习就是他们感兴趣的学习，最有效的学习内容就是他们可以感知的、具体形象的内容。这种学习内容主要源自儿童周围的现实生活。儿童周围的生活是丰富的，广泛的，生活中有大量的人、事、物和活动。生活中有大量的有利于儿童发展的时机，儿童在这些生活情境中，通过交往、参与、探究，获得知识，锻炼动作和技能，发展情感，形成个性。因此，幼儿园课程的内容与现实的距离越近，越能引发儿童的学习兴趣，儿童的学习也就越有效。当然，现实生活是多层次的，复杂性，生活中有有益的经验，也有无益的或有害的经验。因此，必须对生活进行过滤，才能使之成为课程内容。这些内容不应是以知识的逻辑组织起来的严格的学科，而应是以生活的逻辑组织起来的多样化、感性化、趣味化的活动。幼儿园课程的生活化还意味着幼儿园课程的内容并不是严格的学科知识的再现，课程内容是随着生活情境的变化而发生变化的，幼儿的兴趣是确定课程内容的重要依据。幼儿园课程的内容应该生活化。

## 三、幼儿园课程内容的主题化

幼儿园课程内容的主题化是学前教育课程发展的另一重要趋势。传统上人们一直把知识视为对世界的表征，即对世界的描述和解释。对于学习者来说，知识是被掌握的，与自身的经验和认知方式无关。而新知识观则认为，知识是一种关系体系，是幼儿通过与其周围环境相互作用而获得的信息及其组织，与旧知识观相比，新知识观更注重"做"的能力，它更强调实践性、主观性和领域性，把知识看做具有动态性和过程性的一个有机联系的体系，因此在幼儿课程内容方面以"主题"为单元，在主题活动中分项目、设置任务、学做一体化，这样更有利于孩子的身心全面发展。

## 四、幼儿园课程内容的多元化

在世界全球化、一体化的今天，我国幼儿园的课程改革呈现出多元化趋向。主要表现在：课程理论基础多元化、课程模式多元化、课程价值取向多元化以及课程教材选择的多元化等方面。

首先课程理论基础多元化。就 20 世纪 80 年代以来，除一些基本思潮，如新科学观、新知识观、终身教育理念、以人为本理念等对我国幼儿园课程产生深远影响之外，一些著名的社会学家、心理学家、教育学家的思想对我国幼儿园课程乃至幼儿园教育的影响更不可不提。其中具有代表性的有杜威的实用主义、皮亚杰的认知发展理论、布鲁姆的心理结构论、维果斯基的社会建构理论和最近发展区理论、布朗芬布伦纳的生物生态学理论、加德纳的多元智能理论以及埃斯萨的自我概念理论等。

其次课程模式多元化。目前在我国引起广泛关注的外国课程模式或理论包括瑞吉欧方案教学模式、以皮亚杰的认知发展理论为基础的高瞻课程、以加德纳的多元智能理论为基础的光谱方案、蒙台梭利教育教学法等。我国幼儿教育工作者在借鉴的同时并对课程本土化进行了挖掘。目前，我国幼儿园课程模式主要形态有分科课程、主题综合课程、五大领域课程、主题网络课程以及区域活动课程等。

再次课程价值取向多元化。当前我国幼儿园课程价值取向呈现多元整合的趋势，概括而言有三种：知识本位的价值取向，重系统知识的学习，强调为未来生活做准备；社会本位的价值取向，重课程与外部因素的互动；人本位的价值取向，认为应从幼儿的兴趣、需要出发安排课程，并把课程作为发展人的个性的基本手段。

最后课程教材选择的多元化。多数幼儿园的课程教材来源主要有以下几种：公开发行的较权威的幼儿园课程的有关教材，地方或区本教材，园本课程，网络资源及其他资源等。这使得教师在设计和组织教育教学活动时可以充分根据幼儿的特点和发展水平，灵活选择适当的教材，充分发挥教师的积极性和能动性，更好地促进幼儿和谐并富有个性地发展。

新世纪的教育更加关注每一个幼儿的发展，使幼儿获得更好的发展成为今天课程内容改革的核心理念。我们相信，随着幼儿园课程改革的深入发展，只要我们努力实践、积极探索，寻找一条符合我国幼儿园课程内容改革的新路子，为幼儿园课程改革增添一道亮丽的风景线是完全有可能的。

## 本章小结

　　幼儿园课程内容的选择与构建关系着儿童的发展和社会的需要，《学前教育课程指南》指出："确立以促进幼儿和谐发展为取向的课程目标"，"促进所有幼儿在原有水平上全面和谐发展是学前教育工作的目标"，"构建以整合、开放为特点的课程内容"。从某种意义上说，"课程内容"的整合也好、生活化也好，带给我们的不仅是教学方法上的改进和提高，而且更多的是如何去看待幼儿，如何去帮助其更好的成长。带着这样的思考，我们以此为切入点，展开了有益的尝试和探索，在进行一系列实践的过程中，带给我们的是更多的感悟，更多的思考。

　　我们认为幼儿园课程内容的基点是幼儿生活，促进幼儿全面和谐地发展：课程内容是什么？课程内容是教师、幼儿、教材、环境四因素动态交互作用的"生态系统"。幼儿与教师的经验是课程内容、生活经验是课程内容、环境也是课程内容。本章通过对幼儿园课程内容的概述以期大家能对幼儿园课程内容有更深入的理解，即幼儿园课程可以追随幼儿的经验与生活，既可以由教师预设，又可以由师生共同引发或幼儿自发生成。

## 思考与练习

　　1. 幼儿园课程内容的概念与特点是什么？
　　2. 制约幼儿园课程内容的因素有哪些？
　　3. 如何选择幼儿园课程内容？
　　4. 作为一名幼儿教师，你认为幼儿园课程内容的选择与组织应注意哪些问题？
　　5. 当前幼儿园课程内容的改革有哪些发展趋势？

# 第 四 章

# 幼儿园课程组织

幼儿园课程组织包括编制幼儿园课程内容、选择幼儿园课程活动的组织与指导方式、制定幼儿园课程计划三个层面的工作内容。课程实施是把静态的课程方案转化为动态的课程实践的过程，也是教师以课程计划为依据而组织幼儿的活动的过程。本章就幼儿园课程组织模式、幼儿园课程组织类型、幼儿园课程组织原则等问题进行探讨。

## 第一节 幼儿园课程组织模式

### 一、幼儿园课程组织的实质

怎样理解课程组织的实质？以下是教育工作者对课程组织的三个比喻，可以反映对这个问题的不同看法，并帮助我们思考和理解幼儿园课程组织的实质：

课程组织是一幢建筑的设计图纸；课程实施则是具体的施工。设计图纸要对如何施工做出非常具体的规定和详细的说明。这样，教师就像建筑工人一样要忠实于图纸，严格按照图纸的规定或说明来施工。施工的质量是根据实际施工与图纸之间的吻合程度，即是否达到设计图纸的要求来衡量的。该比喻下的课程组织（包括具体的教育活动方案）是由教师自己或他人（包括各种出版的"教育活动方案"的编制者）预先拟定的，教师实施时严格地按照计划进行。

课程组织是一场球赛的方案，这个方案是赛前由教练员和球员一起制定的；课程实施则表示球赛进行的过程。尽管球员要贯彻事先制定好了的打球方案和意图，而达到这个意图的具体细节则主要由球员来处理。他们要根据场上具体情况随时作出明智的反应。该比喻下的课程组织（包括具体的教育活动方案）是由教师自己或他人预先拟定的，教师在实施时基本体现原设计的意图，当然可以加进自己的理解或想法，也可以根据实施时的具体情况而加以灵活的调整。

课程组织可以被认为是一个乐谱；课程实施则是作品的演奏。同样的乐谱，每一个演奏家都会有不同的体会，从而有不同的演绎，效果也会大不一样。为什么有的指挥家和乐队特别受人欢迎，主要不是由于他们演奏的乐曲，而是他们对乐谱的理解和演奏的技巧。该比喻下的课程组织首先是由教师和幼儿们一起"商定"的。既可以是教师和幼儿一起讨论决定主题或基本内容，也可以是教师根据对幼儿活动的观察了解，发现他们的兴趣和需要之后作出决定。但这个计划只是一个大体框架，而不是将实施的具体步骤也设计出来的精密而严谨的方案。

这三个比喻形象地表达了对课程组织实质的不同理解，也基本反映了幼儿园课程实践中的不同情况。

课程设计者在制定课程计划时，总是会尽量考虑周全一些，设计得完善一些，以便为幼儿提供更好的学习或发展的机会。但是，计划赶不上变化快，再完善的计划也不可能把课程实施中会发生的所有问题都预测得清楚而准确，因此，课程实施不应该像比喻一中所比喻的那样，只是纸上蓝图向立体建筑的转变，教师的作用也不应该像一个工匠那样"忠实"而机械、呆板地执行计划，而应该充分发挥自己的主体性，根据实际情况及时调整课程，使课程与教学更好地为幼儿的学习和发展服务。所以，课程组织实质上是一个课程的"再设计"过程，是教师富有创造性的劳动。

## 二、幼儿园课程组织模式

### （一）目标模式

作为20世纪初开始的课程组织开发科学化运动产物的目标模式，以实用主义哲学为指导思想，受行为主义心理学影响，以目标为课程组织开发的基础和核心，通常被看做是课程组织开发的经典模式、传统模式。

博比特是目标模式的创始人，提倡"活动分析法"，他于1924年出版了《怎样编制课程》一书，详细阐述了课程组织开发的过程与方法；查特斯也力求以科学方法开发课程，主张通过"工作分析"确定课程目标。他们首创的目标模式，后经泰勒、塔巴、惠勒等人的继承与发展，不断修改、完善，得以系统化，对课程理论和实践产生了深远的影响。在此过程中，"现代课程理论之父"拉夫尔·泰勒是举足轻重的人物，他创立的"泰勒模式"被公认为目标模式经典形态形成的标志。

泰勒认为，在课程组织过程中，编制者必须回答四个问题：学校应该达到哪些教学目标？提供哪些教育经验才能实现这些目标？怎样才能有效地组织这些教育经验？我们怎样才能确定这些目标正在得到实现？回答这四个问题，解决的正是课程目标的确定、学习经验的组织和学习结果的评价这几个关键问题，被后人称为"泰勒原理"。

#### 1. 确定教育目标

泰勒主张，目标具有引导课程选择、组织和评价的主要功能，确定教育目标是课程组织开发的出发点，并且认为目标的确定有三个来源和两道过滤网。三个来源分别是：对学习者本身的研究、对校外当代生活的研究和学科专家对目标的建议。通过这三个来源进行分析获得的有关教育目标的资料，需要经过两道过滤网的甄选，一是哲学的，泰勒认为，每一个社区、学校都有其独特的哲学观，以此筛选出与此哲学价值相一致的教育目标；二是心理学的，即利用学习心理学选择目标。

2. 选择学习经验

教育目标确定之后，就要选择相应的学习经验以达成锁定目标，对此，泰勒在《课程与教学的基本原理》中提出了五条原则：

1）为了达到某一目标，学生必须具有使他有机会实践这个目标所隐含的那种行为经验。

2）学习经验必须使学生由于实践目标所隐含的那种行为而获得满足感。

3）学习经验所期望的反应，是在学生力所能及的范围之内的。

4）有许多特定的经验可以用来达到同样的教育目标。

5）同样的学习经验往往会产生几种结果。

3. 组织学习经验

泰勒认为，为了使学习经验能够产生累积效应，必须进行有效组织，并提出了三条标准：一是连续性，即对课程中主要的要素进行直线式的重复；二是顺序性，强调后一经验必须建立在先前经验的基础上，并且更加广泛与深化；三是整合性，强调课程内不同学习经验之间的横向联系。泰勒提出了学习经验的两种组织，即横向组织与纵向组织，前者指不同领域学习经验之间的联系，后者指不同阶段（或学期）学习经验之间的横向联系。

4. 评价教育计划

泰勒认为，课程组织开发除了考虑以上三方面问题之外，还应该考虑评价问题。评价的目的是检查课程的实际效果和预期的教育目标之间的差距，评价至少要进行两次，分别在课程方案实施前期和后期。

以上四个环节，共同构成了泰勒关于课程组织开发的系统观点，其中，确定教育目标是出发点；选择与组织学习经验是主体环节，指向教育目标的实现；评价教学计划是整个系统运行的基本保障。

"泰勒原理"在世界各国的课程领域产生了巨大影响，一度成为20世纪五六十年代课程开发唯一的"科学"模式。随着时间的推移，泰勒建立的目标模式被不断修正和改造。例如，英国课程论专家惠勒对泰勒模式的课程编制程序的排列方式予以改造，将直线型的目标模式改为圆环形的目标模式，即确定目标→选择学习经验→选择学习内容→组织、统合学习经验与内容→评价→调整目标、确定新一轮目标。

课程编制的目标模式对幼儿园课程编制产生过重要影响。在幼儿园课程编制过程中，强调课程目标的制定，强调课程目标的层层分解并落实于具体的教育活动，强调根据课程目标是否落实和达成来评价教育的结果，可以说，这样一些指导思想和做法都来自课程编制的目标模式。几十年来对包括学前教育在内的教育实践，特别是课程与教育方案的设计和教材的编写起到了功不可没的作用。

事物的长处和弊端有时往往并存于该事物的某些特征之中，课程编制的目标模式也是如此。目标模式采用行为目标的方式设置课程目标，并以此为出发点编制课程，使整个课程的运作成为了一个具体化的和结构化的操作程序，这样做能提高幼儿园教育、教学过程的计划性、可控性和可操作性。但是，也正是目标模式的这种特征，会使依据目标模式编制的幼儿园课程由此而产生很多弊端。

### （二）过程模式

20世纪五六十年代后，英国课程理论家劳伦斯·斯坦豪斯·宾特雷伊立足教育的内在价值及实践，针对目标模式在课程编制中所存在的缺陷，提出了课程编制的过程模式，这被公认为是继目标模式之后出现的第一个重要的课程编制模式。

#### 1. 对目标模式的批判

过程模式是建立在对目标模式的批判基础上的，这主要体现在斯坦豪斯的《课程研究与课程编制入门》中。在这些批判中，其中最主要的有两点：

（1）误解了知识的本质

知识不是现成的、确定的和外在的东西，知识的本质在于可以通过知识的运用进行创造性思维。知识使学生思考的对象，应通过教育的过程帮助学生思考知识，进而获得解放。"教育通过将人引进人类作为思维系统的文化知识增加了人的自由……作为将人类引进知识的教育，它在使学生的行为后果不可预测的程度上是成功的。"因此，课程应该考虑与关注知识的不确定性，鼓励学生个体化的、富于创造性的学习。但目标模式将知识视为一种控制与统治的工具，从而在根本上歪曲了知识的本质。

（2）误解了改善实践的过程的本质

目标模式的方法基本上是一种通过使目的明晰化来改善实践的尝试，但是实践中，预定的统一目标框架往往在很大程度上束缚了教师与学生，此时，目标成了一种控制的手段与工具。"没有教师的发展就没有教育的发展，而且发展最好的手段不是通过明晰目的，而是通过批评实践。"因此，理想的做法是发展教师在课程实践中的批判、反思意识与能力，帮助教师改进教学。

#### 2. 过程模式的基本内容

过程模式是以过程或程序为焦点，详细说明内容和过程中的各种原理，主张课程开发的任务是选择活动内容，建立关于学科的过程、概念与标准等知识形式的课程，提供实施的"过程原则"。

（1）内容的选择

过程模式的逻辑起点是内容的选择，强调知识、活动的内在价值，内容的选择不是以预期的学生行为为依据，而是以教育本体功能和知识本身固有的价值为标准。因此，在过程模式中，如何选择和鉴别知识及活动的内在价值，是非常关键的。为此，斯坦豪斯引用了拉斯提出的用以"鉴别看来是含有内在价值的活动"的标准，共12条：

1）在所有其他条件相同的情况下，如果一项活动允许儿童在完成它的过程中作出其所了解的选择，并能对选择带来的后果作出反应，则此活动比其他活动更有价值。

2）在所有其他条件相同的情况下，如果一项活动在学习情境中允许学生充当主动的角色，而非被动的角色，则此活动比其他活动更有价值。

3）在所有其他条件相同的情况下，如果一项活动要求学生探究各种观念，探究智力过程的应用，或探究当前的个人问题或社会问题，则此活动比其他活动更有价值。

4）在所有其他条件相同的情况下，如果一项活动使学生涉及实物教具，即真实的物体、材料与人工制品，则此活动比其他活动更有价值。

5）在所有其他条件相同的情况下，如果一项活动能由处于不同能力水平的儿童成功完成，则此活动比其他活动更有价值。

6）在所有其他条件相同的情况下，如果一项活动要求学生在一个新的背景下审查一种观念、一项对于智力活动的应用，或一个以前研究过的现存问题，则此活动比其他活动更有价值。

7）在所有其他条件相同的情况下，如果一项活动要求学生审查一些题目或问题，这些题目或问题是人们一般不去审查的，是典型地被大众传播媒介所忽略的，则此活动比其他活动更有价值。

8）在所有其他条件相同的情况下，如果一项活动使儿童与教师共同参与"冒险"，一种成功或失败之险，则此活动比其他活动更有价值。

9）在所有其他条件相同的情况下，如果一项活动要求学生改写、重温及完善他们已经开始的尝试，则此活动比其他活动更有价值。

10）在所有其他条件相同的情况下，如果一项活动使学生应用与掌握有意义的规则、标准及准则，则此活动比其他活动更有价值。

11）在所有其他条件相同的情况下，如果一项活动能给学生提供一个和他人分享制订计划、执行计划及活动结果的机会，则此活动比其他活动更有价值。

12）在所有其他条件相同的情况下，如果一项活动与学生所表达的目的密切相关，则此活动比其他活动更有价值。

对于拉斯提出的这12条原则，斯坦豪斯认为，"就目前的讨论来说，我们没有必要接受它的标准。尚待解决的是，我们是能够发现他们对我们做出判断是有意义的及有参考价值的，以及当我们不同意拉斯的意见时，我们是否能够按照类似的形式提出方案。

（2）过程原则

过程模式提倡学生主动的学习和建构，重视发现和探究的学习，教师的身份是"和学生一起学习的学习者"，是学生学习的引导者、咨询者和参考资料的提供者。为了协助教室情境中的教师和学生进行教学与学习，有必要提出一些教师应该遵循的过程原则。以斯坦豪斯领导制定的"人文学科课程计划"为例，这些原则包括五条：

1）教师应与学生一起在课堂上讨论、研究具有争议性的问题。

2）在处理具有争议性的问题时，教师应持中立原则，使课堂成为学生的论坛。

3）探究具有争议性的问题的主要方式是讨论，而非灌输式的讲授。

4）讨论应尊重参与者的不同观点，无须达成一致意见。

5）教师作为讨论的主持人，对学习的质量和标准负有责任。

（3）课程评价

和目标模式中的评价以目标的实现情况为依据不同，斯坦豪斯认为，课程评价应以在多大程度上反映知识形式，实现过程原则为依据。在学生的学习过程及结果评价中，教师不是评分者，而是诊断者和批评家。教师与学生从事的有价值的活动有其内在的标准，成绩评定就是通过批判地反映学生所做的工作来提高学生达到这些标准工作的能力。

# 第二节　幼儿园课程组织类型

## 一、不同组织方式下的幼儿园课程类型

由于对课程内容要素的不同偏重，不同的组织方式会产生不同的课程类型。在幼儿园较常见的主要有学科课程、活动课程和核心课程等三种类型。

### （一）学科课程

这是通过理论组织法而获得的一种课程类型。它强调按知识的内在联系及其结构组织课程内容。在这类课程中，教师的主要作用是促进学习活动，幼儿的角色是对教师所提供的内容作出反应。因为有明确的目标，教师按照一系列设计好的方案促使幼儿一步步达到这些目标，从而获得较为系统的知识，所以，在传递知识和技能的时候，学科课程一般被认为经济而有效。

### （二）活动课程

这是通过心理组织法而获得的一种课程类型。它强调根据幼儿的兴趣、需要和发展水平组织课程内容。在这类课程中，幼儿是组织内容时的焦点，通常以幼儿自身的活动为学习方法，使幼儿从自己的直接经验出发，去解决实际生活中的问题，教师充当顾问及辅导者。因为给幼儿提供了较多自主活动的机会，使幼儿能够获得与环境相互作用的机会，所以，在发展幼儿的动手能力、思维能力以及个性品质方面，活动课程的作用尤为突出。

### （三）核心课程

这类课程围绕社会问题来组织内容，目的在于通过课程使幼儿获得完整的生活经验，增强幼儿对生活的适应性。这里所谓的社会问题是指幼儿生活的各种问题，包括认知的、情感的、态度的等所有方面的问题。对于这些问题，一般由教师预先选定、计划好，事先设定好目标，但所选问题应该是幼儿感兴趣

的，并且能够促进幼儿主动参与。

核心课程打破了学科界限，使学生在运用已有知识解决问题的过程中主动学习，扩展新经验，并获得身心的和谐发展。从这个意义上来讲，这类课题也是运用心理组织法而获得的一种课程类型。因此，如何在系统完整知识的获得与幼儿实际生活经验之间达成平衡，也是此类课程必须加以重视的。

## 二、当前整合课程的类型

整合课程是我国当代幼儿园课程变革中正在着力建设的一种新的课程形态。早在 20 世纪二三十年代就曾经在我国出现过。陈鹤琴先生的"五指活动课程"就是一种典型的整合课程。新中国成立后，我国引进了苏联的分科课程。自 20 世纪 80 年代以来，随着分科课程弊端与局限性的日益显露，引发了理论界对分科课程的反思和质疑。于是，课程整合化的问题就又进入了幼儿园课程理论研究与实践探索的视野之中。经过十多年来的改革，整合课程代替了过去传统的分科课程而成为幼儿园课程的主流。整合课程作为一种新的课程形态是以内在的价值整合观念，如人文、自然、社会学科的整合，幼儿与文化的整合，认知、情感、需要与体验的整合，使教学系统中分化了的各要素及其各成分之间形成有机联系的课程形态。在整合课程中，既要考虑幼儿的特点，也要考虑学科知识；既要注重幼儿的认知，也要注重幼儿的情感、态度。因而整合课程的目的不是多学科的叠加，它更多代表了一种课程价值取向。即整合课程追求的是幼儿"完整人格"的培养；强调的是知、情、意、行的统摄，追求的是幼儿、知识、社会的统一。目前，虽然我们看到比较多的整合课程形式是主题教学，但并不代表整合课程只有此一种形式。整合课程的类型是比较多样的。就幼教目前的情况来看，使用较多的整合课程类型主要有学科领域课程、单元主题课程、项目活动等。

### （一）学科领域课程

学科领域课程是目前幼儿园中使用较为广泛的整合课程。尽管它是以学科为中心来组织的，但学科知识的分类并不严格、精细，而是把相关的知识囊括在一个相对大的一个"领域"内。如幼儿园的"科学"领域就包括了地理、物理、环境、生物等学科的内容。学科领域是按照学科知识之间的内在联系和幼儿的心理发展而组织的有机整体。在这里要注意的是，幼儿园的学科只是一种"前学科"，内容的逻辑体系相对比较松散，往往是以表象或初级概念为核心组织的，而且强调学科知识和幼儿生活的联系，强调幼儿的直接经验，并不是严格意义上的学科。因此在设计时，注意不要把领域理解成学科知识的简单拼凑，理解为"大拼盘"，不应追求每一个活动各科知识的齐而全，或追求每一学科知识的平均分配。

幼儿园学科领域课程教育活动种类很多，不胜枚举。譬如由北京市教育局幼儿教育教研室于 1979 年编制的《北京市幼儿园教学大纲和教材》，是适应"文化大革命"后教育秩序开始恢复走向正常化需要的一套地方性课程和教材。该课程由"语言与常识"、"算术"、"体育"、"音乐"和"美工"等学科科目组成，每一科目都有"教学大纲"、"教学注意事项"、"教学法参考"、"教学内容和教材分月安排"以及"教材"等组成。课程要求教师除了在上课时完成各科教学大纲外，还要注意在游戏和日常生活中去完成。

以下以小班"算术"科目为例，说明该学科领域课程教育活动的设计：

**案例**

# 算　术

教学大纲：数学是学习科学技术的基础知识。幼儿园根据幼儿年龄特点通过算术教学教给幼儿浅显的算术基础知识，发展幼儿的思维能力，启发幼儿学习的兴趣，养成良好的学习习惯，为幼儿入小学打好基础。

教学任务：①通过算术教学使幼儿初步树立数、量、形的概念，并教给幼儿简单的计算方法。②通过算术教学发展幼儿的记忆力、注意力、观察分析事物和思考问题的能力。③通过算术教学培养幼儿严肃、认真、细心、踏实的学习态度。

教学内容和要求：①认识"1"和"许多"，知道"许多"中有"1"，好多个"1"合起来是"许多"。②能比较4以内的"多"、"少"、"一样多"。③数数：能不重复、不遗漏、手口一致地点数1～20的实物。④认识数目：学会4以内各数形成、序数和它的实际意义。⑤认识几何图形：圆形、三角形。⑥学会比较大小、长短（用两个物体进行比较）。

教学注意事项：（略）。

教学内容和教材分月安排如表4-1所示。

表4-1　数学内容安排

| 月份 | 教学内容和要求 | 教学形式、教材 | 教学建议 |
|---|---|---|---|
| 9 月 | | | 稳定幼儿情绪，了解幼儿的计算能力，为有的放矢地进行算术教学作准备 |
| 10 月 | 认识"1"和"许多"，知道"许多"中有"1"，好多个"1"合起来是"许多" | 1. 利用"小旗"的教材进行教学<br>2. 利用"谁会拿"的教材进行教学<br>3. 利用"仔细看"的教材进行游戏 | 1. 注意引起幼儿学习算术的兴趣<br>2. 在课堂上要采用教学游戏的形式进行<br>3. 在日常生活及游戏中随时可复习"1"和许多<br>4. 对能力较差的幼儿进行帮助，使全班儿童都能达到大纲要求，为以后学习打好基础 |
| 11 月 | 复习认识"1"和"许多" | 利用"摸扣子"的教学游戏进行复习 | 1. 每节课只安排一个新内容，穿插复习就内容<br>2. 在作业中注意多让幼儿摆弄实物<br>3. 在日常生活中抓紧一切可以利用的机会进行复习 |
| | 教给幼儿不重复、不遗漏、手口一致地从1数到5 | 利用"小兔拔萝卜"和"穿花"的教材进行教学 | |
| 12 月 | 复习数数 1～5 | | |
| | 比较"多"、"少"和"一样多"。用重叠的方法进行比较；用并排的方法进行比较 | 利用"给娃娃摆茶具"、"摆一摆"、"喂小鸡"及"红绿旗子"的教材进行教学 | 比较物品多少时，要求幼儿知道哪个多，哪个少，不要求回答多几个，少几个 |

| 月份 | 教学内容和要求 | 教学形式、教材 | 教学建议 |
|------|----------------|----------------|----------|
| 12月 | 认识几何图形——圆形 | 通过实物认识图形（如皮球、乒乓球、盘子、图片上的红太阳） | 在日常生活游戏中结合实物巩固对幼儿对图形的认识 |
| 1月 | 复习认识"1"和"许多" | 利用"听听是多少"的教材进行教学 | 做听音游戏时应在安静的气氛中进行 |
| 1月 | 复习比较"多"、"少"、"一样多" | | |
| | 复习1~5数数。学习1~10数数 | 利用"穿珠子"的教材进行教学。也可用其他实物练习数数 | 在教幼儿数数时，应注意教会幼儿手口一致地点数实物，不要只会顺口溜 |
| | 学会比较大小 | 利用实物（如大小皮球、大小气球）进行比较。见教材"比一比" | 比较大小时，利用两个物体进行比较 |
| 2月 | 阶段复习 | | 全面仔细地了解本班幼儿完成教学内容和要求的情况，属于全班性或大部分幼儿的问题，通过作业进行复习。属于个别幼儿的问题，可通过日常生活进行个别辅导，使全班幼儿达到教学要求 |

教材：

例1　小旗

目的：认识"1"和"许多"。

教具：一个铁罐、每个幼儿一面小旗。

内容：

1）教师拿出许多面小旗，放在桌上，告诉幼儿"桌上有许多面红旗。"教室把一面红旗插进铁罐，教幼儿说出："铁罐里有一面红旗。"教师把其他红旗都插进铁罐，教幼儿说："铁罐里有许多面红旗。"

2）发给每个幼儿一面小旗，教幼儿说："我有一面小旗。""桌子上的小旗一面也没有了。"让幼儿排好队，手举红旗跟随教师绕一圈做游行的游戏。然后让幼儿一个一个地将小旗插到小罐里，再回到座位上，启发幼儿说出："铁罐里有许多面小旗。""我手里一面小旗也没有了。"这样做游戏可以反复两三次。

例2　摸扣子

目的：运用触觉认识"1"和"许多"。

教具：两个布口袋里面放上20枚以上扣子。

内容：

1）让幼儿根据教师的要求摸出一个扣子或许多扣子（摸许多扣子时，要求一次摸出数量在10个以上）。

2）幼儿对作业熟悉后，可同时请两个幼儿上来，每人手中拿一个口袋，按教师的要求，摸出一个扣子或许多扣子，并可比赛谁摸得快。

这套20世纪70年代末在北京开始试用的地方性课程是学科课程，它是在1963年出版的幼儿园教学人纲和1975年出版的教材的基础上编制的，它继承的是 50 年代中国幼儿园课程改革形成的学科课程体系，课程结构化程度高，课程目标明确，教学内容系统，教师在教育过程中容易操作。但是，由于课程的教育活动是高结构化的活动，因此，整个课程反映出强烈的以教师为中心的倾向。

### （二）单元主题课程

单元主题课程是在一段时间内围绕一个中心内容来组织的教育教学活动。单元主题课程将各种学习内容综合考虑，并围绕一个中心有机地连接起来，从而打破了学科之间的界限，让幼儿通过该主题的学习，获得与主题有关的比较完整的经验。由于单元主题课程不强调各科精细的知识，而是以幼儿生活中的某一事件或某一中心为主题，围绕它来组织教育教学活动，幼儿自然能得到比较整体的知识，这些知识中自然也包括多学科的知识。目前在单元主题教学的设计上，幼儿园老师还是比较熟悉的。但存在的问题是，由于每个单元都围绕一个主题，因此，主题与主题之间的学习内容常常没有什么联系，前后缺乏连贯与衔接，使幼儿获得的知识与经验仍然停留在比较零散的局面。这是单元主题教学所反对的。

上海市幼儿园教师参考用书（2002 年）是上海教育出版社出版的一套教师参考用书。这套教师参考用书根据上海市 1999 年制定的《上海市学前教育纲要》规定的"共同生活、探索世界、表现与表达三个方面"以综合的方式设计幼儿园教育活动。以下以中班"学习活动"中的主题活动"风筝"为例，说明该课程教育活动设计。

## 风　筝

单元主题产生原因：

早上，唐灏带回一个"皮卡丘"的风筝，得意地向小朋友说："昨天我爸爸带我去儿童公园放风筝了！"孩子非常羡慕，纷纷抢着要瞧瞧这个美丽的风筝。"风筝上面为什么有竹子呀？""瞧，风筝有好长好长的尾巴呀！""这有什么，我家里有个'超人'风筝，好厉害的！"看着孩子们兴趣浓浓的样子，我们决定开展"风筝"主题的活动，进一步探索风筝的有关知识。

主题目标：

1）认识风筝的基本结构，探索风筝为什么能飞起来的秘密。

2）了解风筝的由来及每年一度的国际风筝节，培养幼儿的民族自豪感。

3）练习放风筝，促进幼儿全面发展。

活动过程：

1）兴趣引发阶段：活动 1：欣赏中国传统风筝；活动 2：观看国际风筝节的有关录像。

2）小组探索阶段：活动 1：收集各种各样的风筝；活动 2：了解风筝的结构；活动 3：风筝为什么能飞；活动 4：制作风筝的骨架；活动 5：制作风筝的面；活动 6：自制风筝比赛。

3）成果发布阶段：活动 1：自制风筝展览会；活动 2：看谁的风筝飞得高。

家长工作：

1）请家长带幼儿到公园放风筝。

2）在家里提供制作风筝的各种材料及工具，和幼儿一起制作风筝。

环境布置：

1）布置小小风筝展览会。

2）在美工区添置细竹条、细绳、布、纸、糨糊、薄膜等制作风筝的材料。

单元活动主题：风筝（两周）

语言智能活动：

1．故事：骄傲的小风筝

2．欣赏：国际风筝节

3．谈话：快乐的秋游

4．诗歌：风娃娃

空间艺术与创作智能活动：

1．美术欣赏：中国风筝

2．合作画：放风筝

3．制作风筝的面

4．涂色练习：风筝

运动与健康智能活动：

1．比比谁跑得快

2．看谁的风筝飞得高

3．我最喜爱的小风筝

观察与科学创造智能活动：

1．风筝的由来

2．风来了

3．风儿吹过来

4．风筝为什么会飞

5．人是怎样飞上天的

人际与社会智能活动：

1．亲子活动——我是风筝设计师

2．自制风筝展览会

3．送风筝回家

音乐与审美智能活动：

1．音乐游戏：风中的娃娃

2．歌曲：放风筝

3．歌曲：小风筝

自我认识与情绪调控智能活动：

1．假如我是小风筝

2．和风筝比高

数理逻辑智能活动：

1．我来买风筝——学习 6 以内数守恒

2．积木世界——认识宽窄厚薄

课例：美术欣赏：中国风筝

活动目标：

1）引导幼儿欣赏千姿百态的风筝，以及风筝美丽的图案、花纹。

2）了解风筝的起源和风筝的民间工艺，激发民族自豪感。

活动准备：

1）将活动布置成"风筝博览厅"。

2）有关"国际风筝节"的录像片段。

活动建议：

1）导入活动，引起幼儿欣赏的兴趣。

2）教师带领幼儿自由参观"博览厅"，相互讨论、讲述这些风筝美不美？哪些方面美？

3）引导幼儿感受风筝的色彩、图案和形象美。

4）介绍三四种有民间美术图案的风筝，帮助幼儿了解风筝的起源。

5）观看录像片"国际风筝节"，同时介绍风筝的种类、作用、来源。

6）教师小结，结束活动。

活动延伸：

师生共同制作风筝。

这套低结构化单元主题课程的特点之一，表现在强调过程、淡化结果等方面。教育活动的设计方式，从根本上与课程设计的目标模式有所不同，因为它没有要求每一个儿童在同一的时间内达成每个活动设定的具体教育目标。另一个特点表现在充分体现教育活动的可选择性和生成性等方面。由于它的综合性具有较为低结构化的特点，因此对教师在实施教育活动时提出了更高的要求。

### （三）项目活动（方案课程）

项目活动（方案课程）是受意大利瑞吉欧的课程影响而在目前幼儿园广泛学习运用的一种整合课程。项目活动主要是指教师与幼儿在活动中围绕大家感兴趣的一个课题共同讨论，在师幼合作研究中发现知识、理解意义、建构认识的一种整合课程类型。从形式上看，它与单元主题教学很相似，都围绕一个主题，都强调幼儿的兴趣与经验，都主张以完整的活动促进幼儿整体发展。但单元主题教学的主题是事先设计好的，而项目活动的主题则更强调生成，强调在师幼互动中不断根据幼儿的反应对主题作出调整、修订，所以项目活动更强调教学是一个师幼互动的过程，强调课程的弹性计划。一句话，项目活动对"课程以儿童为中心，为儿童的学习和发展服务"的思想贯彻得更为彻底，但目前幼儿园对于项目活动的学习更多的是从形式出发，而不重视其实质。实践中很多项目活动都做成了以教师主导的传统的主题活动了，以幼儿的兴趣、需要生成的主题较少。所以学习项目活动这样一种整合课程不能仅仅从形式上模仿、搬用，而应更多地吸收其课程的理念与精神，这样才能真正地把他人的精华为我所用。下面是清华洁华幼儿园的连桂菊老师的"有趣的豆芽"方案课程教案。

### 有趣的豆芽

方案的产生：

在组织"我爱吃的食物"这一综合主题活动时，为了让幼儿更加直观地认识一些蔬菜的特征，我特意带来了一些绿豆芽。孩子们看到它们一下子兴奋起来。

"我见过大大的蚕豆芽。""我见过绿色的豆芽。""上次去老家，我还看见过从泥土里刚刚钻出来的豆芽。"……

大家争先恐后地发言。一向爱提问题的杨明一本正经地说："连老师，豆芽是从什么地方长出来的，你能解释一下吗？"

"这个问题让我们一起来解决，好吗？"

我一边说一边给孩子们每人发了几颗小绿豆，"请你们仔细观察，认真想一想，豆子的什么地方可以长出芽儿来？"

这小小的豆子在孩子们的眼里似乎变得神秘了许多，他们拿着豆子左看看，右瞧瞧，最后大家一致认为，芽儿是从豆子的"肚脐眼"发出来的。为了让孩子们得到准确的答案，通过和孩子们一起讨论，我们决定做个小实验，邵然从美工区拿来了饮料杯，张静文用纸杯接来了水……

第二天，吃完早餐，我正在收拾餐具，韩愈阳在种植区大声喊道："快来看，绿豆发芽了!"

孩子们一拥而上，他们一个个竟然惊奇得叫了起来："豆子芽儿不是从'肚脐眼'那儿发出来的!""对，是从'肚脐眼'旁边长出来的!""不对，爸爸告诉我，豆子的胚芽能发出芽来!"

哦，原来是这样，孩子们终于找到了答案。

方案的进行：

从孩子们的兴趣点出发，我开始预设主题网络图，网络图在活动的延伸下不断补充，逐步完善。在方案实施过程中，我始终以指导者兼协同者的身份参与其中，对于一些出现的问题，及时给他们做出解决的建议，并给予指导，使孩子们能够充满信心的将活动继续进行下去。下面将是方案实施中的几个活动片断：

1. 豆芽的叶子

为了丰富关于豆类发芽、生长这方面的知识，我带孩子们参观了科学发现室有关花生生长过程的标本。回到活动室，他们七嘴八舌的又议论开了：

"豆芽没有根。"赵昆说。

"豆芽有根，那白白嫩嫩的就是它的根。"邵然不甘示弱。

"那我们吃的豆芽为什么没有根呢？"韩愈阳嘟着嘴一边思索一边自言自语。

争论最激烈的就是关于豆芽叶子的问题了。瞧，他们挤在种植区争得不可开交：

"豆芽只有这两片叶子。"

"豆芽好像没有叶子。"……

看到这种情况，我心里想，一定要让孩子们自己解开这个谜。于是，我建议："请大家找一找，想想看，豆芽的叶子在哪里？"

孩子们拿起豆芽开始观察，这时，关子杰突然喊道："老师，不好了，吴维建把豆芽给弄坏了!"

"让我看看。"坐在吴维建旁边的杨明接过豆芽，高兴得蹦了起来："呀! 小叶子在这里!"我轻轻地走过去看见杨明手里的那棵豆芽，在掉了一半豆瓣的中间，露出了黄黄的两片小叶子。孩子们在我的引导下小心翼翼地掰开豆瓣，都兴奋地欢呼起来。

"找到了，找到了!"

"我也找到小叶子啦!"

2. 不发芽的豆

一天早餐后，邵然急急忙忙地来找我："连老师，有一个杯子里的豆子坏了，一个也没有发芽。"我走过去一看，同样一起种的豆子，绿豆、蚕豆、花生都已经发芽了，只有红豆一个也没有发芽，仔细一想，这些红豆是从柜子里找出来的，说不定已经放了好长时间，也许是因为受潮的原因，想到这里，我给孩子们留下了一个小问题："大家动脑筋想一想，有的豆子为什么不能发芽呢？"孩子们一时回答不出来，彭纪源建议："咱们观察两天再说吧。"

后来的几天，孩子们找到了许多不同的答案，耿巍说："我听过故事，《手捧空花盆的孩子》，在水里煮过的花籽不能发芽，煮过的豆子也不能发芽。"

李欢说："长毛的豆不能发芽。"

"恐怕是因为温度太高了吧。"冯文夕一副蛮有学问的样子。"不对，他骗人。"好胜的李格西一脸的不服气。

我被孩子们这种天真而富有逻辑性的推理所震撼。也为孩子们能找到不同的答案感到无比的欣慰。当然，我们最终还是找到了解决问题的办法，我和孩子们分别把残缺的豆子，发黑发硬的豆子，用开水烫过的豆子放进了杯子里，并浇上水，时间一天天过去，无论孩子们怎样精心的护理，这些豆子一直都没有发芽。在比较漫长的等待中，孩子们有点失望，渐渐地也就没有人再关注它们了。因为，终于有一天，孩子们突然发现这些豆子上长出了白毛，还有一点难闻的气味，大家确定豆子已经腐烂了，的确不能发芽了。

3. 给豆芽拍照

种植区的豆芽一天一个变化。偶尔看见有几个孩子聚在一起，一边相互商量一边在纸上涂涂画画。我走过去一看，原来他们是在画豆芽，每个孩子虽然画得都各有特点，但是基本上是一个样儿。于是，我用试探的口吻对他们说："豆芽长得可真快呀，昨天的豆芽和今天的豆芽好像是不一样的？"

话音刚落，刘馨瑶便抢着说："那两天，豆芽是躺着的，今天我发现它们都站起来了。"

我趁机引导说："要是把豆芽每天生长的样子能留下来，那该多好哇！"

"拿照相机照。""做成标本。"孩子们说出了自己的想法。"再想想看，还有别的方法吗？"

"连老师，让我告诉你吧，我想出来了一个好办法。"

"什么好办法？快说！"

孩子们迫不及待地问道，只见杨明皱着眉头不紧不慢地说："那就画呗。"俨然一副小大人的模样。

经过讨论，前两个方法都行不通：第一，制作标本没有材料；第二，拿照相机也很不方便。最后决定还是用画的办法给豆芽"拍照"。

我在种植区投放了记录本和铅笔。孩子们则以"组"为单位，自然组成了6个观察小组。给豆芽拍照的活动就这样展开了。

后记：给豆芽拍照的活动一直延续到12月初，孩子们对这项活动一直都很感兴趣，记录本上画满了他们的许多杰作。而最让人感到高兴的是，那个曾经令人迷惑不解的关于豆芽"根"的问题随着活动的逐步深入而得到了解决。孩子们发现豆子刚刚发出的那个嫩芽就会慢慢地变成豆苗的茎，在它的下端便会长出须根。

总之，不论设计什么类型的幼儿园整合课程，要引起重视的观念应是整合课程给予幼儿的不应该是条块分割的知识，而应是相互联系的整体，它不仅强调知、情、意、行的统摄，也强调课程与幼儿现实生活的联系，而且更强调学科或领域之间的联系是自然的、有机的。

# 第三节　幼儿园课程组织原则

　　课程组织的基本原则，是课程组织过程中必须遵循的基本要求。幼儿园课程应该遵循哪些基本原则？这是幼儿园课程理论研究与实践需要回答的问题。

## 一、整体性原则

　　整体性既是幼儿园课程组织的一个基本原则，更是一种指导思想。人本质上应该是身心各方面和谐统一的整体。幼儿教育的目的就是把他们培养成为身心和谐发展的"全面发展儿童"。为此，幼儿园课程需要把各种教育因素有机地组织起来，使它们相互支持、相互强化，只有按这样的原则组织起来的整体优化的课程结构，才能转化为幼儿完整、系统的学习经验，以达到促进其身心全面和谐发展的目的。

　　根据这一原则，我们不应把幼儿园课程组织仅仅理解成集体教育活动的编制，而要把集体教育活动与生活活动、自由游戏等各种活动有机地结合起来；不应只考虑"显性"的教育影响，也应充分考虑幼儿可能获得的"隐性"经验；不应只重视直接教学，也应该重视间接教学；不应把幼儿园课程看做是幼儿园内部的教育工作，而应把家庭、社区的教育资源尽量发掘出来。因为在幼儿教育阶段应力求为儿童提供一个完整全面的内容体系，而不是片段的、零碎的知识点，孩子与外在环境相互作用的过程中，是用全身心与环境对话，而不是单独的某一学科或单一的身心某一方面来处理问题。换句话说，我们需要的是幼儿身心的全面发展，必然在课程内容的选择上应把握住整体性、综合性和全面性。

　　概括地说，幼儿园课程的整体性原则，要求课程设计者树立整体观和系统观，不要把课程组织看成一个个要素、部分的简单相加，一个个环节的简单连接，而要把课程各要素、各部分、各环节都看成是课程整体系统中的要素、部分、环节，看成是相互联系、相互渗透、相互影响、不可分割的。把课程组织成为一个具有合理结构和内在逻辑联系的整体，使之发挥"整体大于部分之和"的效应，这是课程整体性组织原则的关键所在。

## 二、生活化原则

　　生活化是幼儿园课程内容的基本特点。它既体现在幼儿园课程内容的选择上，也体现在幼儿园课程的组织上。既要关注在选择幼儿园课程内容时，贴近幼儿的生活经验和生活实际，加强教育与生活的联系，使幼儿园教育生活化；

又要考虑到在组织幼儿园课程内容时，"寓教育于一日生活中"，使幼儿园的生活"教育化"。幼儿园的生活处处蕴涵着潜在的有价值的教育内容，教师可以随机将这些内容纳入计划，生成课程，这既可以看做是教育生活化，也可以看做生活教育化。

课程组织的生活化原则，要求设计者对一日生活主要环节的教育功能和可能蕴藏的教育机会进行分析，如哪些内容可以结合幼儿园一日生活的有关环节自然地实现；哪些内容需要专门组织的教育教学活动才能达成？再者，对幼儿的生活环境和生活变化规律进行分析，以使课程安排更符合幼儿的需要，更具有广泛的教育资源。如每年的入园时间，对"新生"而言都有一个入园适应，建立心理安全感的问题；对"老生"来说，也有一个恢复常规的问题。这可以说是幼儿园生活的自然顺序和规律。每年的季节和节日变化也都有规律地影响着幼儿的生活，为他们提供着天然的学习机会和环境。遵循这些自然顺序和规律组织课程，幼儿园课程更会充满生活气息。

例如，中班活动"小汽车"。老师发现孩子们最近对于停在幼儿园操场上的校车特别好奇，每次下课或者自由活动的时候，孩子们总爱围在校车旁问这问那："为什么校车和爸爸的小汽车不一样？""为什么车子有不同的颜色？""为什么车子会跑？"……终于有个小朋友想到车子是用马达才会跑的，"哎？马达在哪儿呢？"……孩子们围着车子转了好几圈也没有找到马达在哪儿，这时老师轻轻地提醒说："去问问司机叔叔吧。"于是以"小汽车"为主题的课程内容就产生了。

幼儿学习的内容与幼儿生活的经验相联系　课程内容与幼儿的生活经验相结合，有利于调动幼儿学习的兴趣，同时也有利于幼儿对相关内容的理解，还有利于幼儿对所学内容的现实意义的理解。因此，为幼儿选择学习内容时，要尽量选择那些贴近幼儿生活的内容，不要人为地将幼儿的学习远离他们的生活。有些老师在生成"主题网络"时，往往将主题内容生成到远古的时代，如有一位老师在生成"现代信息广场"这一主题活动时，将原始社会部落中使用的通信工具"狼烟""消息树"等都纳入到课程内容中，表面看起来，这些网络的内容很"完美"，但这些远离幼儿生活的内容，对幼儿的发展而言是没有任何意义的，甚至还是有害的。

需要注意的是，幼儿园课程的生活化是原则而不是目的，其目的在于让幼儿的学习更加自然而有效。

三、主体性原则

课程组织的主体性，指的是要把课程组织成教师主动引导的、幼儿积极参与的教育教学过程。

幼儿是学习的主体，只有幼儿的主动参与、主动建构，课程才能内化为他们的学习经验，促进其身心发展；也只有在主动学习的过程中，当今社会最需要的、以创造性为最高表现形式的人的主体性品质才能逐渐形成。研究表明，幼儿的主动学习包括以下特质：内在的学习动机；对目标的直接行动，即动手操作，亲身体验；实际解决问题；表达和分享经验。因此，幼儿园课程的组织要充分考虑如何让幼儿在与课程环境（教师、同伴、内容、情境等）的相互作用中主动学习。

幼儿的主动学习需要教师的积极引导，只有在教师科学而艺术地引导下才能取得高效率而且合目的。而教师科学而艺术地引导的前提之一，是教师主体性的发挥。具体体现在课程组织中，就是课程计划的灵活性、开放性，就是教师的自主权。教育过程中有很多不确定性，很难准确预测，需要幼儿教师在与幼儿的教学交往中根据情况做出适当的反应。因此，无论是他人或是教师自己制定的教学计划，都应"留有余地"。一个缺乏弹性的计划不仅束缚了教师，更束缚了儿童。

同时，幼儿学习的内容必须能转化成幼儿自身活动，并且要有适当的难度。活动是幼儿发展的基础，幼儿的发展是在其与周围环境交互作用的过程中实现的。幼儿有什么样的活动，就有什么样的发展；没有幼儿自身的活动，也就没有幼儿的发展。因此，老师的主要作用在于如何让幼儿的身心更加积极有效地活动起来，只有这样，幼儿才能获得真正的发展。从这个意义上讲，老师尽可能地少讲、精讲，是幼儿获得尽可能多的发展机会的必要前提。

当然，并不是所有的活动都能促进幼儿发展，只有那些有适当难度的活动，对幼儿的发展才有促进意义。这里所讲的适当难度是指幼儿需要努力并且是可以克服的障碍。没有一定难度的教育活动就是浪费幼儿宝贵的时间和受教育机会。如果活动的要求大大低于幼儿身心的能力，或者没有达到一定的身心负荷，那么，他们的身心力量就派不上用场，他们的发展就会进展缓慢，甚至还有可能会衰退和钝化。幼儿经过努力克服了困难，获得了成功体验，这对提高他们活动的兴趣和自信心是很有帮助的；如果难度过大，幼儿几经努力，还是接连不断地失败，进而他们就会垂头丧气，对自己失去信心。平时，许多老师在课程设计和实施过程中，对课程的内容和形式考虑得比较多，而很少考虑如何通过适当调整活动的难度来促进幼儿的发展。这不能不说是幼儿园课程设计和实施的一个盲区。幼儿学习的内容应该是幼儿感兴趣的，幼儿是情绪中人，他们的学习绝大多数是由兴趣决定的。没有兴趣的学习，对幼儿来讲是没有意义的。我们为幼儿选择的内容应该是幼儿具有自发兴趣的或者是经过老师的努力，是可以让幼儿感兴趣的。幼儿一般不会像具有理性智慧的成人那样为了"美好的明天"而学习，他们的学习一般都是由他们对活动本身的兴趣所激发。

## 四、游戏化原则

游戏是学前儿童最喜欢的活动和重要生活，幼儿园必须"以游戏为基本活动"。在游戏中，学前儿童的身体能获得充分锻炼，展开丰富的想象，缓解紧张的情绪，体验活动的愉悦；儿童在游戏、活动中学习，能收到事半功倍的效果。游戏化原则就是采用游戏化方式组织课程，通过游戏调动儿童的学习积极性，促进儿童健康和谐发展。

关于游戏化课程在设计组织策略上，石筠弢先生在其博士论文"学前教育课程的基本特性"和著作"学前教育课程论"中进行了详尽论述。他认为"游戏作为一种精神存在于课程之中",我们应当"充分开发和利用游戏因素,使非游戏活动游戏化",以下是石先生的基本观点。

### (一)游戏作为一种精神存在于课程之中

他认为:"游戏性是一种精神态度,游戏是这种态度的外部表现形式"。游戏化幼儿园课程并不是要幼儿园课程都以游戏的方式表现出来,而是强调游戏精神在课程中的体现。如果把游戏理解为一种精神,最直接的体现:一是关注幼儿的主体地位,尊重幼儿的选择权和决定权;二是关注环境的创设和材料的提供,强调儿童与环境和材料的互动;三是关注活动的过程,将目标隐含在过程之中。用这种精神去设计幼儿园课程,把这些精神渗透于课程之中,既是游戏化幼儿园课程的设计思想,又是重要的组织策略。

### (二)充分开发和利用游戏因素,使非游戏活动游戏化

幼儿园的非游戏活动是对幼儿园除了游戏以外的全部教育活动的总称。如何使幼儿园非游戏活动游戏化?

1. 在教学活动中引入完整的游戏,使教学游戏化

幼儿园游戏既是活动的内容,又是活动的途径,因此教师应利用游戏来组织教学活动。一种是整个教学活动就是一个完整的游戏,游戏在规定的教学时段里可反复进行,如体育游戏"老狼老狼几点了"、音乐游戏"找小猫"、科学游戏"吹泡泡";另一种是游戏只在整个教学环节中的某个特定时间段出现,成为教学活动的一个环节,比如用猜谜语的方式导入活动(谜语本身就具有游戏的性质,而猜谜则是一种游戏活动),也可把某些游戏用于教学的结束环节,以巩固某些知识或技能。

2. 利用游戏因素,使非游戏活动具有游戏性

1)以游戏性的语言组织活动。这种设计主要通过富有游戏性的语言来组织活动,比如,教师经常在组织各种活动时使用这样一类语言:"今天,老师为小朋友们请来了一个客人——图形宝宝,图形宝宝很想和小朋友们一起做游戏。"

2)以假想的方式组织活动。一种是对角色的假想,如教师在组织幼儿活动时经常以动物妈妈的身份出现,而小朋友们则是动物妈妈的好宝宝。另一种是对情节进行假想,并以此来串联活动的各个环节。如在美术活动"蛋壳贴画"中,教师以这样一段话引入活动:"我们今天要到熊妈妈家做客,但熊妈妈家的路特别不好走,坑坑洼洼的,我们怎么办呢?"进而引出"帮熊妈妈铺一条路"。还有一种是对情境进行假想。在活动组织过程中,教师经常会根据活动的需要,带领幼儿把身边的环境一会儿假想为大海,小鱼在大海里游来游去;一会儿又假想为草地,小鸡在草地上游戏。

3)以"做做玩玩"的方式组织活动。幼儿利用各种材料自己动手做各种小实验或手工制品,再利用这些作品进行游戏,这是幼儿园课程中使非游戏活动

游戏化的又一种策略。

4）以比赛的形式组织活动。以比赛的形式组织一些教育活动，是促使非游戏活动游戏化的一种有效手段。比如，以练习某些动作为目的的划船比赛，培养生活能力的穿脱衣比赛和叠被比赛。比赛可以在个人和个人之间进行，也可以在组和组之间进行。

**3. 运用生成策略将创造性游戏有机地融入课程创造性游戏**

创造性游戏对儿童发展的特殊影响是其他游戏不能替代的，因此在幼儿园一日活动中要有专门的创造性游戏时间。由于这类游戏的目的隐含在过程中，它对幼儿发展的影响是一种渐性积淀的过程，不像音乐、体育、语言等游戏的目的来得直接，它常常会被由教师设计的语言、音乐、体育等游戏或被为学习活动而延伸的区域活动所代替。由教学活动生成游戏，主要有两种渠道：一是从文学作品活动中生成游戏，另一种是从社会领域活动中生成游戏。

幼儿常用自己喜爱的方式，表达自己对文学作品中角色、情节的理解，从而生成新的游戏。例如，幼儿学习《小蝌蚪找妈妈》后，在游戏时常常模仿小蝌蚪的形象；文学作品《老鼠嫁女》引起了幼儿极大的兴趣，于是围绕老鼠和猫两家发生的故事，幼儿生成了为期一周的主题游戏。在社会领域活动中，幼儿常常在教师带领下参观社区环境，了解社区周围的设备、设施，如参观医院、邮局、银行、超市等，这类教学活动是幼儿生成角色游戏的又一条渠道，他们会把自己看到的、听到的以及自己对环境和角色的理解，在游戏中表现出来。

在教学活动中，运用生成策略，适时地引发幼儿的创造性游戏，其关键仍然是环境的创设和材料的提供。幼儿园课程游戏化是一个动态的课程建构过程，它需要寻求有效的整合策略，使课程和游戏自然、有机地融为一体。

## 五、价值性原则

幼儿园课程内容选择的原则中的价值性原则，指幼儿园课程应为幼儿提供有价值的学习内容。这包含了以下几方面要求。

### （一）幼儿园课程内容的选择应贴近幼儿的生活

幼儿园课程内容的选择应贴近幼儿的生活，是他们经常直接或间接接触的事物或现象。这一方面可利用幼儿已有的经验，增强其学习过程中的主动性；另一方面可以引导幼儿发现每天熟悉的事物中的问题及其新异性，培养幼儿的观察力。

### （二）幼儿园课程内容的选择应有利于幼儿认识能力的发展

幼儿园课程内容的选择应有利于幼儿认识事物的本质以及事物之间的关系和联系。尽管这种认识还是粗浅的，但它有助于培养幼儿的科学思维及探究兴趣。

### （三）幼儿园课程内容的选择应能让幼儿主动"研究"

幼儿园课程内容的选择应能让幼儿主动去"研究"，有助于幼儿学习和掌握基本的研究方法，如观察、比较、测量、实验、调查等。

### （四）幼儿园课程内容的选择应能挑战幼儿的能力

幼儿园课程内容的选择应能挑战幼儿的能力，是处于幼儿的最近发展区内的，并包含需要合作才能解决的问题，因为学得最好的时候，都是积极地参与到问题解决中并与别人合作的时候。

幼儿园课程内容是根据幼儿园的课程目标和相应的学习经验选择、蕴涵或组织在幼儿的各种活动中的基本态度、基础知识、基本技能和基本行为方式。这些内容存在于各种课程活动材料和活动过程中，最终通过转化、累积学习经验而成为幼儿自己的态度、知识、技能和行为方式。

## 本章小结

本章主要讨论了学前教育课程组织的实质与模式、课程类型和课程组织的基本原则等三个问题。

#### 1. 揭示学前课程组织的实质与倾向

课程组织是编制幼儿园课程内容、选择幼儿园课程活动的组织与指导方式、制定幼儿园课程计划三个层面的工作内容。课程组织实质上是一个课程的"再设计"过程，是教师富有创造性的劳动。

在课程组织编制中，一般认为，以泰勒为代表的"目标模式"和斯坦豪斯为代表的"过程模式"影响较大。前者在课程组织开发上构成了泰勒关于课程组织开发的系统观点，其中，确定教育目标是出发点；选择与组织学习经验是主体环节，指向教育目标的实现；评价教学计划是整个系统运行的基本保障。

后者过程模式提倡学生主动的学习和建构，重视发现和探究的学习，教师的身份是"和学生一起学习的学习者"，是学生学习的引导者、咨询者和参考资料的提供者。为了协助教室情境中的教师和学生进行教学与学习，斯坦豪斯提出了一些教师应该遵循的过程原则等。

#### 2. 课程组织的类型

课程类型的建构必须以影响课程组织的学习者、教育者和教育情境三个要素为前提。由于对课程内容要素的不同偏重，不同的组织方式会产生不同的课程类型。在幼儿园较常见的主要有学科课程、活动课程和核心课程等三种类型。然而，基础教育课程改革倡导课程的整合性趋向，整合课程则成为我国当代幼儿园课程变革中正在着力建设的一种新的课程形态。

整合课程追求的是幼儿"完整人格"的培养；强调的是知、情、意、行的统摄，追求的是幼儿、知识、社会的统一。目前，虽然我们看到比较多的整合课程形式是主题教学，但并不代表整合课程只有此一种形式。整合课程的类型是比较多样的。就幼教目前的情况来看，使用较多的整合课程类型主要有学科领域课程、单元主题课程、项目活动等。

**3．课程组织的基本原则**

课程组织的基本原则是课程组织过程中必须遵循的基本要求。根据学前儿童身心特点，结合学前教育特征，对照中小学课程组织过程，一般认为学前教育课程组织采用的基本原则主要有：生活化原则、活动化原则、游戏化原则、整体性原则、主体性原则等。内容表述中对每一个原则的意义进行了解读，同时提出了贯彻该原则的要求或者措施。

**思考与练习**

1．什么是课程组织？
2．课程编制的目标模式与过程模式的根本区别是什么？
3．幼儿园常见的课程类型有哪几种？
4．当前课程整合的类型主要有哪几种？
5．选择单元主题的主要依据什么？
6．项目活动有哪些"要点"？
7．你怎样理解课程组织实质上是一个课程的"再设计"过程？
8．你是如何理解课程组织基本原则的内涵的？

# 第五章

## 幼儿园课程实施与开发

　　课程开发是一种概括化的课程设计思路，属于课程研制方法论的范畴。课程实施是将课程方案付诸实践的过程，是达到课程目标的基本途径，它是课程开发的核心环节和实质性阶段。幼儿园课程的实施就是教师通过活动指导幼儿学习，对幼儿产生影响并促进其发展的过程。我国学者在总结、研究国内外课程开发实践的基础上，提出课程开发必须考虑两个基本因素：一是构成课程内容的学问知识的结构、系统和逻辑；一是不同发展阶段儿童的认知方式、结构和过程。作为课程内容的知识体系必须考虑到儿童的"认识逻辑"，同时又不能丧失学问知识所具有的严密的逻辑性与科学系统性，这就是课程开发所要求的根本原则。本章就园本课程、生成课程和隐性课程的实施与开发问题分别进行探讨。

## 第一节　园本课程的实施与开发

　　园本课程的提出源自于校本课程，校本课程一词是由菲吕克等人在 1973 年一次讨论课程的国际会议上提出来的。同期，校本课程开发在英、美等发达国家开始受到重视，成为与国家课程相对应的一种课程开发策略。随着我国基础教育领域课程管理改革的深化，校本课程受到重视并进一步凸显其价值。近年来，各地幼儿园园本课程开发呈蓬勃发展之势。关于园本课程、幼儿园课程园本化等基本概念的界定则是首先解决的基础性工作。

### 一、园本课程概述

#### （一）园本课程的内涵

1. 园本课程

（1）从课程的性质作界定

　　园本课程是相对于"幼儿园课程"而言的一个概念。园本课程是幼儿园按照国家与地方政府课程的基本精神而进行的课程选择、重组与整合而形成的适合幼儿园特点的个性化课程体系。这一概念意味着幼儿教师有着更大的课程自主与课程责任。

（2）从课程的关系作界定

园本课程是幼儿园课程固有的特点。园本课程既是幼儿园课程的派生物，又是幼儿园课程的延伸与发展。即园本课程的个性化特点是不能脱离幼儿园课程的本质特性，它是受幼儿园课程制约的课程体系。任何脱离幼儿园课程本质特性的园本课程，将会导致课程的扭曲与课程畸形。

2. 幼儿园课程园本化

幼儿园课程园本化是指幼儿园组织及其成员，根据国家或地方政府关于幼儿园教育纲要的精神与幼儿园自身发展实际需要，充分利用园内外的各种教育资源所进行的课程选择、课程生成、课程重组的相关研究与管理过程。这个过程实际上就是幼儿园课程规范化、个性化和系统化的运作过程。

幼儿园通过课程园本化的实践过程来确立自主的课程系统，确立适合幼儿园园本课程体系，这是幼儿园课程园本化的实质。

3. 园本课程与国家课程、地方课程

我们通常的理解是，地方课程即国家课程的本地化，而园本课程，顾名思义，自然就是国家或地方课程的本园化了。当前，我国幼儿园的国家课程，实质就是2001年6月29日教育部颁布的《纲要》。其中，对幼儿园教育内容与要求、组织与实施、教育评价等都只做了原则性规定，并无全国统一的教学用书等具体的课程形式。

地方课程是在国家规定的课程计划内，由省级教育行政部门或其授权的教育部门依据当地的政治、经济、文化、民族等发展需要而开发的课程。地方课程在充分利用地方资源、反映幼儿园地域特点、加强课程的地方特色方面有着重要价值。譬如，2002年上海中小学课程教材改革委员会办公室颁布的《上海市学前教育课程指南（征求意见稿）》，标志着学前教育地方性课程改革走向了一个新阶段。

园本课程是国家课程、地方课程的具体化和多样化。也就是说，各地、各幼儿园都应该在《纲要》指导下，紧密结合各自的实际与需要，开发独具特色的园本课程。园本课程在国家、地方课程的指导下通过课程园本化过程所实现的"以幼儿园为本"的个性化课程体系与课程形态。

4. 园本课程与园本课程开发

相对于园本课程开发，园本课程是一种结果性概念，而园本课程开发则是一个过程性概念，是实现园本课程的重要途径。园本课程是幼儿园通过园本课程开发的过程，所追求幼儿园适宜性课程的结果。园本课程只有通过园本课程开发的过程，才能实现园本课程的理想境界，园本课程是在园本课程开发的过程中，不断优化、不断形成完整的课程形态的。

《纲要》明确指出，课程改革应"积极开发并合理利用校内外各种课程资源"。可以认为，园本课程开发实质是一个发掘与利用幼儿课程资源的过程。发掘与优化利用富有地方特色的幼儿园课程资源的目的，不仅在于形成独具特色的园本课程，使幼儿园课程乡土化、个性化、多样化，也有利于扩展幼儿的生活和学习的空间，使幼儿园课程进一步贴近社会现实、贴近生活、贴近大自然，使幼儿在受到情感陶冶的同时增强对社会与自然的感知与了解。此外，还有利于促进家庭和社区对幼儿园教育的参与，丰富幼儿园课程内容，提高家长和社会对幼儿园教育的了解与满意度。

### （二）园本课程的特征

#### 1. 课程园本化体现了"自下而上"的课程实践

园本课程是一种实践的课程模式。实践的课程模式把教师和幼儿看做是课程的主体和创造者。按照这种课程模式观，教师和幼儿都不能孤立于课程之外，而是课程的有机构成部分，是课程的主体和创造者。与国家课程相比，园本课程在实践的课程模式中，更多的是变"自上而下"的规定性课程为"自下而上"师生双方都作为课程的有机组成部分，同是课程开发的合法主体和创造者。因此，园本课程是一种课程开发、设计与实施三位一体的课程，而不是像国家课程那样课程设计与实施者是相对分离的，体现了"自下而上"的课程实践，其实践过程至少遵循以下几个原则。

"实践的课程模式把教师与幼儿都看做是课程的主体和创造者。教师是课程的主要设计者，可以在执行课程实践中根据特定情境发挥自己的创造性；幼儿则有权对哪些学习和体验是有价值的及如何完成这种学习和体验提出怀疑和要求解答。"

"幼儿园课程应是师生共同建构的具有弹性的课程。"

"教师在课程开发中是不受专业外势力的控制和限定，有权作出'自主'的职业判断，他们是主动地参与课程开发中的。"

#### 2. 课程园本化是一种不断生成的课程探索活动

与国家课程不同，园本课程不是一种决定了的预设课程，课程的目标、内容、方法等均可以通过教师与幼儿的实践活动不断地生成。

"园本课程鼓励家长和社会人士参与幼儿园的课程建设，容易融进最新出现的相关课程，因而具有一定的弹性。它是一种不断探索与形成的课程。"

"现实课程就是教师理解理想课程，并根据幼儿和教学的具体情况实施课程，以使幼儿体验并获得学习经验。因此，课程开发是一个连续的动态过程。"

因此，园本课程是一种不断生成的探索性课程。这也赋予了园本课程的生机与活力。斯腾豪斯认为，园本课程由于是实践的，因而必然是即时性的和探索性的。诚如斯腾豪斯所说："真理即使通过民主的方式也不能由政府来界定，学校中课程与教学的封闭管理应该被看做是对艺术的集权主义控制。"同时，由于园本课程是不断探索生成的，因此它有着灵活性（弹性）。园本课程鼓励家长和社会人士参与幼儿园的课程建设，能够将社会与科技发展的新变化融进课程中，时效性强，具有一定的弹性。

3. 课程园本化体现课程决策中的共同参与和民主实践

园本课程是由课程专家、教师、幼儿、家长、社区等多极主体共同参与课程，因此在课程开发上有着民主性特点。

"国外幼儿园的园本课程开发充分考虑到各方面人员的参与。由于幼儿年龄尚小，还不能对自己的行为进行决策，家长的意见常常成为幼儿园园本课程决策的重要依据。"

"课程就是在实际的教育场所中发生的并可望能够使教师们积极地参与并卷入到广泛的相互作用和课程决策之中的一种课程开发策略。"

"课程开发是由学者、课程专家、教师、家长等各方人员参与决策与平衡的过程。"

可见，从参与园本课程的人员来看，园长、教师、课程专家、幼儿及家长和社区人员，都有权提出自己关于课程方面的意见。因此，园本课程的开发的过程也就必然体现出教育的民主性。

4. 园本课程反映了园本个性与特色

我国部分学者和实际教育工作者认为，园本课程开发与特色教育理论不谋而合。幼儿园要真正办出自己的特色，就不得不在课程开发上下功夫。园本课程有自己的独特性，这种独特性主要是对本园幼儿、本园教师、本园物质条件、本园所处社区环境、本园文化以及办园理念等要素的反映。没有独特性的课程就不是真正意义上的园本课程。园本课程强调幼儿园根据自己的教育宗旨自主地进行适合本园硬件与软件（教师与幼儿特点）的课程建设，充分考虑到教师与幼儿的需要及幼儿园的具体教育环境。因此，突出园本个性与特色是园本课程的又一重要特征。每个幼儿园的教育思想和办园宗旨有可能不同，加上各个幼儿园的师资条件幼儿园环境各异以及本来就存在的地区差异，使得开发出来的园本课程具有明显的差异，即每个幼儿园园本课程有独特性。

纵观中外幼儿园，不难发现，每一所成功的幼儿园都无不具有鲜明的办园思想和充分体现这一思想的独特的课程体系或模式。

陈鹤琴先生倡导"活教育"的思想，在这一思想指导下提出为实现"做人，做中国人，做现代中国人"的目标，形成"大自然，大社会，都是活教材"的课程观和"五指活动"的课程体系，以及"做中教，做中学，做中求进步"的教育方法。许多得到陈先生亲自指导或受其思想影响的幼儿园都获得了成功，其中不少成为一代名园。

声名远播的"瑞吉欧"模式，我们在啧啧称羡其独具特色的课程模式时，一定不能忽视其独特的教育理念——"瑞吉欧·艾美里亚教育取向"：走进儿童心灵的儿童观，"我就是我们"的互惠交流和互动合作观等。没有这一先进而独特的"瑞吉欧·艾美里亚教育取向"，就决不会有独具特色的"瑞吉欧"课程模式。

诚然，形成成熟而独特的办园思想和课程模式并非一日之功，它需要先进教育理论的指导，更需要长期坚持不懈的探索和实践。客观地说，我国幼儿园进行园本课程开发大多还处于起步阶段，在短短的两三年或五六年的时间内，就寄希望于形成独特的办园思想，创生出成功的课程模式，这是不现实的。

5. 课程园本化体现了课程开发的以幼儿园为本

在当前，幼儿园涌现了很多课程模式，诸如"完整课程"、生活课程"、"游戏课程"、"情感课程"、"生成课程"等，然而这些课程未必就是园本课程。例如，很多幼儿园认为本园借鉴了国外的蒙台梭利和瑞吉欧，生成活动就是有特色的园本课程了。这是一种误解。因为符合园本课程需要有两个标准：一是必须是以幼儿园为本的，即幼儿园所决定采取的课程模式是由幼儿园的成员根据幼儿园自身的历史背景、现实条件（包括师资水平、本园幼儿发展特点、社区特征、硬件设施等）而决策产生的实践活动。二是必须属于课程范畴的幼儿园实践，虽然不一定必须有一整套体系完整、结构严密的课程目标、内容、方法与评价等，但它必须涉及有关课程的某些方面。

在园本课程开发过程中，教师的作用不言而喻。进行园本课程开发，特别要强调的是应该做到人尽其才。在培养骨干的同时，如何用人所长，充分调动每一个教师的积极性和创造性，特别是如何加强教师之间的合作等，是摆在希望进行或正在进行园本课程开发的幼儿园领导面前的一项重要而艰巨的工作。唯有教师的共同参与，才可能出现真正的多样化探求，使园本课程真正契合孩子的特点和需要，唯有教师之间的合作以及师幼之间的互动，才可能使园本课程开发在探索中不断发展完善、不断创新。

英国课程专家斯滕豪斯有一句名言："没有教师的发展就没有课程编制。"其核心命题就是"教师即研究者"。当我们把这一命题理解为课程开发的前提条件时，那么，对当下不少幼儿园园本课程开发的现状乃至前景就不免悲观。但是，如果我们把"教师即研究者"理解为一种教师专业发展的思想，那么，它就为教师培养和在职培训方式提供了一个新思路。

## 二、园本课程的实施与开发

### （一）课程园本化的实施

课程园本化的实施，是指幼儿园从本园实际情况和办园理念出发，将新课程与原课程进行整合重组并付诸实践的过程，其中既包含对新课程使用或适应性的改编等园本化处理，也包含将经过处理的课程进行实施的过程。因此，园本化课程实施是对幼儿园所有课程的一种整体实施。在园本化课程实施中，它需要选择知识经验或安排活动序列，以及时间和资源的安排分配。

从概念外延上看，课程园本化实施包含着教育教学，教育教学是课程实施的主要途径。只有当教师将教育教学建立在已有的课程计划基础上，把课程计划作为自己选择教学策略的依据，并寻求能促使幼儿获得课程内容的有效的教学方法时，课程园本化才可能得以实施。课程园本化实施过程从某种意义上说就是教育教学的过程。当然，课程园本化实施不能与教育教学划等号，因为彼此都有不可以包容的范畴，有着来自不同方向的规定。

### 1. 课程园本化实施的取向

课程园本化实施可以视为对新课程发展中的一个重要环节，在课程发展过程中，从课程实施者对待课程的态度、课程方案、教材在实施过程中的变革或变化程度，以及在不同情境中实施的实际效果等均可以产生不同的实施取向。概括地说有三种实施取向：忠实执行取向、相互适应取向和创生取向。

忠实执行取向将课程实施过程看成是忠实地执行课程方案的过程，从理论上讲是无视异变的存在。如果坚持忠实执行取向，那就是将课程园本化实施的本质理解为忠实执行国家课程，按部就班，不对课程内容作调整和变革，教育教学方法上也尽可能设法适应课程的要求。

相互适应取向则意识到，课程园本化实施本身是一个变化的过程，实施中必然会有异变，而且也肯定了异变的价值。这种取向主张根据幼儿园或班级的实际情境，对新课程在目标、内容、方法组织形式、课程方案等方面进行调整和改革，比如课程计划为适应具体实践情境和幼儿而进行的调整，或者课程实际情境为适应课程方案而可能发生改变。这种取向的实施者将课程园本化实施的本质理解为"协调中的变革"，认为课程园本化实施看重的是过程，在过程中实施者不可能不对课程进行调整和修改，甚至改变，以适合幼儿园发展的目的。

创生取向则是将课程园本化实施过程看成是师生在具体情境中联合创造、生成新的教育经验的过程。在这种创生过程中，已经设计好的课程方案仅仅是教师和幼儿进行或实现"再造"的材料或背景，是一种课程资源，借助这种资源，教师和幼儿不断变化和发展。随着教师和幼儿发展，课程本身也在不断地进步。创生取向把实施过程中的异变推向极致。

不同的价值取向在对课程园本化的实施及其研究方法以及教师角色的理解有着很大差异。三者各有其适用的条件，由于幼儿教育的情境是复杂的，对课程改革的需要又是多种多样的，在不同的情境中三种取向的价值都可以得到不同程度的体现，这也可以被视为从过程角度对课程实施本质的理解。

### 2. 课程园本化的整合实施

整合的问题是本次"课改"的关键问题之一，也是操作层面上广大教师面临的一个难点问题。

（1）从学科式的整合走向主题式整合

上海市黄浦区曾成立了"幼儿园课程园本化的整合实施"项目研究小组，经过具体的实施性研究，初步形成共识：即课程园本化整合实施的过程就是改变教师原有的习惯操作定势，逐步适应整合实施的一般操作方式的过程。譬如：主题活动"街心花园"的两种整合实施图式（图5-1）。

从以上两种实施图式不难发现，主题式整合与学科式整合是有区别的。在实施过程中我们必须清楚地把握新课程主题式整合的几项特征：

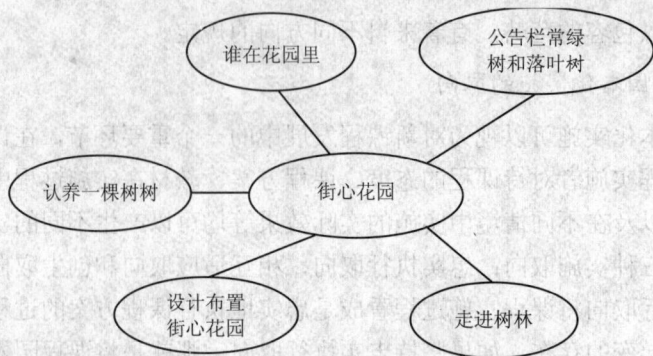

主题式整合模式图

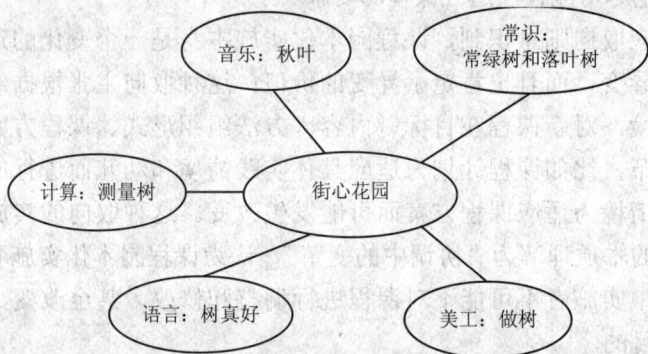

学科式整合模式图

图 5-1　两种整合实施图式

1）明确主题中心。主题式的整合活动"街心花园"，教师在考虑计划时，首先明确主题的中心脉络。从整体上把握：如何让孩子有兴趣地关注周围环境中美丽的花草树木及其变化，充分地感受花草树木与人们生活相互依存的密切关系，养成爱护绿化的积极态度和良好的行为。教师搭建的框架是围绕着解决这一中心问题而组织各种相互关联的活动，强调的是着力创设问题情境，推动儿童主动地探索问题、积累经验、改变态度。知识、技能的学习统整于主题中心的意义系统中，服务于主题中心脉络的。目的是让儿童在更大的范围内建构知识经验。而不仅仅限于学科内的内容与技巧。

长期以来，我们往往会碰到这样的情形：孩子们数学算式做起来易如反掌，一到具体运用时却束手无策；在线性的孤立的学科活动中幼儿画得标准，跳得美丽，而到了主题活动自主表达时，又会回复到他们原来的水平。产生此现象的原因之一，可能就是因为过于封闭地从学科的纬度来定义知识，寻求解决问题的方法，使孩子的思维限定在学科知识的范围中。课程的整合实施就是力图使新的经验和知识统整于意义系统中，以协助幼儿面对新的问题情境，及时地提取经验，运用知识经验，解决生活、游戏中的问题。整合的根本价值就在于：能让孩子们自由自在地驰骋在广阔的生活范围中，去发现问题、界定问题，探索解决问题的方法。

2）关注连续过程。实施主题式的整合教育应该围绕主题中心，关注整个过程中的每一个活动点对儿童整体的影响。倡导在同一主题背景下提供多种活动材料与多项的活动情境或多种的事件的相互关联。譬如：教师在设计组织"小小护绿员"的活动时，可以组织认养一棵树；找一找花园里、大树下生活着的小鸟、小虫；采访人们为什么喜欢在绿化多的地方活动；制作标志；用美术、歌舞的形式表达爱护绿化的情感，开展宣传爱护绿化等活动。每一项活动都是一个过程，多种活动又是相互关联的连续过程。教师要随时关注寻常时刻，如：每天给照顾认养的树浇浇水，除除草，看看说说它的特征及变化，找找生活在它周围的小鸟、小虫……只有充分地做深、做透每一个细小的、平凡的活动点，才能逐步推动孩子去亲近树木，去体味动物、人和树木的关系，去细致观察树木和萌生关心爱护树木的情感，才能对儿童产生有效的教育合力。

3）组织低结构化。课程实施过程是开放的，要随时融进幼儿的兴趣与需要，促使儿童作为课程开发的主体和教师一起共同参与课程的组织，而不是被动地接受或旁观事实。要充分考虑儿童的个别差异，有针对性地采用多种组织形式，多样的活动方式，绝不仅仅凸现几次高结构化的集体教学活动。围绕"街心花园"主题，教师可引导孩子们到幼儿园的图书馆或家里图书中去寻找与树木有关的图书资料：常识类的十万个为什么，想象类的故事儿歌作品，还有各种影像资料，在这样的低结构化的个别式或小组式的活动中，孩子会不断地生成新的学习内容，教师要不断地吸纳儿童的经验，融进儿童的思维方式，调整、补充和丰富主题的内容。动态化地、互动性地实施教学。例如：为街心花园制作标志时，由于教师实施教学过程是开放的，鼓励孩子运用已有经验，充分展开想象，融入自己的感受与体验，用各自的表达方式诠释爱护绿化的意义。因而，一幅幅饶有童真、童趣的标志图诞生了。"大树是小鸟的家，请不要摇呀摇。""花儿是蝴蝶睡觉的小床，请你爱护它。""小草，小草变绿啦，爷爷奶奶乐哈哈。"根据儿童生成的内容，教师还可不断地组织儿童相互学习，把个体的经验变为集体教学的资源，同时在集体影响下帮助或推进儿童的自主学习和自我建构。

（2）在主题中心脉络的引领下融入学科领域的内容与技巧

在开展主题式的整合活动中，老师们也往往会走向另一极端，即不乏学科教学，把主题活动与学科教学对立起来。因此，就产生上午做主题活动，下午是学科教学，晚上是兴趣活动的现象，彼此孤立，各自为政。增加了学习的权重，压缩了孩子游戏和运动的时间。其实，在主题中心脉络的引领下完全可以整合学科的内容与技巧，正是我们要用心寻找相互之间的融合点。

1）寻找主题要求与掌握知识要求的契合点。譬如，"送贺卡，寄祝福"，这是过新年的一道亮丽的风景线，老师们常常会运用这一热点现象作为活动内容。让孩子感受过新年的快乐。如果作为教学活动，只是停留于互赠贺卡的快乐感受，那往往会产生泛泛而谈的情景。而这样的原始情绪的快乐，构不成对孩子心灵触动，教育的推动性就显得疲软不堪。有位教师在运用这一热点时，根据孩子的特点，和家长、孩子们一起精心挑选、设计、制作各种情景化祝福图、哑语课件、爸爸的寄语录音……将真实的祝福与有目的地看图讲述、揣摩图意、解读寓意、聆听寄语结合起来，并引导幼儿用清楚的语言表达交流。教师积极地寻找语言学习的机遇，通过看、听、说使孩子们的情感被添上重彩的一笔。孩子们情到深处，不仅表现为由衷的欢笑，也有两眼泪汪汪。在这一教学过程中，教师将感受新年快乐的中心议题与有意识的语言训练结合得天衣无缝，相得益彰。使孩子们更深刻地感受了祝愿给新年带来快乐的内涵，在感受快乐新年的同时将语言同化于主题中心的意义系统中。

2）寻找经验的拓展与知识、技能学习的链接点。譬如，在开展"千奇百怪的动物"主题活动时，根据孩子的兴趣点，教师引导孩子对动物的翅膀进行了探索。在自主活动中，孩子们讲起动物的翅膀真是津津有味，如数家珍。在丰富的经验基础上，教师自然地引进故事，表演"借翅膀"。此时孩子们对故事中"动物不借翅膀"的理由有了更深理解的经验背景，对教师用各种材料制作的美丽翅膀有了更宽的欣赏角度。同时，教师又进一步引导孩子参照故事语言模块和美丽翅膀的范例，在各自经验的基础上学习知识技能。这里教师把丰富孩子的经验与安排学习艺术化的语言，制作艺术化的作品等活动自然过渡，承上启下，紧密连接。孩子们有了厚实的经验作基础，他们的表达更有力度，更宽泛了；而有了故事、艺术作品的学习支撑，对于孩子保存经验，展开想象又起到了推波助澜的作用。

当主题活动向纵深发展时也往往是学习各种技能的好机遇。如：感受了春天的美景后，孩子们用"春姑娘"的形象来表达对春天的赞美，由于受到技能的限制，心有余而力不足，表现的作品缺乏美感。此时，相关的技能学习就显得必要和可能。教师就根据孩子绘画能力发展的现状，作了相关的技能学习链接，给孩子欣赏了油画家单锡和先生的一幅作品"水乡妹子"，引导孩子们感受人物美的特征，孩子们纷纷表达自己的观点：她的眉毛又细又长，嘴唇红红的，很美；她的脖子和手臂长长的，很美；她的头发上有五颜六色的花，很美；她衣服的花纹很漂亮，她的裙子很飘逸……艺术作品强烈的视觉效果和美感，感染着孩子们，产生了美感共鸣，夸张化的艺术表达方式融进他们自己的意义表达中。孩子把"水乡妹子"作为春姑娘的化身，将自己对艺术作品的理解，充分用于表现春姑娘的形象，在孩子们的眼里，一个个春姑娘都美若天仙。

（3）"四类活动"自然渗透

生活、游戏、运动、学习四类活动囊括了幼儿园一日生活的所有活动，它们各自在幼儿的发展中起着不可替代的独特作用，在幼儿的活动中各自占着重要的地位。因此，幼儿园在安排活动时应本着儿童的全面整体发展，从孩子不同发展方面的需求给予同等的关注，在时间上给予充分的协调安排，以保证幼儿的全面、和谐、有序的发展。在具体的实践过程中应从各项活动的本体功能出发，既要统筹考虑，发挥整体效应，也不牵强附会，死绑硬拽。在安排内容与活动形式时，要根据各项活动内容的彼此相关度，根据不同年龄的认知和活动特点，进行全方位的不同程度整合实施。

1）四类活动整合实施的方式：①并列式。并列式，即在同一主题下，同时或不同时地显性安排多项活动，就像一辆自行车围绕着各自的轴心运动，并在链条的牵引下一前一后地朝着共同的目的分别运动着。如：春游活动，既可指向运动的要求，又可指向学习、生活的内容与要求。从"运动"的方面可以适当地安排负重远足活动，从"学习"的角度考虑可以安排观察春天变化，欣赏美丽的景色。从"生活"的角度可安排遵守集体规则等实践活动内容。②渗透式。渗透式整合是四类活动内容的典型形式，就是在不同的活动项目中，寻找着各种主题下相互关联的内容，用不同的活动形式强化同一主题思想。中班学习材料中有主题"幼儿园里朋友多"，通过这一主题让幼儿学习分享、学习一起玩。在"运动"中有培养孩子协调的能力，在"生活"中有适应集体，共同生活的相关主题内容。通过游戏与学习的相互渗透，使认知技能、交往技能的学习和灵活运用得到落实。如：主题活动"各式各样的车"在活动展开的过程中，师生共同收集了大量的"汽车"，有图片、照片，有玩具、模型……孩子们自发产生了游戏活动，看着图片、模型搭建了各式的车。教师根据孩子们的游戏热点，及时展开了新的学习活动"布置汽车城"，将汽车的分类、制作、广告设计、宣传讲解语等内容自然渗透于学习活动之中。学习活动的热点为游戏提供了丰富的资源，而游戏又为学习增添了动力。由于活动的整合性展开使得幼儿在不同的活动中穿梭自如，合成一气，既满足了幼儿游戏的需求，又提升了学习能力。③融合式。在幼儿园，年龄越小的孩子各类活动的整合程度越高。譬如，"吃西瓜啦！"切成一片片红红的和黄黄的瓜，摆放在桌子上。孩子们围坐者，老师引导孩子说说看见了什么，孩子们纷纷议论开了，红红的是西瓜，黄黄的是哈密瓜，是苹果……我们来尝一尝，黄黄的究竟是什么。我们还要请牙签来帮忙，怎样才能拿出瓶子里、塑料袋里的牙签呢？创设实际的生活情景，让孩子的认知经验产生冲突，学习就在此时展开了。老师边引导孩子探索，边教孩子把实践过程和结果用语言表述。在这一活动过程中，孩子们获得了多种经验，它是生活活动，还是学习活动？彼此交织在一起，难分你我。

2）四类活动整合的注意点：①整合四类活动，必须保留各自独立存在的空间，更不能用"学习占据游戏与运动的时空。②整合崇尚的是有机、自然的合成，不要为了整合而整合，更不要为了追求整合而弱化各自的教育功能。③整合的形式并不重要，各种形式在实际操作中并不是泾渭分明的，应以儿童的整体、和谐发展为安排原则，应以顺畅、有效为操作基点。

（4）共同性课程与选择性课程相互提携

如今，园本化地实施新课程，必然要对原来的课程模式来一番伤筋动骨的改变；当然这不可能是一夜之间一蹴而就，说改就变的。需要有一个适应变化的过程，同时也应当看到"课改"不是今天才开始的，我们已经或正在接受着"课改"的洗礼，幼儿园的课程已经发生了很大的变化，也更希望通过实施新教材推动改革的进程，让广大教师走进新课程。在课程园本化整合实施过程中，应做到以下几个方面。

1）重组基本模块。所谓的重组基本模块，就是以课程教材的主题框架为基础，以基本经验为依据，将新课程内容与园本化的内容进行重组，经过理念与实践的碰撞、磨合，或合并或补充或精简或创造，逐步建构以主题活动为主要模块的整合实施的幼儿园共同性课程。在具体的操作方式上，本着实事求是，稳步推进的原则，有计划分步骤地逐步实行。

纵向推进：即从幼儿园起始年龄段开始实施，逐步积累经验，收集资料，滚动式向上推进。

横向推进：即不同年龄段确定同一主题，以同心圆为建构点，步步为营，从一个到多个逐步扩展式地向前推进。

全面推进：对于已经率先进行课程改革，并已积累比较扎实基础的幼儿园，也完全可以在做好整体计划的前提下，同步深化式推进，完善课程模块。

2）找准镶嵌部位。如何协调实施共同性课程与选择性课程，如何体现本园特色，又体现共同性课程的基本精神，理顺这两者之间的关系尤为重要。

首先，选择性课程与共同性课程的实施理念必须趋同化，即选择性课程也应体现"课改"共同要求，诸如"以儿童发展为本"，"追求个性化发展"，"注重学习的过程"，"关注儿童的全面和谐发展"等。在保持高度一致性的前提下，去重新审视选择性课程，改造、完善选择性课程。在共同理念的支撑下形成合力，去共同影响儿童。

其次，要对选择性课程的内容进行梳理，与共同性课程相关的内容或合并、或删减、或增加、或进行相关链接。在实施过程中还要对相关的资源，活动的途径，时空的安排做出有效的嵌合，以提高课程实施的整体效能。

最后，要做出合适的课程配比，要在保证足量的、充分的其他各项活动基础上安排特色课程，要防止为追求特色而不适当地增加课时安排，以偏概全。不适当的课时安排权重，无论从孩子的整体发展还是从经济成本核算都是得不偿失的。

3）协调、动态的管理。长期以来幼儿园都实行分科带班制，这种固有的带班制，可能与主题式内容呈现方式产生隔阂，所以，我们要研究、协调两人带班制，要从儿童整合学习的特点出发，根据各园的师资实际，创造性地建立多种带班制，诸如：共同进班，正负配班，重点分工，轮流"执政"机制。以最优化的整合带班制，适应课程园本化的整合实施，提高整合实施的专业化素养。

新的课程观提倡课程的开发、实施有章可循，课程的安排有理有利，同时也提倡在规范中见灵活，在严谨中见活泼。因此，在实施课程要改变"一刀切"的静态管理方式，实施过程性的动态化课程管理，加强教研、自主培训的基础上，鼓励教师在课程框架统整下的教育创新。包括内容的吸纳与更新，途径的改变与丰富，时空的扩大与调整，努力创造规定性与生成性的协调，全面性和特色性兼顾的课程实施管理机制。

### （二）园本课程开发

#### 1. 园本课程开发的含义

园本课程开发的理解可以从"园本课程"、"开发"两个方面着手。"园本课程"即是以幼儿园为基地通过开发的过程而形成的课程。即园长、教师、课程专家、幼儿及家长和社区人士共同参与幼儿园课程计划的制定、实施和评价等活动。在园本课程开发的过程中，教师应当是参与性的，而最终的决策应当由所有参与教育经验综合的人共同决定。

"开发"在《牛津英语词典》中，被解释为"一项计划、方案的具体细节的确定或小说情节的完全展开。"因此，课程计划的准备阶段不属于"开发"，而课程计划的制定及实施属于开发[2]。在《现代汉语词典》中，"开发"表示"以荒地、矿山、森林、水力等自然资源为对象进行劳动，以达到利用的目的；发现和发掘人才、技术等供利用。"由于校本课程来源于英国，我们对"开发"一词的含义更倾向于第一种理解。一般意义上的课程开发则往往是指对已有课程新编、改编（包括选择、拓宽、加深、整合等）。

课程开发有广义和狭义之分，广义的幼儿园课程开发指的是幼儿园及教师对现有课程的处理及决策，这种行为在日常中比较常见。狭义的幼儿园课程开发则是指在课程专家的指导下各方共同参与课程的决策过程。

2. 园本课程开发的特点

（1）园本课程开发的民主性

从参与园本课程的人员来看，园长、教师、课程专家、幼儿及家长和社区人员，都有权提出自己关于课程方面的意见，因此，园本课程开发的过程也就必然体现出教育的民主性。国外幼儿园的园本课程的开发充分考虑到各个方面的参与，美国在这个方面做得尤为突出。由于幼儿年龄尚小，还不能对自己的行为进行决策，家长的意见常常成为幼儿园园本课程决策的重要依据。如教师欲组织一次户外活动，他（她）必须事先征求家长的意见，如果家长不同意他的小孩子参与，教师则不能带这个小孩子出去。我国的许多幼儿园在组织类似的活动时往往把家长抛在了一边，忽视家长对课程的决策权。

（2）园本课程开发的弹性（灵活性）

园本课程鼓励家长和社会人士参与幼儿园的课程建设，容易融进最新出现的相关课程，因而具有一定的弹性。同时，园本课程的开发使幼儿园、家庭、社区、社会紧密连在一起，促进了幼儿课程的多样化和乡土化。

20 世纪 50 年代，我国幼儿园全面推行学科中心课程。注重知识的系统性、逻辑性，缺乏灵活性，严重滞后于社会变革，不能反映科技进步的成果和当地社会生活及社会发展需求的变化，时效性差，造成教育资源的浪费和教育效益的下降。

（3）园本课程开发的多样性

园本课程开发没有统一固定的模式，园长、教师可以根据具体情况（师资条件、幼儿园环境等）对幼儿园的课程进行选择、改编、整合、补充、拓展和新编[3]。即园本课程的开发是灵活多样的，不是固定不变的。

一般来讲，课程选择是众多幼儿园普遍进行的园本课程决策行为。幼儿园园长、教师根据自己对传授幼儿知识的要求及自身的条件从众多的供选课程中选择合适的课程，在具体的实施过程中，教师又可以对原有课程进行一定的修改以适应具体的课堂情境。就目前而言，由于综合课程在幼儿园占有较为突出的地位，幼儿教师也常常把跨学科的课程进行重新设计即整合在一起。当然，根据课堂教学的需要，教师有时也会补充一些课程材料以增加幼儿对课程知识的感知，有时教师还会把课程进行延伸、拓展以发展幼儿的个性，这方面的活动在幼儿园科学教育活动中比较常见，但是对教师的素质要求比较高。对课程进行新编是一项比较复杂的活动，幼儿园新编课程通常以专题的形式进行，如园庆活动、迎澳门回归、三八妇女节等等，形式多样，既适合幼儿的特点又联系幼儿周围生活环境，深受教师、家长、幼儿的欢迎。

（4）园本课程开发的独特性

每个幼儿园的教育哲学思想和办园宗旨有可能不同，加上各个幼儿园的师资条件和幼儿园环境各异以及本来就存在的地区差异，使得开发出来的园本课程具有明显的差异，即每个幼儿园园本课程有独特性。这种独特性的表现可归于幼儿园的办园特色。

长期以来，我国各地幼儿园在条件千差万别的情况下，形成了几乎完全一样的幼儿教育模式，同时，使得我们的教师习惯于模仿而不善于创新，这与我国的教育体制有很大的关系，由于这些因素直接或间接的作用，我国幼儿园园本课程在目前很难表现出独特性。

3. 园本课程开发的条件

园本课程开发在我国仍处于探索阶段，尚未形成科学的发展格局。总结相关的课程开发的经验，我们认为园本课程的开发应具备以下几个条件：

（1）明确而独特的办园宗旨和教育哲学思想

一般而言，国家对各级各类学校（包括幼儿园）的培养目标和培养规格都有统一的规定，这种规定只是最基本的原则性方面的要求，不可能照顾到各地各类各级学校的具体特殊性。而且千人一面、千校一律的培养目标和培养规格也难满足当今丰富多样的社会发展和个人发展要求。这就要求幼儿园要有自己独特的教育哲学思想和办园宗旨，即幼儿园要根据具体的师幼特点、教育资源和幼儿园环境以及教育者的办园志趣确立自己幼儿园的独特的发展方向。同样是为幼儿创造活动条件的场所，不同幼儿园办园特色和办园品位很可能大相异趣。有的幼儿园的办园宗旨突出身体锻炼，兼顾其他；而有的幼儿园则强调文体，发展个性特长；还有的幼儿园更注重基础、兴趣的培养，等等。在美国，不同幼儿园的办园的指导思想是不同的，有的宣扬自己主张福禄倍尔的理念；有的则强调自己是蒙台梭利的嫡传，而有的则打着杜威或皮亚杰的旗号。我国有些地方的幼儿园在办园的特色方面已走出了关键的一步，但还不成熟。至于说到教育信念、教育哲学思想，在90年代及此前，我国的幼儿园呈现的是千园一篇的窘人境地，"撒向孩子的都是爱"显得空洞；"一切为了孩子，为了一切孩子"更是空中楼阁。因此表现在园本课程的开发上显得漫无目的。

（2）民主、开放和科学的幼儿园管理

园本课程的开发是根据国家、地方的规定、学校的特点由众多的参与人员共同参与完成的，不是单个人的行为。这就要求幼儿园有一个民主、开放的组织结构，而不是"一个人说了算"、"一言谈"，更不是"闭门造车"，它需要幼儿园园长纵向、横向的协调，需要幼儿教师广泛而积极的参与，需要家长的配合，需要社会主动而有力的支持。

园本课程开发是幼儿园自主进行的，它的实施成效不可能依赖于国家用类似于外部统一考试等评价手段来检测。因此，园本课程的开发更多地需要幼儿园自身的科学的管理机制，确切地说是自觉自律的自我评价机制，幼儿园不断反思园本课程开发过程中出现的各种问题，自我批评、自我改进、自我激励，保证园本课程开发的顺利进行。幼儿园的科学管理还应包括对时间、场所、资金的管理，使得开发与利用课程资源时能从各种渠道得到有力的支持。

（3）素质较高的教师队伍

"校本课程的开发利用在有高素质的受过良好教育的教师的教育系统中更容易实现。"这说明，幼儿教师的敬业精神、专业知识和专业技能是影响园本课程开发成功的重要因素。由于课程开发对幼儿教师来讲是一个新的领域，而要致力于这一活动，必须具备相关的知识、技能。显然目前幼儿教师中的大多数还没有承担这一任务的足够的能力。因此在园本课程开发之前，对幼儿教师实行相关知识的培训，全面提高他们的素质尤为重要。

（4）提供有效的监督和服务机构

目前，有些地方在进行园本课程开发时，往往是由某位行政负责人召集几位园长或教师编纂完成，然后指令各幼儿园购买。这种看似是带有地方特色的幼儿园课程，其实质并不是园本课程。这种课程的完成没有课程专家的指导、没有家长和幼儿的参与，充其量只是其他课程的翻版。真正的园本课程应该有一套完备的服务和监督机构，一方面这个机构能为园本课程开发提供有效的服务，使社会各界广泛参与决策、管理，同时它又能起到监督作用，对于不符合课程原则的幼儿园课程或违反幼儿身心发展的课程能及时发现、及时纠正，使园本课程不至于走到"一哄而上"的境地，这也是历史的教训。当然，服务是主要的，监督是其次，只是在发生不科学的"园本课程开发行为"时，监督作用才凸现出来。

4. 园本课程开发过程中需要处理好几个问题

我国的幼儿园尽管多年来一直在进行着某种意义上的园本课程的开发工作，但由于各种原因，这种开发还不成熟、不科学。我们认为，科学的园本课程的开发应该处理好以下几个方面的问题：

（1）以和谐发展为前提，建立科学的课程体系

园本课程的开发应在促进幼儿和谐发展思想的指导下，涉及幼儿教育的各个领域（社会、自然、科学、健康、艺术、语言等），开展实质性的探索，形成科学的园本课程体系。发展是促进幼儿个性的发展，而不是千篇一律的、万人一面的发展，是促进幼儿各个方面而不是某个方面的发展。

（2）发挥教师和幼儿的双主体作用

幼儿是有需要、有尊严、有动机的相对自主的不断变化发展的个体。教师则是具有教育主体性的人，即教育主体，代表着教育方向。教师、幼儿、教育

情境是园本课程开发的条件，教师对园本课程的开发应以发挥幼儿的主体性为前提，因为幼儿在认识过程中不是被动、消极的，而是积极、主动的，幼儿与环境之间的关系是互动的。同时，幼儿与教师的关系也是互动的，是主体与主体之间平等的交往关系——主体间的关系。儿童不是接受知识的容器，教师也不是知识的灌输者，教师应通过园本课程的开发来调动幼儿的主动性，通过幼儿的主动学习来培养兴趣和发展才能。

（3）重视潜在课程的影响

园本课程的开发不能仅仅盯着课程表上计划中的教学内容，应更多地关注各个幼儿园的特色，关注各幼儿园的各种教育因素，加强家园合作、加强幼儿园与社会的合作，即重视潜在课程的影响。

（4）避免流于形式，避免增加教师和幼儿的负担

园本课程开发过程中要避免流于形式，避免增加教师和幼儿的负担，关键在于对园本课程要正确理解。首先，园本课程的开发可以通过多种渠道实现，教师对现有课程进行改编（包括整合、选择、补充和拓展）或新编课程要根据自己的特点、风格，同时还要考虑本园的条件及幼儿的要求；其次，园本课程开发是一种政策导向，并不是上级给下级的命令。目前，许多地方的课程改革盲目性较大，或盲目模仿别人，或追求"花样翻新"，加重了教师和幼儿的负担。

（5）强调游戏，注重活动

游戏具有假想性、愉悦性，适合幼儿的年龄特点，因此被确定为幼儿园的基本活动，成为对幼儿进行教育的基本形式。1996年，国家教委颁布的《幼儿园工作规程》明确指出："幼儿园的教育活动应是有目的、有计划引导幼儿生动、活泼、主动的、多种形式的教育过程。""教育活动"这一概念的提出，反映了一种新的幼儿教育观和儿童发展现，是新时代教育思想的具体体现。课程开发应立足于科学的儿童观、教育观、课程观，尊重幼儿身心发展特点，发展幼儿的主动性，尊重幼儿的主体性，调动教师的积极性和主动性（即主体性），注重各种课程资源的开发，以生动活泼的形式组织活动，开展游戏，促进幼儿全面、和谐的发展。

# 第二节　幼儿园生成课程的实施与开发

"生成"是指教师在与儿童一起活动时，逐渐发现儿童的兴趣、需要，用自己的智慧和创造性工作，激发每个孩子的潜力，使之不断地生成变化。生成课程是在师生互动过程中，通过教育者对儿童的需要和感兴趣的事物的价值判断，不断调整活动，以促进儿童更加有效学习的课程发展过程。它既不是教育者预先设计好的、在教育过程中不可改变的僵死的计划，也不是儿童无目的、随意、自发的活动，而是一个动态的师生共同学习、共同建构的过程。

生成课程的特点是活动的生成点与幼儿的兴趣紧密相连，活动的展开以幼

儿内在的需要做动力，课程常常表现为"计划不及变化快"，这与教师中心课程是有根本差别的。同时，在生成课程中，我们一方面要尊重幼儿的兴趣需要，另一方面要重视教师的支持、帮助、引导，这也是生成课程与儿童中心课程之本质差别。因此，生成课程的内容从根本上来讲是师生共同建构的课程。

## 一、生成课程的内容来源

### （一）幼儿教育的目标与任务

在生成课程中，强调尊重幼儿在活动中的主体地位，是因为在以前的课程中我们忽视甚至无视幼儿主体的存在。但是，作为处于发展状态中的幼儿，他们还不具备正确选择自身行为的意识和能力，还需要教师的引导。教师引导幼儿发展的依据是《纲要》，生成课程从根本上讲是在《纲要》中"幼儿教育的目标与任务"的指导下进行的。因此，我们把"幼儿教育的目标与任务"作为生成课程的第一个内容来源。但是，对源于幼儿教育的目标与任务的课程来说，不能把《纲要》中的内容"拿来"就用，而需要将教育目标转化为幼儿的兴趣、需要。要实现这一转化，教师一方面要对幼儿教育的目标与任务烂熟于心，另一方面要了解本班每位幼儿的发展水平、学习特点与能力特征，从而找到两者之间的差距与中间的桥梁，进而提供蕴涵着教育目标的活动材料与相关情景，激发幼儿的兴趣、使其萌发主动学习的愿望，从而生成有价值的课程。

比如，《纲要》在科学领域中，提出了培养幼儿"对周围事物、现象感兴趣，有好奇心和求知欲"及"能运用各种感官，动手动脑，探究问题"的目标，老师可根据自己对本班幼儿的了解，学期初布置教室时在天花板上悬挂一些具有弹性特点的玩具。孩子们对这些玩具很感兴趣，常常去摆弄它们。多次摆弄之后，"弹性"的特征逐渐引起他们的关注，于是，围绕着"弹性"便生成一系列探索活动——收集弹性玩具、探索弹性特征、制作弹性玩具等等。

### （二）幼儿当前的兴趣与需要

"兴趣是最好的老师"，这是亘古不变的真理。不同年龄、不同性别、不同性格特征的孩子表现自己兴趣的方式有很大的差别，但他们也有着共同的、最突出的外在表现形式——热衷于一件事，不断发现一些问题、并尝试解决问题。从孩子的兴趣出发生成课程时，往往会出现这样的情况：有的孩子对这个问题感兴趣，有的孩子对那个问题感兴趣，这时老师怎么办？首先需要对孩子的兴趣进行价值判断，判断的标准就是幼儿教育的目标。老师根据幼儿教育的目标判断，支持孩子的哪一兴趣更有利于他们的终身学习与个性发展之后，再提供幼儿活动的时间、空间、材料，同时要借助于自身的参与来为这一活动做宣传，以吸引更多的孩子投入到活动中来。

比如，有一位老教师在"小树叶"活动中偶然发现小班的幼儿对小石头情有独钟。就先让幼儿每人拿一只小篮子去拣自己最喜欢的小石头。接着让幼说说小石头的形状。孩子们的发言可积极了："像宝剑"、"像白云"、"像手枪"、"像巧克力"、"像鸡蛋"、"像船"等等。最后让幼儿用小石头摆出自己熟悉、喜爱的图形。这下可热闹了，小朋友纷纷摆出了小鸡、老鹰、小路、火车、毛毛虫、大桥、汽车、楼梯、蘑菇、人等图形，形态各异。从而又生成了"参观造房子（小石子拌水泥）—石中画—小石头分类—铺石子路"等活动。教师要顺着孩子兴趣的价值进行分析与引导，为他们提供活动的条件和创设相关的环境，并在他们需要的时候给予帮助，以促进他们的发展。

### （三）幼儿共同生活中的矛盾与冲突

孩子们每天生活、游戏在一起，由于个性不同，发生一些矛盾和冲突是避免不了的。很多老师为此而苦恼，殊不知，出现一些问题，反而给我们提供了开展教育的时机。只要老师是个有心人，解决问题时能透过问题表面看到问题实质中蕴含的教育价值，幼儿生活中的问题与冲突，就会成为生成活动的内容来源。比如，活动区的活动结束以后，孩子们对自己用过的物品和废弃物不愿意整理，经常是由保育员收拾。老师抓住幼儿在共同生活中经常出现的这个问题所蕴含的教育价值，生成关于环境保护的活动，有"什么是垃圾—垃圾的旅行—垃圾的分类—社会实践—环保宣传"等等。在活动中教师要发挥主导作用，不仅要仔细研究幼儿，还要认真研究活动进展中的每一个环节，判断其目标的实现情况，并围绕活动主线选择对幼儿发展最有价值的内容。

### （四）幼儿身边的人和事

《纲要》指出："教师要善于发现幼儿感兴趣的事物，游戏和偶发事件中所隐含的教育价值，把握时机，积极引导。"这就使得在课程内容选择上具有了较大的随机性和灵活性，为生成课程提供了重要的理论依据。

幼儿每天都会接触一些人。这些人在年龄、性别、职业、性格、爱好等方面千差万别，在交往中可传递给幼儿的信息涉及方方面面。比如，一个穿警察制服的家长来接孩子。孩子们一下就围拢过来，七嘴八舌地议论起来："您怎么变成警察阿姨了？""阿姨，你带枪了吗？""阿姨，你抓过'坏人'吗？""阿姨，你会开警车吗？"于是，班里围绕着"警察"生成一系列活动。在游戏中，有的"小警察"很粗暴，有的"小警察"很胆小；有的"小警察"抓坏人，有的"小警察"指挥交通。为了让孩子们对警察有个真正的了解，老师与警察家长联系，请她利用接孩子的时间，为孩子们进行有关警察的答疑活动。家长欣然接受，不仅讲了很多有关警察职责的内容，还给孩子们讲了两个警察叔叔勇敢机智抓坏人的故事。这个活动不仅帮助孩子正确认识了警察职业，还丰富了孩子的游戏内容。

幼儿身边的一些事在一定的环境和条件下，也会成为生成课程的内容来源。比如，某幼儿园已转学的曾涛小朋友从上海给大家寄来一封信，引起了大家对信的关注，并由此产生了一系列活动。孩子们通过亲自写信、寄信、收信来探索信件往来的过程。针对他们在这一过程中出现的疑惑，老师给孩子们介绍邮政专业知识。这些活动不仅丰富了孩子有关信件传递的知识，还培养了孩子们的积极探索精神，提高了他们的主动交往能力。

### （五）社会热点问题

一些社会热点问题往往会引起孩子们的关注，比如"重大体育比赛、非典、北京申奥成功、台风来了"等。他们会围绕着这些话题，去探究原因，去参与评论。现在各种广告充斥街头巷尾，影响到孩子的生活。他们频繁地将广告语运用在一日生活的各环节中，喝水时，孩子们说："农夫山泉有点甜"；抹宝宝霜时，孩子们又说："要想皮肤好，早晚用大宝"。表现出了对广告的浓厚兴趣，但广告知识的匮乏，又影响着他们对广告的理解和判断，于是这个社会热点问题便成了生成课程的内容来源。于是，生成了某幼儿园设计的"收集和欣赏广告—广告分类—设计广告—表演广告—广告发布与展示会"等一系列活动。因此，在活动过程中教师要密切注意孩子的兴趣和做法，以便抓住机会，为幼儿的深入学习提供支架，实现生成课程内容的教育价值。在幼儿与多方面互动生成课程的过程中，生成的课程能否持续性发展，还需要教师具有熟练的教育技巧，寻找刺激幼儿产生新难题的激发点，使幼儿能更积极的学习，产生强烈的参与动力，并在生成课程中迸发自己的潜力。

### （六）动植物与自然规律

变幻莫测的自然现象，千姿百态的动植物，无时无刻不在刺激着孩子的眼睛，引发着他们的好奇心和求知欲。

比如，围绕"蝴蝶"的一系列活动中，有一位孩子说："蝴蝶是蚕宝宝变的。""那蚕宝宝是什么样的呢？"、"蝴蝶是怎么变出来的？"马上有孩子提出了自己的疑问。一位有经验的老师当时没有给予孩子正面的回答，而是给了孩子们一个去"收集蚕宝宝"的建议。就这样自然的走进蚕宝宝的世界，生成了"我是小小养蚕娃—参观养蚕基地—进桑林采摘桑叶和桑果—家园互动养蚕—'蚕'的绘画和制作"等活动。在每一次活动过程中往往会有许多充满童趣的话语和疑惑，有的疑惑由同伴解决，有的疑惑由老师作出解释，有的疑惑大家一起找资料解决，还有的疑惑留待在以后的持续活动中解决。在持续的认识活动中，老师要以孩子为本，从孩子角度出发，帮助他们建构认知体系，积累经验，而不是一些机械化的识记。生成活动的最大优点就是能够调动孩子学习的积极性，让孩子学得更生动、更有效，有利于发挥和发展儿童的主体性。幼儿主动积极地了解认识了蚕的一生、掌握了一些养蚕的基本方法、还会区别桑树与其他树的不同等等。"热爱动物、热爱大自然"的积极情感得到了有效的培养。

### （七）意外或突发之事

实施计划的过程中，如果有意外或突发事件产生，老师应抓住教育契机，在瞬间判断出突发事件的教育价值。如果该事件存在着有意义的教育因素，那么课程就生成了。因此"意外或突发之事"也可以成为生成课程的内容来源。

突发或意外事件的利用，对教师的专业水平提出了更高的要求，因为它要求教师在转瞬间对眼前事件的教育价值做出判断，并确定下一步的行动方案。不过，当教师难以在瞬间进行价值判断，或者虽然意识到价值的存在却还无法明确下一步活动的思路或框架时，可以先让幼儿就此事充分发表看法。这样做，既可满足幼儿主动参与的愿望，又可争取到一定的时间，进行周密的思考，逐步形成下一步活动的计划。

比如，在去公园散步的路上发生了一件意想不到的事情。某园幼儿安安不小心摔了一跤，原因是鞋底太滑了，孩子们纷纷责怪卖鞋子的人，要去换鞋。老师立即抓住这个兴趣点，根据幼儿的实际兴趣和需要，生成了有关"鞋子"的各种活动。首先组织参观"鞋店"，在鞋店里，孩子们看到了各种式样的鞋，各种不同用途的鞋，回到幼儿园，孩子们动手设计了各种漂亮的鞋花和各种不同用途的鞋底，从而培养了幼儿的动手操作能力、想象力和创造力。平面设计满足不了孩子们的求知欲望，就继续抓住教育契机，组织幼儿到"某鞋业集团"进行实地考察，了解了鞋的制作过程：裁帮—缝帮—绷帮—上炉—勉帮—扣底—整理—喷光—包装—出厂，并且亲自参与了制作鞋子。在活动过程中，幼儿表现出极大的学习积极性和自主性，孩子们学习和自我学习的潜能得到了真正的发挥。

生成活动的内容来源是丰富而广泛的，只要教师做一个有心人，就会从孩子们身边的活动中找到它。在幼儿日常生活中，在幼儿与周围人、事、物互动过程中还隐藏着丰富的教育契机。在某个场合、某个时间或某个特定的情景下发现它的时候，作为教师一定要珍惜，因为这些教育的机会稍纵即逝。

## 二、环境创设在幼儿园生成课程中的作用

### （一）环境为生成课程提供了内容来源

生成课程最大的特点是活动的生长点与幼儿的兴趣紧密相连。活动的开展以幼儿的内在的需求为动力。从美国太平洋橡树学院 John Mimmo 的著作《生成课程》一书中，我们发现生成课程的内容，如儿童的兴趣，教师的兴趣，儿童发展的阶段任务，物质环境中事物，社会环境中的人们，共同的生活，意料之外的事件，社会、社区、家庭、学校的价值观等，这些都来源于幼儿身边的环境。瑞吉欧教育者为了使课程顺利生成，把校门口设置成会"说话"的展示长廊；把教室分隔成两、三个活动空间；把广场设置成幼儿或成人之间交流讯息、产生各种想法与点子的地方；把工作坊创设成幼儿通过双手和心灵去探索，通过实际操作以及视觉艺术去修正观点，做与教室活动相结合的方案，去试验和结合新的或已知的工具、技术和材料的，能激发幼儿创造性，促进幼儿表达自己想法与探索世界的空间。整个环境创设，他们遵循着家庭社区原则、文化折射原则、年龄与发展原则、时间和空间原则、尊重使用者原则和评估更新原则，使整个学校里没有一处是无用的环境。

## （二）环境是课程设计与实施的要素

对于学前儿童来说，环境具有无言的沉默力量。环境是不设时间表的"课程"。环境既是教育的背景，也是教育的手段，同时又是教育自身。有目的、有计划地创设并利用良好的教育环境，可较好地达到教育目标。因此，从课程设计的总体观念到具体课程的实施，环境一直是教育者所考虑的因素。要经常思考幼儿园及社区环境中的幼儿，究竟对周围的哪些环境产生了兴趣，是否可以从中生成课程；思考在课程进行中需要哪些新的环境的设置，以利于课程的不断延伸。瑞吉欧认为"环境生成课程，课程主题来源于幼儿与环境的互动作用"。幼儿在情境中随意性的发挥，容易引发教师生成课程。同时，幼儿在教师的指引下又会生成更多的教师意想不到的课程，这是一个循环往复的过程。幼儿处于这么大的环境中，必然会对各种各样的新鲜事物产生疑问，这时教师应从与儿童的交谈中，及时捕捉儿童的这些疑问，从中生成课程并提炼课程的主题。瑞吉欧的创设者同时认为"课程创设环境"。在方案教学中，环境布置是其成功与否的重要因素。因为主题与环境是密不可分的，环境是为主题而创设的。它的主题选择是来源于幼儿与周围环境的互动中，它的进行需要特定环境的支持，只有依靠环境才能更深入、更具体地开展。儿童心理学告诉我们，幼儿的感知觉和思维都是建立在具体客观事物的基础上，所以只有在特定的环境中，他们才能理解一些抽象概念，并进一步去探索和生成课程。

## （三）互动是课程生成的必要条件，而环境又是互动的关键性因素

马拉古奇曾说："教育是由复杂的互动的关系所构成，也只有'环境'中各个元素的参与，才是许多互动关系实现的决定性关键。"幼儿来自不同的家庭，有着不同的生活环境，他们的兴趣、经验各不相同。因此，他们往往在与环境的互动中，会自发地生成许多不同的主题。而这些主题正是最能表现幼儿的需要，反映幼儿最近发展区水平的。如果教师没有为幼儿提供有关主题的资料以及活动所需的材料、时间、场地等等，那么主题就不可能生成。可见，互动是否顺利很可能直接与环境因素密切相关，要实现幼儿与幼儿之间，幼儿与教师、职员以及家长之间，幼儿与物之间的互动，少不了环境的支持与介入。而适宜的环境创设为他们之间的互动提供了条件，同时也有助于课程的顺利生成。

## （四）环境作为"第三位老师"在潜移默化地帮助着课程的生成

在瑞吉欧教育机构中，教师精心创设的环境，首先具有各种不确定的因素。这有助于引发儿童主动探究的欲望。大多数材料是低结构、多功能的，这为儿童提供了发展以多种方式作用于同一材料和以同一方式作用于多种材料的机会。而且，设施具有挑战性，儿童能以较小的步调在自己原有的基础上主动发展。这样的环境可以启发幼儿的智力和调动儿童思维，产生新的想法。其次，环境具有相关性。它能把引起幼儿相互经验的各种因素结合在一起，构筑新知识。再次，环境还具有弹性。它根据幼儿的需要不断变化，也就是让幼儿与环

境"对话"。在瑞吉欧创设的环境中，春天的幼儿园是嫩绿色的，夏天的幼儿园是翠绿色的，秋天的幼儿园是金黄色的，而冬天的幼儿园则是雪白色的。幼儿处于这样的环境中，时刻都能感受着四季的交替.认识四季变化的规律和特征。这样的环境创设有利于教师、幼儿捕捉教育契机，生成课程。

### （五）环境的记录功能为下一次课程的顺利生成提供发展方向和修正的机会

马拉古奇说："我们的墙壁会说话，也有记录的作用，利用墙壁的空间暂时或永久地展示幼儿及成人的生活。"环境记录了幼儿、教师、家长开展课程的整个过程，为他们提供了相互学习、交流、反思的平台。再者，生成课程能超越事先的计划性，诞生于即时的情境、突发的事件中；而且它的产生和良好发展不是由教师也不是由孩子来控制的，而是教师和幼儿互动合作的结果，通过自由地发表想法、建议，提出问题，讨论，相互启发，在思维的碰撞中产生新的火花、新的主题。这就要求教师要善于从教育情境中捕捉契机，利用自己敏锐的观察力和丰富的课堂记录以及对记录的整理和反思，积极与幼儿产生互动，引导课程适时向各种有利于幼儿发展的方向延展。因此，环境记录不仅再现教师的想法，促使教师的自我反省，而且增加教师之间的经验分享，为下一个课程的生成提供多角度的思考；为幼儿提供了重新检视、反省和解释的机会，有利于课程往深处开展；同时也让家长了解到孩子学习的所作所为，为他们参与生成课程提供了依据。

## 三、创设幼儿园环境的策略

### （一）围绕着生成课程的内容来源进行环境创设

我们可根据幼儿教育的目标和任务，幼儿当前的兴趣与需要，幼儿共同生活中的矛盾冲突，幼儿身边的人或事，社会热点话题，动植物和自然规律，意外或突发事件等生成课程的内容来源进行选材，创设环境。

### （二）从幼儿的视角，让幼儿参与环境创设

目前幼儿园有些教师在环境创设上仍在唱独角戏，或者说是环境布置的主角。有的材料是为一次或一种活动而准备的，活动结束了，材料也收走了，留给幼儿的只是一种过眼云烟般的记忆。即使在区域活动中提供多种操作材料，但因缺少幼儿的参与，也很难引起幼儿的探究兴趣。有的花很多时间将活动室布置得精致而富有艺术性，将成人的意念带进了幼儿世界。然而，对幼儿来说，这不是他们自己的世界，不仅不一定符合幼儿身心发展的规律，而且还会使他们感到一定程度的不安（他们会担心不小心把教师做的东西弄坏）。从心理学角度来说，当幼儿有畏惧感时，他们的学习欲望就会降低，幼儿本应发展的想像力和创造力就会被抑制。因此，我们应从幼儿实际出发，让幼儿参与环境的创设。因为幼儿对自己参与布置的环境有一种特殊的感受。幼儿只有在真正属于他们的环境中，才能充满自信地参与活动，说自己想说的话，做自己想做的

事，积极愉快地介入主题活动的生成之中。

### （三）变静态环境为动态环境

由于幼儿的认知、情感和探究活动始终来源于和环境的相互作用，幼儿与环境相处的方式直接影响活动的质量。而生成课程又是发生在某种特定的环境中，是一个系列的探究活动，需要一种既稳定又不断发展变化的环境来支持。因此，环境的创设也应随着课程的开展不断地进行变化，变静态的环境为动态的环境。也就是说，有些环境信息要随着幼儿的兴趣和能力、课程内容、季节、节日及主题活动的发展变化，不断提供适宜的材料，让环境随时得到补充和调整，使环境永远对幼儿保持新鲜感，保持极大的吸引力，使幼儿与环境产生积极互动，经常能从环境中获得新知识、新经验、新发展。

### （四）教师创设的环境，不应停留在表层，而要能使幼儿的生成课程朝纵深方向发展

幼儿生成的课程，是幼儿的兴趣所在，这些课程的开展如果没有得到教师的鼓励和支持，有可能很快就随情景的变化使幼儿无法探索，也可能只停留在原有的探索水平上。如果教师能及时发现幼儿的生成课程，并创造相应的环境，让他们深入探讨幼儿关心的问题，那么，既可以满足幼儿的需要，又可以使课程往纵深方向发展。第一，由于幼儿不是消极被动地接受外界环境的影响，他们总是按照自己的兴趣、需要、知识经验、能力和意愿对客观环境做出选择性反映，并主动地与这些环境进行交互作用。教师创设的环境应适宜幼儿的年龄特点、身心发展水平、兴趣、能力、幼儿的知识经验和认识水平，充满童心童趣。第二，教师创设的环境应具有丰富性。环境里蕴含的信息量越多，对幼儿的刺激越强烈，越能调动幼儿主动去获取大量信息的积极性。因此，在幼儿园环境创设中要尽可能地体现出多元文化信息、能力经验、智力与非智力因素。第三，教师创设的环境应体现启发性。环境中所提供的信息刺激无论是形式上还是内容上，不仅要能引起幼儿观察，还要能诱发幼儿利用这些信息进行积极思考和探索。

## 第三节　幼儿园隐性课程的开发与实施

隐性课程又称隐蔽课程或潜在课程，是课程和教学计划之外的潜在的和非预期的课程，是广义的幼儿园课程的重要部分。隐性课程不通过正式的教学进行，而通过幼儿园情境有意或无意地对幼儿的知识、情感、信念、意志、行为和价值等方面起潜移默化的作用，促进教育目标的实现。

《纲要》中指出，我们更加注重"激发幼儿的认识兴趣和探索欲望"、"体验发现的乐趣"，强调"幼儿在生活过程中的情感体验和态度的倾向"。"在丰富多彩的活动中去扩展幼儿的经验，提供促进语言发展的条件"等等，这些

要求仅仅靠有计划的教学内容是远远不够的，必须要借助于隐性课程去实现。隐性课程客观存在于教育中，对促进幼儿生动活泼、积极主动地发展和健康成长有着不可低估的作用。"寓教育于幼儿的一日生活当中"也是幼儿教育对教育者的一贯要求。因此，我们应积极创设适宜的生活环境、营造和谐的氛围和提升教师形象。

## 一、创设适宜的生活环境

《纲要》中明确指出："环境是重要的教育资源，应通过环境的创设和利用，有效促进幼儿园的发展。"幼儿园环境有广义和狭义之分，广义的幼儿园环境，包括幼儿园外部环境，包括社区、社会、自然环境等；狭义的环境仅指幼儿园内部环境，包括物质环境和精神环境。这里就如何创设良好园内环境提出以下策略。

### （一）幼儿园物质环境的创设

创设良好的幼儿园物质环境须遵循以下原则：

1. 安全性原则

保护幼儿的安全健康，是幼儿园的基本责任。因此，幼儿园环境的安全，主要应通过环境的创设，积极主动地消除环境中可能存在的不安全因素，如电线、开关、插座、消毒液等应放置在幼儿伸手不可及的地方。冬天为避免暖气片可能导致的烫伤事件，应在暖气片外装上防护装置，这样既消除了环境中的不安全因素，又美化了环境。

2. 经济性原则

幼儿园环境创设要坚持低费用、高效益的经济性原则，勤俭节约，因地制宜，充分利用社区资源，就地取材。在保证清洁、卫生的前提下，废物利用，一物多用，不浪费宝贵资源，不盲目攀比，不追求设备设施的高档化和园舍装修宾馆化。如：可用瓦楞纸、废旧挂历纸等代替吹塑纸、纸绒纸；可用一次性纸杯、果冻盒做花篮、风铃等装饰节日环境；农村可用自然材料高粱秆、麦秸秆等装饰环境。

3. 幼儿参与性原则

幼儿园是老师和幼儿共同生活的地方，幼儿有权参与和自己生活密切相关的幼儿园环境创设。教育家陈鹤琴说过："用儿童的双手和思想布置得环境，会使他们更加深刻地理解环境中的事物，也会使他们更加爱护环境。"如布置教室墙面时，可让幼儿参与近来，布置"美丽的春天"，让孩子们自己搓柳条、剪柳叶，把孩子们的绘画作品小燕子贴在天空，河里的小动物也是孩子们的折纸作用，红太阳可用孩子们的小手印等。

4. 目标导向原则

幼儿园是特殊的教育环境，为了充分发挥环境的教育功能，在创设幼儿园环境时，必须明确环境创设所要达到的教育目的，以教育目标为依据创设幼儿园环境。把促进幼儿园全面发展的教育目标，落实到月计划、周计划、日计划及每项具体活动中，体现在所创的环境中。如结合十月一日"爱祖国"主题活动，可让幼儿搜集祖国各地名胜古迹风景图片贴在墙上。

### 5. 发展适宜性原则

幼儿园的环境是幼儿们的生活环境和学习环境，因此必须反映幼儿身心发展的水平和特点，适宜于幼儿年龄特点和个体差异，使每个孩子都有可能在其中获益，在原有水平上得到应有发展。如"提高幼儿动手能力"，小班教室环境可布置一列火车，引导幼儿学习扣扣子，每节车厢学一种系扣子技能；中班可提供"穿线板"，幼儿可根据自己的意愿，大胆想象，穿出不同形象；大班让幼儿学习"辫辫子"等。幼儿在操作材料的过程中，提高了动手能力，同时操作材料能引发起幼儿操作的和符合相适宜的教育目标和内容。

### 6. 审美性原则

幼儿时时刻刻生活在周边环境中，受着潜移默化的影响。因此，环境创设首先应给人以美的感受，如室内、室外墙饰画面的人物或动植物要形象逼真，色彩搭配协调，布局合理，富有儿童情趣，以培养幼儿的审美情趣。

### 7. 体现教师创造性原则

教师的创造性在环境创设中具有非常重要作用。如教室墙面中有两根暖气管，自下而上，如果老师巧妙布置会别有一番风味，用绿色绉纹纸缠住做树干，牵牛花自下而上环绕上去。孩子们开展主题活动"飞向天空"，每人画了一幅图，若随便贴显得杂乱，若把幼儿作品摆成火箭形状，再添加其他东西，一定令人耳目一新。

### （二）幼儿园精神环境的创设

幼儿园的精神环境主要指幼儿园的人际关系及一般的心理气氛等。具体体现在教师与幼儿、幼儿与幼儿、教师与教师间的相互作用、交往方式等方面。它虽然是无形的，但却直接影响着幼儿的情感、交往行为和个性发展。精神环境是幼儿园环境中更为重要的一个方面。因此，创设精神环境主要包括创造良好的人际环境，以及形成良好的一般日常规则与行为标准，创设人际环境的中心是建立融洽、和谐、健康的人际关系。它具体包括教师与幼儿之间的关系，幼儿同伴间的关系以及教师与教师之间的关系，幼儿同伴间的关系以及教师与教师之间的关系等。

### 1. 教师与幼儿的交往

首先，应对幼儿表现出支持、尊重、接受的情感态度和行为。教师要善于理解幼儿的各种情趣、情感的需要，不对不招自己喜欢的幼儿产生偏见，相信幼儿有自我判断、做出正确的选择的能力，善于对幼儿做出积极的行为反应。其次，教师应当以民主的态度来对待幼儿，善于疏导而不是压制，允许幼儿表达自己的想法和建议，而不以权威的命令去要求幼儿。这种自由而不放纵、指导而不支配的民主教养态度和方式，能使幼儿被视为独立的个体，受到尊重合鼓励。再次，在教师与幼儿交往中，要尽量采用多种适宜的身体语言动作。例如微笑、点头、注视、肯定性手势、抚摸、轻拍脑袋、肩膀等。应尽量采用这类"此时无声胜有声"的方式，表示自己对幼儿的关心、接纳、爱抚、鼓励或者不满意、希望停止当前行为等。教师在与幼儿交谈时，最好保持这种较近的距离和保持视线的接触。

### 2. 幼儿与幼儿的交往

首先，引导幼儿学会相互交流思想和感情。老师通过引导幼儿向同伴交流自己的思想和感情，有利于同伴了解别人的各种需要，进而产生帮助、合作等行为。并且，也能使得到帮助行为的幼儿学会正确的反馈方法。为达到目的，教师在平时应让幼儿相互说说对某件事情的感受，学会观察他人喜怒哀乐的表情，了解他人的情趣情感状态等。其次，建立同伴间相互关心、友爱的气氛。让幼儿学会正确的关心人的行为方式，让全班有一种相互关心、友爱的气氛是良好精神环境创设的一个重要内容。这样的教导应贯穿于日常教育活动中的每一个细小的环节中。例如，游戏时要玩具共享，不能抢夺；相互间交往时应习惯说"请"、"谢谢"、"对不起"等用词。教师要鼓励缺乏交往技能或过分害羞的幼儿积极参与到班级活动中来，并通过鼓励其他幼儿与其交往，使其得到更多的交往成功的愉快感，以增强其自信心和积极、愉快的情感。

### 3. 教师与教师的交往

教师与教师之间的人际交往对幼儿的社会性培养具有多重的影响。首先，教师间的交往是幼儿同伴交往和发出社会行为的重要榜样。教师教育幼儿要互相关心、帮助、抚慰、进行合作等行为，如果教师自己做到了，那孩子就很容易产生这种行为方式并且长期稳定下来；其次，教师间的交往涉及到班级、幼儿园是否具有良好的心理气氛。教师间如果相互关心、相互帮助，这还会给班、园带来一种温情的气氛，容易激发出积极性的社会性行为。幼儿也会从中耳闻目染，不仅学会体察别人的情趣情感，也能学会正确、适宜的行为方式。除了人际环境以外，幼儿园的日常规则，一般行为标准也是幼儿园精神环境创设的重要部分。这里日常规则是针对幼儿园日常活动与教学中经常要遵守的那些规定而言的。例如教师讲课时要注意听讲，使用玩具时要分享、谦虚。一般行为标准指的是幼儿进行哪种行为会受到同伴的接受和老师的肯定。例如教师在幼儿初来幼儿园时，就明确向幼儿给出这样的信息：打人、骂人在幼儿园是不可行的，没有人会喜欢；而关心、帮助别人肯定会得到老师的表扬，小朋友也会高兴等。这些规则和标准在教育活动中，应当作为一种前提输送给幼儿，使幼儿在具体、真实的交往活动中得到运用和体验。

物质环境如同硬件，而精神环境如同软件，而软件的建设重于一切。因为教育是塑造人的灵魂的工作。因此，作为一名幼教工作者，要为幼儿创造良好的园内环境，就要硬件、软件一同抓，要充分创设和利用环境这种教育资源，有效促进幼儿的全面发展。

## 二、营造良好园内氛围

### （一）营造丰富、适宜的环境氛围

教育学家杜威说过："要想改变一个人，必须先改变环境，环境改变了，人也就改变了。"因此，我们在环境创设上，紧紧围绕有利于培养幼儿良好习惯这一主题，精心设计、大胆尝试，从色彩上、造型上、内容上，努力为幼儿营造一个轻松自然的教育氛围，让幼儿在潜移默化中接受熏陶，养成习惯。

#### 1. 室内环境的布置

活动室是幼儿日常生活的主要场所，可在活动室内专门设置好孩子、好习惯的动态墙饰，让幼儿随时都能感受到良好行为习惯的感染和教育。在每个主题开始前，都发动幼儿、家长积极参与，从网上、从图书馆广泛搜集资料，然后把搜集到的图片、文字等资料布置到主题墙内。在主题进行中，教师引导孩子们不断地观察、操作、讨论，不断地丰富主题内容，从而使教育内容深入到幼儿心里，落实到幼儿的行动中。如中班主题：衣服叠整齐。把叠衣服的步骤图贴在主题墙内，孩子们一有时间，就围到主题墙前，讨论叠衣服的顺序，按图练习叠衣服的方法，在排一排、讲一讲、练一练的过程中，轻松愉快地掌握叠衣服的方法。

#### 2. 室外环境布置

在室外环境创设中，可根据幼儿的兴趣和爱好，将各种好行为、好习惯的要求同幼儿喜爱的卡通形象结合起来，张贴在楼道内、各种设施旁边，在赏心悦目的教育氛围中，随时随地地提醒幼儿养成良好的行为习惯。如：在楼梯口，用一只活泼可爱的小狗提醒幼儿不拥挤；在草地里，用一只机灵的小猴子提醒幼儿要爱护花草树木等等。为了引导和提升家长的教育理念，制作一些国内外教育学家的名人名言，展示于楼道内。如威廉·詹姆士：播下一个行为，收获一种习惯，播下一种习惯，收获一种性格，播下一种性格，收获一种命运等等。逐步改变家长重智力、轻能力，重知识、轻习惯的思想，使家长能主动地配合幼儿园的工作，促进幼儿良好行为习惯的养成。

#### 3. 校园窗口的环境布置

幼儿园的大门是幼儿园的窗口，它每天最先迎接每一位幼儿的到来。为了创设讲礼仪的良好氛围，让幼儿学习礼仪规范，每天早上幼儿来园时，门卫伯伯和保健老师在幼儿园的大门口，用热情的微笑、真诚的问候，迎接幼儿的到来。一声声亲切的问候，一个个爱护的动作，感染着家长，影响着幼儿。在幼儿来园、离园期间，整个幼儿园洋溢着温馨的问候声、道别声，传播着浓浓的礼仪气息。为了强化这一行为，每周一在校门口设立"礼仪小天使"，让幼儿身披红绸带，向教师和小伙伴问好。

近来，为了迎接世博会的到来，许多幼儿园又变成了吉祥物"海宝"的世界。门厅的上空悬挂着形态各异的"海宝"；走廊的墙壁上，每个"海宝"就是一首好听的儿歌"客人来，欢迎他，请坐下，请喝茶；客人走，送送他，挥挥手，再见吧！"每当幼儿和家长来园和离园时，都会情不自禁地和幼儿一起念读，朗朗上口的儿歌与富有动感的"海宝"相得益彰，平日静静的墙壁仿佛会说话。幼儿园四周的墙壁上张贴了各种礼仪海报、世博小知识、迎世博倒计时引起了家长和幼儿的关注，人人都成为世博的小主人。

### （二）游戏中的环境氛围创设

对于3～6岁的幼儿来说，品格、礼仪与能力的塑造比知识和技能的获得更重要。游戏活动的环境创设为培养幼儿的礼仪行为起着推波助澜的作用。比如，在教室门口为幼儿提供一个漂亮的小舞台：绿色的丝质幕布、自制的霓虹灯、立体的小话筒，深深地吸引着幼儿。他们自由结伴，与好朋友一起表演自己最拿手的节目，其中，幼儿互相合作、大胆创作，自信心得到了很好的锻炼，口语表达能力、交往能力也有了很大的提高。

在美工区，用KT板设置立体展台，幼儿完成手工作品后，可以自由展示自己的作品。环境活了，幼儿的兴趣也提高了，活动也活了，同时也激起了幼儿的创造欲望。他们在活动中互相帮助，共同商讨，不断丰富游戏的内容。

在语言区内，放置有关文明礼仪的书籍和图片，张贴一些与礼仪教育要求相一致的卡通画、儿童画，用视觉语言提示幼儿：一言一行要符合礼仪规范。

在生活区内，为幼儿提供小沙发、小餐具等日常生活用品，在游戏中引导幼儿创编一些情节：如何招待小客人，如何使用礼貌用语，如何照顾生病的小孩子等，让礼仪教育渗透到区域活动中来。

### （三）营造良好礼仪教育的精神环境氛围

轻松、愉快的精神环境虽然无形，但对幼儿情绪、社会性、个性品质的形成具有重要的作用。平等、和谐的师生关系是幼儿游戏的重要支柱之一。在幼儿一日生活各环节中，应采用积极肯定、鼓励的态度对待幼儿的表现，发现幼儿某些行为可作为教育素材时，就及时进行教育，让幼儿明白哪些做法是对的，为什么对；哪些做法是不对的，为什么不对，从小事入手，从成人做起。同时，我们运用丰富多样的赏识方法给予肯定和鼓励，称赞一声"你真棒"或抚摩一下幼儿的头、或给幼儿一个微笑、无声地伸出大拇指……幼儿就在不断的赏识中，巩固着良好的行为习惯。

幼儿与幼儿之间的伙伴关系是影响其心理发展的一个重要的社会性因素。礼仪的核心是爱心，幼儿爱心的形成也是实践的过程。最初只是出于纯粹的行为模仿，当他的这种行为得到他人的肯定时，幼儿会感到高兴。因此，在教育中，应经常为幼儿提供一些好的榜样，明确提出是非的评价标准，通过讲故事、表演、帮助有困难的小朋友、献爱心捐款等活动，通过亲身的情感体验，逐步学会关心人、同情人、尊重人，使他们的礼仪行为，成为内在美好情感的自然流露。

### （四）温馨、愉悦的家庭氛围创设

家庭环境是幼儿良好心理素质和健康成长的土壤。父母高尚的情操，文明的举止，会深深感染幼儿。父母在家庭生活中的表现一般是最坦率而无掩饰的，幼儿模仿性强，辨别力差，家长的一些不良的、错误的言行对幼儿的发展有很大的消极影响。因此，应通过家长会、家园小报、家园联系窗等多种途径，向家长宣传幼儿礼仪教育的重要性，让家长从思想上重视礼仪教育，实现幼儿园教育和家庭教育的协调同步。

良好的环境能使人产生积极健康的情感，良好的礼仪教育能够促进孩子形成健全的人格，使他拥有更多朋友，获得更多发展机会，情商得到发展。幼儿礼仪是"人之初"的必修课，让孩子学会礼仪，成为一个有礼貌、懂礼貌的好孩子，是我们教师义不容辞的责任，愿孩子们能在幼儿园良好的礼仪氛围中健康和快乐地成长。

## 三、提升教师形象，优化师幼互动策略

南京师范大学教育科学研究院的刘晶波老师对师幼互动行为进行了系列研究，他（她）在《理想师幼互动行为的探寻》一文中说："教师与幼儿之间的互动行为和关系状态最能代表一所幼儿园的教学水平，最能促进或阻碍幼儿的发展。"那么，优化师幼互动行为在隐性课程实施过程中具有十分重要的意义。

### （一）隐性课程的实施，需要教师转换角色定位，提高师幼互动的有效性

教师只有正确地进行角色定位，才能真正提高师幼互动的有效性。教师及时把握幼儿学习的兴趣点，根据他们的学习需要，及时调整教学内容，以此来促进幼儿主动探索。如一位成功的幼儿园老师是这样做的：有一段时间，班里小朋友们对草地里的昆虫产生了浓厚的兴趣，孩子们捉来了西瓜虫、蚱蜢、蚂蚁、大蚊子、蜘蛛……把它们装在小罐罐里。孩子们兴致盎然地问我："张老师，这只虫子叫什么名字？它是吃什么的？"有的还会问："这些虫是从哪里来的？他们的家在什么地方？""老师，蜘蛛为什么会吐丝？它肚子里的丝吐不尽吗？"针对这种情形，我就鼓励孩子们一起收集了各类昆虫的及有关的资料图片，顺应孩子们的兴趣，引导他们开展了《有趣的昆虫》系列活动，通过观察、讨论、看相关的昆虫碟片等形式，不仅使他们了解到这些昆虫的特点，生活习性等知识，而且还鼓励幼儿充分发挥动手能力制作了各类昆虫标本，充分满足了孩子们求知的欲望。由于在本次活动中所要探索的都是幼儿想要知道的，感兴趣的问题，因此，在整个活动中他们自始至终都能积极参与，表现出极大的学习积极性和自主性，在这个过程中，我发现孩子们寻找问题、解决问题的能力，是在其他教学中难以见到的，充分发挥了他们的潜能。同时，在这里我们不难看出，有效的师幼互动使隐性课程得以积极开展。

## （二）理解幼儿，建构良好的师幼互动，是隐性课程实施的条件

只有走进孩子的心灵世界，从孩子的视角去看待他们眼中的世界，并站在孩子的角度，用一颗童心去理解他们的发现和探索行为时，这种以平等关系提供的支持才最容易与幼儿沟通，也最易被幼儿接纳。也只有这样才能够使隐性课程得以顺利实施。越来越多的研究也表明，师生间的情感交流以及由此而产生的心理氛围是促进师生积极互动的必要条件，孩子对于想亲近的教师更乐意说出自己的心里话，有了烦恼困难也愿意倾诉，对于批评建议也更容易接受，所谓"亲其师而信其道"也。

## （三）自我反省，促进师幼互动的发展

在教育实践中注意思考幼儿园内发生的每一件事情对幼儿发展的意义，留心自己的行为对幼儿情感体验的影响的话，那么，教师便会及时地调整自己的工作方式，对幼儿采取积极的支持性的行为，从而与幼儿形成和谐的师幼关系，更有利于隐性课程的开展。

## （四）提升教师形象

形象需要建构，更需要管理。完善幼儿园教师的仪表形象是幼儿园组织形象管理的重要内容。

首先，确立"三位一体"的价值取向。目前教师在仪表形象方面存在的种种问题主要是因为没有处理好个人价值取向、职业价值取向和组织价值取向这三者之间的关系。例如，教师往往只是从个人的价值偏好与视觉偏好选择仪表形象的表达方式；管理者则从组织的价值取向规定仪表形象的表达方式；家长则从职业价值取向评价仪表形象的表达方式。这种分离式的价值取向大大降低了教师仪表形象的职业规范性与教育影响力，同时也在不同程度上激化了园长与教师的矛盾。我们应该确立一种以个人价值取向为载体，以职业价值取向为核心，以组织价值取向为中介的"三位一体"的整合性价值取向，以保证教师仪表形象的职业规范性。

第二，重构教师仪表形象的基本规范。幼儿园教师仪表形象的建构既需要价值取向的引导，又需要基本的制度保障。由于多年来幼儿园比较忽视教师仪表形象制度的建立，所以幼儿园教师对仪表形象的价值取向一直存在自由主义的倾向。当前，为了提升幼儿园教师的职业形象，幼儿园需要从教师职业规范的角度进行制度的重构。这里所说的重构并不是完全推翻以前的制度，而是对以前的制度进行反思与梳理，并在此基础上建构新的、可行的、可接纳的行业规范与制度，这样可以提升管理者对幼儿园教师仪表形象制度管理的意识，并有效监督与管理教师的仪表形象。

第三，加强教师仪表形象的自我建构。教师是仪表形象建构的主体，仪表形象的建构具有很强的自主性与自我性。幼儿园教师仪表形象的自我建构是一个价值内化、形象选择和自我整饰的过程。所以，教师应该强化职业的规范意

识，将职业价值取向作为仪表形象选择的主要依据，并进行适时、适宜的调整，从而不断完善自身的仪表形象。

第四，建立教师形象教育的工作系统。个人仪表形象的建构与组织形象的管理是密切关联的。针对现状，幼儿园应承担起对教师进行形象教育的管理责任，建立形象教育的工作系统，主要通过调查研究、案例研讨、形象设计、形象培训等方法，引导教师自主地完善形象，使教师的仪表形象既具有职业特征，又具有个性特点。

总之，我们应重视对隐性课程的研究，明确全面发展的教育要求，树立整体的课程观，应全面综合分析各种教育因素对幼儿发展的影响，注意正规课程的作用，更要注意潜在课程对幼儿发展的影响。要认识到教育活动过程中的重要性不仅仅在于教育活动的结果，而在与教育活动的整个过程，注重观察研究每个孩子在活动过程中所显现出的能力和水平，指导他们在与周围的人、事、物相互作用的过程中，促进各方面素质更充分发展。

小资料1

**创意无限　多元发展**
**——幼儿园多元素整合发展创意活动课程研究**

本课程是广州军区政治部幼儿园"三位一体课程"（综合课程、活动课程、环境课程）实践的基础上，结合信息化、国际化、学习化时代幼儿园教育发展的要求和幼儿身心发展需要，经长期研究实践形成的具有创意特色的园本课程。

**1. 创意活动课程结构**

创意活动课程由创意活动主题、创意活动内容、和多元素整合发展的课程目标三部分组成。以小班第一学期的"我学会了……"主题为例，如表5-1所示。

表5-1　创意活动主题"我学会了……"

| 创意活动主题 | 创意活动内容 | 多元素质整合发展目标 |
| --- | --- | --- |
| 我学会了…… | 1. 语言创意活动"纽扣找朋友"<br>2. 音乐创意活动"洗手帕"<br>3. 健康创意活动"我的小脚小手会……"<br>4. 数理逻辑创意活动"两个好朋友"<br>5. 人际关系创意活动"穿衣服比赛"<br>6. 自我认识创意活动"我的成长故事"<br>7. 自然观察创意活动"拉拉链"<br>8. 空间艺术创意活动"快乐的曲线" | 1. 情感——态度整合发展<br>2. 知识——智能整合发展<br>3. 能力——技能整合发展 |

创意活动内容由八大智能与五大领域的五个方面的发展要求整合而成；多

元素质发展目标，分为情（感）意（识）——态度发展目标，知识——智能发展目标和能力——技能发展目标。多元发展目标是五大领域、五方面要求和八大智能三大要素相整合的结果。它们之间的关系如图 5-2 所示。

幼儿多元素质整合发展的核心是幼儿各种潜能的开发与培养，尤其是学习潜能、创造潜能的开发与培养。创意活动课程把开发幼儿的综合素质和学习与创造潜能作为创意活动教学的核心目标，这一目标要求贯穿在整个课程体系中。

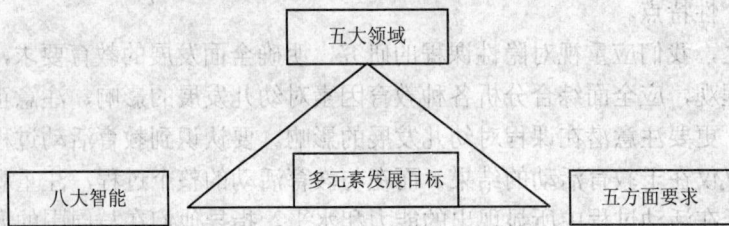

图 5-2　关系图

### 2. 课程的理论依据

（1）加德纳多元智能理论

加德纳指出，人的智能存在一个结构，其中包括八种相对独立的智能，即语言智能、数理逻辑智能、视觉空间智能、音乐智能、身体运动智能、人际交往智能、自我认识智能、自然观察智能，每一种智能都有自己的符号系统和解决问题的方法。创意活动课程吸纳了多元智能理论的精华，结合《幼儿园教育指导纲要》五大领域在情感、态度、能力、知识、技能等五个方面的发展要求，形成和提出幼儿多元素质整合发展的构想和课程方案。

（2）瑞吉欧方案教学理论

瑞吉欧教育理念强调孩子有百种语言，他们充满了幻想，能表现自我，是自我成长的孩子，是富于巨大潜能的孩子，所以教育者要走进孩子的心灵世界。我们的主题网络正是从孩子的核心经验切入，充分注意各领域的发展要求与核心概念，根据孩子的实际经验策划具体的教育目标、内容与活动。同时，注重幼儿真实的生活和环境在幼儿自主研究学习中的作用，给幼儿充分的时间和空间，通过互相之间的互动与合作，促进幼儿自由与和谐的发展。

（3）皮亚杰与维果斯基的儿童学习理论

皮亚杰的"建构论"认为儿童是天生的主动积极学习者，他们在与环境的相互作用中发展并建构起自己的认知结构；维果斯基的"合作建构论"进一步提出儿童的学习引导其发展，主动的儿童与积极的具体社会环境合作促使儿童发展，儿童发展是与他人相互影响与合作学习中完成的合作建构等观点。创意活动课程以此为指导，提出了创意学与教的互动与合作的课程模式。

（4）主体性教育理论

认为教育的根本目的就是确立学习者在教育中的主体地位，增强自主性和创造性，把社会文化内化为学习者主体结构的内容，使其发展成为具有主体性的人，成为认知主体、伦理主体、审美主体、自由和责任的主体。从创意学与

幼儿园课程论

教活动的本质特征看，它是发展儿童的主体精神、创新意识、终身学习能力的教学形式。

**3．课程的目标**

课程的总目标是：创意活动课程着眼于为幼儿一生的学习、生活和发展打好基础，开发幼儿潜能，培养创新意识和促进幼儿多元素质的全面、和谐与可持续发展。具体目标为：

（1）身体运动与健康素质发展目标

1）身体健康，在集体生活中情绪安定、愉快；

2）生活、卫生习惯良好，有基本的生活自理能力；

3）知道必要的安全保健常识，学习保护自己；

4）喜欢参加体育活动，动作协调、灵活。

（2）语言素质发展目标

1）乐意与人交谈，讲话礼貌；

2）注意倾听对方讲话，能理解日常用语；

3）能清楚地说出自己想说的事；

4）喜欢听故事、看图书；

5）能听懂和会说普通话；

6）具有初步的阅读与学习兴趣、习惯与能力。

（3）人际关系自我认知与品格素质发展目标

1）能主动地参与各项活动，有自信心；

2）乐意与人交往，学习互助、合作和分享，有同情心；

3）理解并遵守日常生活中基本的社会行为规则；

4）能努力做好力所能及的事，不怕困难，有初步的责任感；

5）爱父母长辈、老师和同伴，爱集体、爱家乡、爱祖国。

（4）科学素质发展目标

1）对周围的事物；现象感兴趣，有好奇心和求知欲；

2）能运用各种感官，动手动脑，探究问题；

3）能用适当的方式表达、交流探索的过程和结果；

4）能从生活和游戏中感受事物的数量关系并体验数学的重要和有趣；

5）爱护动植物，关心周围环境，亲近大自然，珍惜自然资源，有初步的环保意识。

（5）艺术素质发展目标

1）能初步感受并喜欢环境、生活和艺术中的美；

2）喜欢参加术活动，并能大胆的表现自己的情感和体验；

3）能用自己喜欢的方式进行艺术表现活动；

4）具有初步的音乐与空间艺术想像力、创作能力和审美意识。

**4．附小班多元素质整合发展活动内容设计**

活动主题：我学会了……

◆语言智能活动　　　　◆人际与社会智能活动　◆空间艺术与创作智能活动

| |
|---|
| 1. 儿歌：丁丁穿鞋 |
| 2. 谈话：我不哭 |
| 3. 儿歌：笑得真甜 |
| 4. 故事：纽扣找朋友 |
| 5. 儿歌：穿衣服 |
| 6. 故事：小卿卿变大卿卿 |

| |
|---|
| 1. 穿衣服比赛 |
| 2. 本领大比拼。 |
| 3. 我们都来学做饭 |
| 4. 我的小手真干净 |
| 5. 自己吃饭 |

| |
|---|
| 1. 印画：按手印 |
| 2. 美工：做帽子 |
| 3. 分组活动：印花布 |
| 4. 绘画：我在拍皮球 |
| 5. 撕贴：给娃娃穿衣服 |

◆　音乐与审美智能活动　　◆运动与健康智能活动　　◆数理逻辑智能活动

| |
|---|
| 1. 欣赏：谁会这样 |
| 2. 歌曲：我问老师好 |
| 3. 歌曲：我上幼儿园 |
| 4. 歌曲：洗手帕 |

| |
|---|
| 1. 送小动物回家 |
| 2. 捉迷藏 |
| 3. 我的小腿小脚会…… |
| 4. 小猴学本领 |

| |
|---|
| 1. 小熊请客 |
| 2. 两个好朋友 |

◆观察与科学创造智能活动　　　　◆自我认识与情绪调控智能活动

| |
|---|
| 1. 看图书 |
| 2. 穿衣服 |
| 3. 系鞋带 |
| 4. 拉拉链 |

| |
|---|
| 1. 微笑是最好的礼物 |
| 2. 我的生活故事 |
| 3. 我学会关心父母了 |
| 4. 我自己会…… |

小资料2

## 与家长一起创建课程
### ——同济大学幼儿园"家长进课堂"个案研究

　　家长是幼儿园教育中的重要资源。同济大学幼儿园自1996年10月开始的"家长进课堂"的家园共建课程，此项活动一直延续至今已有10年，赢得了广泛的社会声誉和很高的教育发展评价。活动也从最初的"爸爸老师"拓展到了"妈妈老师"直至"祖辈老师"，有近500名家长走进了课堂，从而建立起家园共同合作创建学前教育的关系模式。以下是他们与家长一起创建课程的基本走向：

　　初始——让男家长进课堂，给孩子们讲讲故事、猜猜谜语、做游戏、上些体育课等，以弥补幼儿园"阴柔有余而阳刚不足"的缺陷，使孩子们多一些"阳刚"和直率。

　　现在——家长、社会人士走进幼儿园，参与教室里的教学，"客串教师"、"参与学习"，共建课程。幼儿园充分利用和发挥家长、社区的优势资源，教师和家长携起手来,使幼儿园成为"学习共同体",共同培育幼儿健康和谐地发展。

### 1. 基本理念

◆幼儿园坐落在社区之中,园所、教室应该是开放的。

◆鼓励家长参与幼儿园课程与教学的开发、管理,亲身加入班级活动和学习之中,建立教师与家长间相互信赖与合作的关系。

◆幼儿园的课程要为幼儿创造学习的经验,利用家长的学术和专业优势,给幼儿以生活和多样化学习的经历,尤其是不同家长身上的品质特点,对幼儿良好个性品质养成起积极的影响作用。

◆使幼儿生活在社区大家庭中,不断拓展习得的经验和环境,密切周围环境与人们的互动、交往与合作,增长时代所赋予的知识与能力。

### 2. 课程内容

◆生活常识:家庭、交通、消防、安全等。

◆自然、科学常识:动植物、生命的世界、地球、太阳、月亮等。

◆社会科技常识:香港回归、西部开发、桥梁建筑、汽车城、电脑技术、环保设施等。

### 3. 课程实施

◆最初每月由各班推选一位"男家长老师"进课堂,进行故事、儿歌、谜语、游戏等以图片讲解形式为主的教学。课时安排约 30 分钟。

◆后来每学期各班推选 4 位以上的"家长老师",结合自己的专业特长进课堂教学,多以实物、模型、实验、提问、讨论形式为主的教学。课时安排 30、60 分钟。

◆现在每学期各班结合家长的优势资源,将"家长老师"引进班级、年级、幼儿园抑或走出园门走上社会的实地考察,让幼儿充分体验自然、社会生活,激发其探究知识、发现问题、交往合作、培养能力等的和谐发展。课时安排 30、120、360 分钟不等。

### 4. 课程管理

◆家委会例会,明确"家园共建课程"的任务、内容、安排与制度保障。

◆落实家访、家长会,及时做好宣传与沟通交流,建立良好的教师、家长的合作关系。

◆宣传栏定期宣传、公告"家园共建共育"的意义、内容与安排,张贴"家长进课堂"的活动与成功经验。

◆以亲子活动为主线,共同交流育儿科学知识、育儿信息与经验,落实每月"家园创建课程"活动,如家长观摩教学听课评课,品尝饭菜评估营养,教学竞赛技能考评以及幼儿广播操、运动会的评比等。

◆定期检查班级情况。内容包括:计划落实、活动安排、教室环境、照片资料、教案整理、活动后的效果反馈等。

◆及时听取并反馈意见,调整或集中问题进行专题研讨,阶段总结加以工作改进。学期结束，全面总结"家园共建共育"的开展情况。形式有家长会、家委会、或家长的经验体会与介绍、个别访谈或来稿建议等。

同济大学幼儿园"家长进课堂"园本课程的实践探索，最初是家委会代表的提议而引起的，经过10年来的实施，收效良好。家长无不感到"家长进课堂"活动对自己孩子的成长的影响。为了他人的孩子，也为了自己的孩子，家长积极踊跃地报名参与此项活动，从而有更多的家长老师走进了课堂，以至成为了同济幼儿园的园本课程特色。

当然，同济幼儿园的社区与家庭资源为园本课程的开发与实施提供了极为可贵的优势条件，这种优势资源也许是其他幼儿园所无法拥有的，正是这种优势资源的拥有，使同济幼儿园在有限的条件下实现了无限的可能和需要。无疑，同济幼儿园为我们提供了一个园本课程开发的成功范例。

小资料3

## 与课题研究交织共振
### ——浦南幼儿园早期阅读课程个案研究

浦南幼儿园创建于1981年，是上海市示范幼儿园、市师训基地。在"以人为本，重在可持续发展"的办园理念引领下，确立了"为孩子的一生负责，为孩子的生命奠基"的教育信念，坚持"全面发展，办出特色"的办园方向，开拓性地创建了"早期阅读"的特色教育之路，并结出了累累硕果，极大地激活了幼儿的思维，促进了幼儿想象力、创造力及语言表达能力的提高，使幼儿在获得有关书面语言信息的同时，建立了对"书"的积极态度，具有了今后学习书面语的敏感性。同时，幼儿的个性得以舒展，创新精神得以提升，自主学习能力得以形成，从而为幼儿的后继学习和终身发展奠定了扎实的基础。

浦南幼儿园从1993年起，毅然地踏上了早期阅读课程开发的征程，经过13年的历程，开拓性地创建了早期阅读的特色教育之路，逐步建构起本园的特色课程——早期阅读课程。

**1. 课程内涵**

早期阅读课程是指在学前阶段，通过大量的图文并茂的读物，帮助幼儿从口头语言向书面语言过渡，对幼儿的思维、语言、想象、个性习惯等方面进行综合培养。目前，随着研究的深入，浦南幼儿园重新审视和拓展了早期阅读的内涵，确立了"阅读是生活、阅读是游戏、阅读是学习"的新理念，提出了"早期阅读的过程存在于幼儿对视觉所及的所有符号和材料的接触与解读过程中"的新观点，从而着手开展新一轮早期阅读课程的开发。

**2. 课程目标**

激发幼儿对阅读活动的兴趣和对书面语言的敏感性，养成幼儿良好的学习习惯，帮助幼儿初步认识语言符号和图画符号的对应关系，掌握早期阅读的方法，培养幼儿将早期阅读经验迁移于其他活动的能力，发展幼儿良好的个性，提高幼儿语言、思维、观察、想象等综合能力，同时，根据总目标和幼儿身心发展规律，制订幼儿各年龄阶段的层次目标。

**3．课程内容与结构**

1）核心内容：大、小图书阅读活动，每周一次，由主班老师承担。具体教材内容见附表。

2）扩展内容：①自编图画故事书、自编画报，每周一次，由副班老师承担。②区角活动中的语言角、图书角活动，大班每周三次，小班、中班每周两次，由主、副班老师共同承担。

**4．课程实施方法与组织形式**

1）实施方法。①正规阅读活动：活动流程为引疑激趣——自主阅读——质疑解疑——完整欣赏。具体方法有自我感受法、符号转译法、体验表现法、假设想象法、情景迁移法、阅读渗透法、双重观察法。②小组探索阅读活动：活动流程为自选阅读材料、形成阅读小组——探索阅读途径与方法——分享交流阅读经验。③交互阅读活动：一种与生活、游戏融合的师生交互、生生交互的共同阅读活动。

2）组织形式。①结构紧密型：是指专门的阅读学习活动，运用集体教学、分组教学、小组探索等组织形式，进行集中的阅读教育。②结构松散型：是指在区角游戏等其他活动过程中进行阅读能力的培养，幼儿一般以个体和结伴为主。

**5．课程评价标准**

以观察为主要手段，通过大量的正式或非正式的观察，获取有关信息，形成评价的客观依据。此外，将评价与家长问卷、情景测查等手段相结合，使评价全面、客观、科学、合理。

浦南幼儿园的早期阅读课程开发源头始于早期阅读的课题研究"我们的课程是由早期阅读课题转化而来的"，而早期阅读课题研究起因于园长对面临的幼儿园发展规划问题的思考，源于对幼儿园内外各种优势资源和条件，还源于对语言教育现状的分析和科学判断。经过十几年的实践探索，该研究课题，取得丰硕成果，作为独具特色的园本课程被许多地区所借鉴和效仿。

附表：浦南幼儿园"早期阅读"课程的课程内容与结构。

表 5-2 "早期阅读"课程的课程内容与结构

| 开发方式 | 各年龄教材 | | 小班教材 | 中班教材 | 大班教材 |
|---|---|---|---|---|---|
| 选择 | 内容 | 比例 | 80% | 60%~70% | 60%~70% |
| | | 国内提供 | 《宝宝乐》丛书10本、婴幼儿故事20本 | 彩图婴幼儿故事100集（花篇） | 彩图婴幼儿故事100集（果篇） |
| | | 国外提供 | 百科集、幽默类、科幻类 | | |
| 改编创编 | | 比例 | 20% | 30%~40% | 30%~40% |
| | | 内容 | 与主题有关的内容突发事件、幼儿即时的的兴趣 | | |

📖 **本章小结**

幼儿园课程的实施与开发是本书的核心章节。课程的实施与开发关系密切，实施是将课程方案付诸实践的过程，是达到课程目标的基本途径，它是课程开发的核心环节和实质性阶段。课程开发是一种概括化的课程设计思路，属于课程研制方法论的范畴。园本课程、生成课程、隐性课程是当前幼儿园课程的实施与开发的主要表现形式。

### 1. 园本课程的实施与开发

重点理清了校本课程、园本课程、课程园本化有关概念及概念之间的关系，提出了课程园本化的基本特点，阐述了课程园本化的基本样式和策略。围绕园本课程的实施与开发，分析了课程实施的忠实执行、相互适应、创生等价值取向，主题式整合与学科式整合图式及特点的区别，着重阐述了具体的操作要点和课程开发需注意的问题，包括幼儿园的情景分析、幼儿园课程目标的编制、课程内容的确定、课程评价的建立等。

### 2. 幼儿园生课程的实施与开发

生成课程是在师生互动过程中，通过教育者对儿童的需要和感兴趣的事物的价值判断，不断调整活动，以促进儿童更加有效学习的课程发展过程。

生成课程的内容来源于：幼儿教育的目标与任务、幼儿当前的兴趣与需要、幼儿共同生活中的矛盾与冲突、幼儿身边的人和事、社会热点问题、动植物与自然规律、意外或突发之事等等。

环境创设是幼儿园生成课程的关键，表现在：环境为生成课程提供了内容来源，环境是课程设计与实施的要素，互动是课程生成的必要条件，而环境又是幼儿与幼儿、幼儿与成人、幼儿与物之间互动的关键性因素，环境作为"第三位老师"在潜移默化地帮助着课程的生成，环境的记录功能为下一次课程的顺利生成提供了发展方向和修正的机会。

创设幼儿园环境的策略包括：围绕着生成课程的内容来源进行环境创设，从幼儿的视角，让幼儿参与环境创设，变静态环境为动态环境，教师创设的环境，不应停留在表层，而要能使幼儿的生成课程朝纵深方向发展等。

### 3. 幼儿园隐性课程的开发与实施

隐性课程又称隐蔽课程或潜在课程，是课程和教学计划之外的潜在的和非预期的课程，是广义的幼儿园课程的重要部分。如何开发隐性课程？首先要创设适宜的生活环境，包括创设良好的幼儿园物质环境和精神环境。其次，营造良好园内氛围，包括丰富、适宜的环境氛围、游戏中的氛围、礼仪教育、家庭氛围、提升教师形象等方面。再次，提升教师形象、优化师幼互动策略。需要教师转换角色定位、建构良好的师幼互动关系、提升教师形象和自主发展。

1．什么是园本课程？课程园本化？

2．怎样理解园本课程、国家课程和地方课程之间的关系？

3．园本课程有哪些特点？

4．什么是幼儿园生成课程和隐性课程？

5．新课程提倡的主题式整合实施园本课程的特征是什么？如何整合实施园本化课程？

6．园本课程开发过程中需要处理好哪些问题？

7．幼儿园生成课程的内容有哪些来源？

8．创设良好的幼儿园物质环境须遵循什么样的原则？

9．如何营造良好的园内育人氛围？

10．如何理解教师形象与幼儿园隐性课程的关系？

# 第六章

# 国外幼儿园典型课程

幼儿园课程模式发展经历了多个时期与阶段，出现了许许多多的课程类型，具有代表性的课程模式包括福禄贝尔的"恩物"与作业、蒙台梭利的幼儿课程思想、加德纳的多元智能教育、瑞吉欧的项目活动课程模式、皮亚杰主义的认知课程理论以及其他多种模式与方案，这些课程模式目前仍然在理论和实践领域产生着重要的影响，对研究和发展幼儿园课程模式有着巨大的借鉴和指导意义。

## 第一节　福禄贝尔的"恩物与作业"

### 一、福禄贝尔课程思想介绍

#### （一）福禄贝尔生平简介

福禄贝尔（1782~1852）德国人，世界著名的幼儿教育专家，被称为幼儿园之父，在幼儿园课程发展过程中是一位具有里程碑式的人物。1826年写成泛论儿童教育工作的著作——《人的教育》，阐述他的基本教育观点，以及它在儿童各年龄阶段教育工作中的应用。1834年至1835年，福禄贝尔在瑞士格多夫担任一所孤儿院院长。1837年，他在家乡附近的劳兰根堡开办了一所学龄前儿童教育机构。福禄贝尔是于1840年在德国的勃兰根堡，创办了世界上第一所幼儿园（Kindergarten），使得幼儿园正式成为社会幼儿教育的专门机构，同时也标志着学前教育作为一门新兴学科的诞生。第一所幼儿园诞生后，标志着学前教育由家庭开始向社会公共机构转移，学前教育的性质也由家庭教育和慈善教育性质向社会公共教育方向转变。

1843年出版幼儿教育专著《慈母曲及唱歌游戏集》，1861年，他的有关幼儿教育的著作，经友人编辑出版，名为《幼儿园教育学》。福禄贝尔创立幼儿园之后，真正意义上的幼儿园课程模式和思想才开始出现，并随着历史和社会的发展而不断进步，产生了诸多流派和模式。

#### （二）教育思想

福禄贝尔的幼儿园课程思想是新旧教育思想转折时期产生的具有进步意义

的开创性思想体系，对于后世的幼儿园课程思想影响深远。福禄贝尔的课程思想来源丰富，主要的代表人物有裴斯泰洛齐和捷克大教育家夸美纽斯。从早期的教育家的思想中福禄贝尔汲取了丰富的营养，发展了属于自己的课程论思想和教育观。福禄贝尔的课程思想主要通过教育观和儿童观的主线进行发展和演绎的，由此构成的幼儿教育课程被称作福禄贝尔课程模式。

1. 教育观

福禄贝尔的教育观是一个较为完善和丰富的体系，由教育目的、教育任务、教育本质、教育原则等构成其思想主体。由于福禄贝尔是一名虔诚的基督教徒，所以在思想意识中有着浓厚的宗教意识，对于教育观的影响也非常明显。

（1）教育目的

福禄贝尔认为宇宙中起着完全支配作用的力量是神，也可以理解为是一种万物赖以生存的基础和自然法则。对于这种统一万物，支配宇宙的力量要采取顺从和崇拜的心理，由此形成自己的人生观、世界观和价值观。基于这样的认识和理解，福禄贝尔提出了教育目的就是了解神、认识神，对于自己生活中所拥有的一切要感谢神的恩赐，认为神是统治世界统一运行和发展的内在力量。福禄贝尔还提出儿童发展的对立统一原则，认为幼儿发展的内在动力就是对立与统一之间的矛盾。对于儿童来说，教育目的就是培养万物统一的人生观，形成对世界的和谐发展认识。

（2）教育任务

福禄贝尔把教育任务的理解建立在教育目的之上。他提出儿童发展的自主活动原则，认为儿童的发展主要通过自我活动和发现的过程来实现，因为儿童的体内存在着巨大的发展潜能，这些潜能包括艺术本能、活动的本能、创造的本能和宗教的本能。作为儿童内在的生命力量，这些本能是儿童发展的依据和前提，也是教育得以实施的土壤，因此，教育的任务就是：促进儿童的自我活动和内在本质力量的发展，发掘儿童内在的生命潜力。具体来讲就是促进儿童进行自我活动，以此来发展其各种本能，最终形成崇尚神灵的品质。

（3）教育原则

福禄贝尔对于儿童的内在力量的发展提出教育遵循的原则和方法。要使儿童的内在力量得以和谐顺利的发展，就必须遵循儿童发展的阶段特点进行教育和引导。福禄贝尔提出儿童内在力量和心理的发展遵循"循序渐进"的原则，并且儿童的心理发展经历不同的阶段，这些前后相互衔接的阶段互为基础和前提，初级阶段为高级阶段的发展奠定基础。因此在进行教育时要注意每一个阶段的引导和促进，以利于后一个阶段任务的实现。福禄贝尔还提出儿童的内在本质中蕴含着三种特性：自然性、人类性、神性。三种特性在不同的阶段形成，并且互相影响。根据循序渐进的原则在进行教育时，需要根据儿童的特性发展阶段进行引导，使得儿童的发展实现由"自然儿童"到"人类儿童"最终成为"神性儿童"的方向转变，使得儿童体内的巨大潜能和"神性"得到发展和巩固。

（三）课程内容

福禄贝尔的课程模式包含了丰富的内容，根据教育目的和任务，以及教育原则制订了以恩物为主线的课程内容，除恩物外，这些内容还包括作业、游戏、歌谣、体育、自然研究等。福禄贝尔的课程内容体系，对后来的幼儿园课程内容设置影响深远，许多幼儿教育专家的课程思想和课程内容制定都借鉴了相关内容，如意大利著名幼儿教育家蒙台梭利等。

1. 恩物

恩物是福禄贝尔根据儿童的发展特点和规律于 1836 年创设的一套玩具。顾名思义，恩物就是"上帝恩赐的礼物"，也可以看做是成人赠予儿童的心爱的礼物。福禄贝尔把自己创设的玩具作为幼儿园课程的主要内容。恩物的种类通常认为包括 6 种。第一种是 6 只柔软的彩色小球，是一种带有木架支撑悬挂起来的彩色绒球组。这些绒球质地柔软，颜色不同，作用是通过儿童自己动手触摸，感知质地和形状的差异。实现锻炼儿童感知觉的目的，同时也为儿童的手部大小肌肉和精细动作的练习提供机会，它可以帮助儿童认识颜色和数目。第二种是木质的几何立体组，包括球体、立方体和圆柱体，通过这些立体玩具，儿童可以获得关于物体几何图形的认识。第三种是有 8 个大小相同的小立方体组成的大立方体。通过类似积木的小立方体构建大的立方体，可以帮助儿童形成关于平方和立方的相关内容，了解整体与部分之间的关系。第四、五、六种恩物同样都是大立方体，只是这些立方体的构成部分各不相同，可以分割成大小、数目、形状不等的小立方体、长方体、长方板和小三角板。这些形状多样，大小不同的几何形体可以为儿童的游戏和活动提供丰富的材料，用以搭建各种建筑物和模型，对于儿童的想象力、创造力以及空间思维等都有着积极的影响和帮助。除此之外，福禄贝尔还提出利用多种材料进行加工和改造，为儿童提供多元的玩具。这些材料包括纸张、小木棒、珠子等。这些材料有时也被称之为第七、八、九种恩物。恩物是福禄贝尔幼儿园课程内容的主线，同时也是最有特色的部分，对后世影响深远。"恩物"是福禄贝尔对幼儿教育的一个重要贡献。

2. 作业

作业是福禄贝尔为幼儿园确定的一种教育活动形式，通过作业对幼儿进行初步的教学。在每一种作业中，又包括一系列的作业活动。

3. 其他内容

福禄贝尔课程模式除了恩物与作业之外还包括其他多种内容。

（1）宗教教育

福禄贝尔始终坚持根据儿童的四种本能进行有针对性的教育。由于福禄贝尔的教育思想中包含着浓厚的宗教思想，所以宗教教育在课程内容中占有重要位置。福禄贝尔认为教育的主要任务就是发展儿童的内在力量和神性，使得儿童的宗教本能得以发展。对于宗教的理论、礼仪以及对神的崇敬和顺从等都是教育的内容。

（2）体育教育

福禄贝尔认同"健康之精神寓于健康之身体"，重视儿童早期锻炼的作用。和其他早期教育专家相同，福禄贝尔认为积极的体育锻炼是实现儿童健康成长的重要保证，除此之外，他还强调健康知识的重要性，主张向儿童讲述基本的健康常识和道理。养成良好的卫生习惯也是体育教育中的重要环节，福禄贝尔在体育教育方面提出要重视儿童清洁、作息等方面的教育。

（3）游戏活动

福禄贝尔认为游戏符合儿童的天性，是儿童学习的主要途径，通过游戏的形式组织幼儿园课程可以起到积极的作用。游戏的价值包括三个方面：第一，游戏可以发展儿童的动作和与人合作的精神；第二，游戏可以激发儿童学习的兴趣，在游戏活动中自由的发现探索，获得愉悦的情感体验；第三，游戏可以帮助儿童建立并形成规则意识，在游戏活动中，儿童必须遵守规则才能够把游戏进行下去，因此可以帮助儿童逐步形成责任感和规则意识。

（4）语言

语言部分的内容包括故事、小说、文法和文字等。福禄贝尔主张采用直观教学的方法进行语言教育。利用日常生活的观察和学习，模仿成人的语言。利用反映伟大人物人格的故事、童话、小说等作为语言学习的工具，在聆听、讲述这些作品时，获得文字、文法以及精神、人格等方面的提高。福禄贝尔提倡循序渐进的原则，在进行语言学习时，可以从最为简单的画线学习开始，逐步过渡到字母、单词、语法、读写等方面的内容。

（5）手工

手工内容包括折纸、摆放积木等，目的是通过手工活动，激发儿童的创造本能和活动本能，唤起儿童的活动兴趣，促进感官的发展，在此基础之上使得儿童的思维、纪律意识等得以巩固。

（6）绘画和艺术

福禄贝尔认为儿童的性情陶冶非常重要，采用绘画以及其他艺术形式可以在一定程度上所造儿童的有规则性的心理，同时陶冶情操。绘画活动的内容包括图画填充，线条构图等。利用横线、直线让儿童在白纸上自由的进行创作。另外，颜色辨别也是一种艺术教育形式，只是和绘画并不归属在一类。福禄贝尔主张通过颜色辨别可以锻炼儿童的视觉与和谐感。

（7）唱歌和诵诗

福禄贝尔十分重视儿童的性情陶冶和意志教育。他认为对儿童进行性情陶冶的主要途径之一就是通过唱歌和诵诗来实现。因此，在幼儿园的课程设置中，福禄贝尔把教导儿童学习和背诵关于宇宙和人生的歌谣、诗篇等作为培养人格，陶冶性情的重要内容。

（8）自然研究

自然研究是福禄贝尔幼儿园课程内容的组成部分之一，福禄贝尔重视儿童的自然科学常识引导和教育。认为通过自然科学启蒙可以激发儿童的学习兴趣，满足好奇心和求知欲，培养自制力和爱心。

## 二、课程与游戏

### （一）游戏的本质和作用

游戏与作业是福禄贝尔幼儿教育体系中的重要内容，由于它为幼儿提供了自我活动的条件，所以也是主要的教育手段。随幼儿年龄的增长，游戏愈来愈显示其促进智力与品德发展的重要作用。他还强调共同游戏的重要性，认为它对形成幼儿的节制、友爱、勇敢等良好的品质十分有益。他把游戏当作发展幼儿自动性和创造性的最好活动形式。福禄贝尔十分重视游戏的作用，认为游戏在幼儿园的课程中扮演着重要的角色。在前人对于游戏价值研究的基础上，福禄贝尔第一次将游戏列入幼儿课程之中。对于游戏的本质福禄贝尔有着自己的看法，他认为游戏是一种儿童自发的、充满愉悦情绪的活动过程，在游戏活动中，儿童的可以获得大量有益的教育，通过游戏活动，儿童可以利用各种物体材料进行想象和创造，同时也可以与伙伴或成人进行交流与沟通，在游戏中学习人际交往，促进个性和社会性的发展。

### （二）游戏与教学方法

福禄贝尔十分重视游戏在儿童发展过程中的重要作用，并且把游戏作为幼儿园教育方法的主要形式。福禄贝尔认为教育的本质在于发展儿童的内在精神力量，保证儿童的自由。自由活动是儿童进行学习发展和前提，幼儿园课程的教育方法需要符合这一原则和要求。而实现这一要求的具体形式则非游戏莫属。因此，游戏是幼儿园课程的教育方法重点。

## 三、评价

福禄贝尔是近代学前教育理论的重要奠基人，幼儿园的创始人。他首创幼儿社会教育的重要形式之——幼儿园，并组织了训练幼儿园教师的工作。他在幼儿园实践及长期研究的基础上，创立了幼儿教育学，使它成为教育理论中的一个独立学科。福禄贝尔确定的游戏和作业成为幼儿教育的重要活动形式，他的"恩物"作为幼儿玩具被广泛采用，成为幼儿园不可缺少的设备。在这些方面，福禄贝尔对于后世的影响是久远的。直到当前，其幼儿教育思想中的合理因素，仍为许多国家的幼儿教育工作者所采用。

福禄贝尔课程模式经历了一百多年的时间演变，成为当前幼儿园课程的主要模式之一。福禄贝尔反对强烈性教育，重视儿童的积极活动，强调发展其创造性，这是正确的。他重视游戏对儿童的教育作用，提倡手工和劳动，对于 19 世纪下半期资本主义国家的初等教育有一定的影响。

# 第二节　蒙台梭利学前教育课程思想

## 一、蒙台梭利课程思想介绍

### （一）蒙台梭利生平简介

蒙台梭利（1870～1952）是世界著名的幼儿教育专家，出生于意大利安科纳省基亚拉瓦镇一位军人的家庭。1896 年毕业于罗马大学医学系，成为意大利历史上的第一位女医学博士。之后，她任罗马大学附属精神病诊所的医生。因治疗智障儿童工作的需要，她继承并发展了伊塔和赛贡的有关方法，制作了许多教具，并在教育智障儿童方面获得很大成功。她于 1907 年在罗马的公寓内创办"儿童之家"，把教育缺陷的方法加以适当修改以后，用于幼儿园年龄的正常儿童，并再次获得成功。

蒙台梭利的主要教育著作有：《教育人类学》（1908 年）、《蒙台梭利手册》（1914 年）、《高级蒙台梭利方法》（1917 年）、《童年的秘密》（1933 年）、《新世界的教育》（1946 年）、《儿童的发现》（1948 年）和《有吸收力的心理》（1949年）等。

### （二）教育思想

#### 1. 儿童观

蒙台梭利的教育思想来源甚广，深受福禄贝尔、卢梭、裴斯泰洛齐等人教思想的影响。在西方传统的自然主义和自由主义教育观的基础上，蒙台梭利通过自己在教育实践中的长期观察和总结，提出了富有特色的儿童观和教育观。在对智障儿童和正常儿童的教育研究过程中，蒙台梭利认为儿童的心理发展有着鲜明的特点和规律，遵循儿童心理发展的特点和规律，采用适合的方法，就可以取得良好的教育效果。

#### （1）"心理胚胎期"与外界环境

蒙台梭利认为，人似乎有两个胚胎期，一个是生理胚胎期，是在出生之前，这种情况与动物相同；别一个是心理胚胎期，是人所特有的，是在人出生以后至 3 岁出现。蒙台梭利在《童年的秘密》一书中指出：存在一种神秘的力量，它给新生儿孤弱的躯体一种活力，使他能够生长，教他说话，进而使他完善。在她看来，从心理学的角度分析，儿童在出生时内心一片空白，所具备的各种能力都是通过获得，儿童的心理能力和思维的发展都是在一种天然的主动的吸收外界信息的基础上，形成信息的积累，最终形成心理胚胎，使得心理开始萌芽、发展、成熟。儿童的这种主动吸收外界信息刺激，获取知识和经验的能力，被称之为"吸收性心智"，也称之为"吸收力的心智"。蒙台梭利认为儿童的心理发展是按照遗传的规律顺次展开进行的，这里面存在着自然界的顺序。同时，蒙台梭利还重视环境的作用，认为儿童利用吸收力的心智积极地从外界环境中获取心理机能，也就是所谓"心理胚胎"发展所需的知识经验，逐步在自发活动中，形成各种能力，促进个性的发展与完善。

蒙台梭利还就"吸收力的心智"与教育的方式进行研究，她认为，在各个物种甚至昆虫中，都存在着一种无意识心理。它驱使生物主动地吸收外界的养料，以满足自己生长的需要。儿童亦不例外。受生命潜能的驱使，所有儿童天生具有一种"吸收"文化的心理，他们因此能自己教自己。

（2）心理发展的阶段性

蒙台梭利认为儿童心理发展的阶段有着自然规定的"进程表"。如同昆虫界的蝴蝶一样，经历了：卵—毛毛虫—蛹—蝴蝶 4 个阶段的嬗变，在整个儿童期，儿童心理发展也可以大致分为 4 个阶段，并且每个阶段都有各自不同的教育重点。

第一个阶段：0～3 岁。

这个阶段是儿童个性形成的最为重要的时期。0～3 岁儿童是心理形成的胚胎期，教育的重点是帮助幼儿获得丰富适宜的刺激，提供与环境接触互动的机会，为心理胚胎的形成提供条件。

第二个阶段：3～6 岁。

这一阶段的儿童个性的形成期，对于儿童的个性形成有着直接的影响，教育的重点则是营造积极的情境，促进良好亲子关系和个性的形成。

第三个阶段：6～12 岁。

这个阶段的儿童成长的特点是具有稳定性，同时也是儿童获取学识和艺术才能的时期。教育的重心由感觉练习转向抽象的智力活动。

第四个阶段：12～18 岁。

这一阶段处于青春期。儿童首先在生理上出现明显的变化，身体发育迅速，接近成熟，同时在心理方面也出现了重大的转变，开始逐步出现高级的情感和道德感，产生爱国心、责任感和荣誉感，兴趣爱好倾向稳定，能根据自己的兴趣探索事物。此时的教育重点则是进行成人社会的道德和情感宣传教育。

（3）发展的敏感期与教育时机

蒙台梭利认为儿童与各类生物相似，在成长过程中各种能力的获得与形成有着一定的敏感期。所谓敏感期，蒙台梭利认为是生物在发展时期所具有的一种特殊能力，是一种积极的活动力量。但这种力量只局限于对特定的忍受能力的获得。敏感期相当短暂，主要目的是帮助生物获得某些机能和特性，过了这些特殊时期，感受性就消失了。蒙台梭利认为儿童在发展的过程中对特殊的环境刺激都有一定的敏感时期。当相应的敏感期出现时，儿童就表现出对一定内容和活动的特殊兴趣，出现一种"精神饥渴"，这种"精神饥渴"作为儿童发展的内驱力，推动儿童积极主动的进行探索和练习，反复的操作某些活动或工具，在短时间、内获得某种能力。

蒙台梭利根据自己在观察和研究中的经验总结，试图区分儿童发展过程中的不同敏感期，提出儿童心理发展的关键期包括感觉发展关键期（出生～5 岁）、语言发展关键期（出生后 2 个月～8 岁）、秩序感发展关键期（1～4 岁左右）、肢体动作发展关键期（出生～5 岁）以及群体性发展关键期等。儿童发展过程中的敏感期不是界限分明的，多个关键期交叉出现进行，儿童在敏感期和对应操作活动与练习过程中，逐渐形成自己的个性。

（4）儿童发展是在工作中实现的

蒙台梭利在对儿童的敏感期和吸收性心智等理论基础之上提出，儿童的发展需要借助具体的途径来实现，也就是通过自由活动来完成。儿童的内在发展驱动力推动儿童积极主动的与周围的环境进行交互作用，同时儿童的心理发展关键期也需要科学适宜的外界刺激与操作练习，由此，蒙台梭利认为提出儿童的发展需要在自由活动中进行。但是与其他早期的幼儿教育专家不同的是，蒙台梭利并没有把儿童的自由活动归为游戏，而是用工作一词来表示自己对于儿童发展活动的认识。蒙台梭利认为游戏虽然是儿童自由的活动形式，天性也可以得到散发，但是游戏中的假象成分会影响儿童的思维和个性。游戏可能会引导儿童把现实与幻想相脱离，使得儿童难以形成严肃、认真、准确、求实等态度，同时也会影响到儿童的责任感、规则意识和遵守纪律的精神与行为。因此，蒙台梭利专门设计了一系列教具，供儿童进行操作练习和活动，这些教具都是按照儿童的比例，把成人工作中使用的器具缩小改进，符合儿童的特点，让儿童在使用这些工具过程中，感知成人世界工作的是实际情况，从而获取应有的知识经验和能力。

**2. 教育观**

（1）自由教育

蒙台梭利根据儿童发展的吸收性心智和敏感期的理论，认为儿童的发展应该遵循自然发展的秩序，按照"自然进程表"引导儿童进行自主发展。尊重儿童的人格与权利是蒙台梭利教育方案的基本原则之一。蒙台梭利强调儿童有权利选择自己学习和操作的内容，同时也可以由自己决定学习和操作所取得的成绩。在"儿童之家"里，儿童与教师的地位是平等的，儿童的工作完全由自己决定，主张进行"不教的教育"，相信儿童利用教具可以进行自我教育、自我发现和自我成长。因此，赋予儿童自主活动和工作的权利与空间，是蒙台梭利教育观的特色之一。

（2）有准备的环境和教师

蒙台梭利非常重视环境的影响和作用。由于儿童的吸收性心智，驱使儿童主动地从外界环境中获取信息，因此提供有选择的适宜的环境，可以促进儿童积极的成长。而有准备的环境和教师则是从精神环境和物质环境两个方面进行论述的。

首先，在物质环境方面，"儿童之家"需要满足儿童的求知需要。提供丰富的教具和刺激，保证儿童在环境中可以自由的进行操作活动，并且保证教具都是按照真实生活中的器具比例缩小的，可以介绍生活实际工作内容的。同时"儿童之家"的环境一定是严格按照要求有秩序的摆放、操作。儿童可以自由活动，选择自己感兴趣的教具，但是操作的步骤和过程则是有严格规定的。二者并不冲突。

其次，在精神环境方面，教师与同伴之间的关系要平等、和睦、融洽。教师扮演的角色是合作者、指导者、倾听者。蒙台梭利教育观的一大进步之处就在于把教师与儿童放在平等的位置上，反对命令式的压制手段对儿童进行约束和管理。在"儿童之家"中，儿童要有安全感、舒适感。同时要保证儿童在工作时安静、有序、专心、愉悦。在工作中儿童通过有秩序、有步骤的操作，逐步形成安静、平和、沉稳、尊重等品质。

## 二、蒙台梭利教育方案目标、内容、方法与组织

### （一）蒙台梭利教育方案的目的

蒙台梭利的教育方案目的包括生物性和社会性两个维度。对于儿童自身来讲，教育目标就是形成健全的人格，从社会的角度讲，就是建设理想的和平世界。

#### 1. 健全人格的形成

蒙台梭利认为儿童的发展有一种自我完善的能力，这种能力和倾向为儿童的健全人格形成提供了可能。但是健全人格的形成则依赖于良好的外界环境。因此，教育者的头脑中需要有一个清晰的认识，明确儿童健全人格的目标，同时为儿童的发展提供良好的环境。

#### 2. 建设理想的和平世界

蒙台梭利特别注重儿童的秩序感和规则意识，希望儿童具备遵守纪律，爱好和平，反对战争，建设理想和平世界的理想和品质。蒙台梭利经历了两次世界大战，深受战争之苦，因此，她希望能通过教育进行社会改良，通过教育培养新的理想人才，建设一个理想的和平世界。

蒙台梭利的教育目的从本质上讲是统一的，个人的健全人格的形成实际上就是建设理想社会的关键环节。个人教育目的是间接目的，而社会目的则是最终目的。二者相互促进，相互影响。

### （二）蒙台梭利教育方案的内容

蒙台梭利根据自己的教育观和儿童观，设计了丰富而有趣的教育内容。包括日常生活练习、感官教育、语言教育、数学教育、文化科学教育等多个领域。按照有具体到抽象、由简单到复杂等原则，进行了开创性的教育内容开发与设计。

#### 1. 日常生活练习

日常生活联系是蒙台梭利教育方案中的基础内容，是其他工作进行的铺垫。开设日常生活练习内容目的有四个。第一，通过模仿家庭环境的空间，使得儿童在"儿童之家"中获得安全感和舒适感，稳定儿童的情绪，保证儿童喜欢"儿童之家"内的活动。第二，有助于儿童健全人格的形成。在日常生活练习中，儿童通过完全仿真的工作内容，可以获得关于本民族和国家的文化习俗等内容，对于人格和高级情感的形成有着直接的帮助。第三，可以为儿童提供集体生活的机会，在集体生活中，逐步学习和适应与他人进行交往的技巧和规则。第四，通过操作练习，可以促进儿

童知识经验的累积，促进智慧的发展。日常生活练习的内容包括：

（1）基本动作练习

走、坐、舀、抓、倒、夹、绕线走等。

（2）对自己的照顾

盥洗的工作、使用筷子、折毛巾等。

（3）对环境的照顾

打扫的工作、擦镜子、擦银器、擦地板、插花、摆放工作毯、摆放桌椅等。

（4）与他人的交往

礼貌应答，打招呼、危险物品的递交等。

2．感官教育

感官教育被认为是蒙台梭利教育内容中最为重要，也最具特色的部分。具体内容包括视觉、听觉、触觉、嗅觉、味觉练习五方面的工作。蒙台梭利认为感官教育的意义包括四个方面：

1）促进儿童感知觉的发展，锻炼感知觉的敏感性，为高级的思维发展奠定基础。

2）形成初步的秩序感和规则意识。通过感官练习，儿童可以掌握工作的步骤和要求，每项工作都有相应的错误控制，如果没有按照规则进行是无法完成工作的。获取初步的智慧和能力。通过感官练习，儿童可以了解并掌握递增、递减、倍数等关系；了解不同的形状、颜色、味道等内容。

3）促进儿童注意品质的形成，引导儿童专心致志地进行工作，形成良好的工作和学习习惯。

4）为儿童形成良好的健全人格做准备。

感官教育的具体内容包括：

视觉：粉红塔、棕色梯、彩色板、二倍体、二项式、三项式、几何嵌图橱等（锻炼儿童观察、鉴别、判断、比较、区别、归类等能力。鉴别物体大小、高低、长短、高矮、颜色等差异。）

听觉：听觉筒（在相同形状和颜色的小木筒内放入不同质地的材料，儿童在摇动时感知声音的差异。）

触觉：砂纸板、温觉板、重量板等（感知物体冷热、轻重、厚薄、光滑与细腻等差异）

嗅觉：嗅觉瓶（在形状、颜色相同的小木筒或者容器内放入不同的安全材料，如花瓣、香精、碘酒、调味料等，使得儿童感知气味差异。）

味觉：味觉瓶（在相同的容器内，放入安全的材料，供儿童进行品尝，感知味道的差异。）

感官教育的内容并不是完全区分开的，许多教具可以同时完成多种感官练习，同时，感官练习还为后面的数学学习内容进行铺垫。

3．语言教育

语言教育的内容包括听说教育、读的教育和写的教育三部分。蒙台梭利非常重视儿童的语言教育。她认为语言是儿童思维发在的外在表现，同时也是高级心理机能形成的先决条件，发展儿童的智力就需要重视儿童的语言教育。蒙台梭利还专门为儿童学习语言设计了一系列的教具和教法。

（1）听说教育

对于儿童语言的习的机制和程序，蒙台梭利有着自己的理解，她认为儿童的语言习得过程，尤其是口语的习得过程主要依赖于吸收性心智获得的，因为儿童具备积极主动的吸收外界信息刺激的能力，语言学习方面也是如此。蒙台梭利认为儿童的语言学习需要经历听—说—读—写四个阶段，这些顺序也是固定的，因此，进行听说教育是第一步。成人和教师需要做的工作就是为儿童提供有准备的环境和适宜的刺激，为儿童的语言习的提供丰富的信息，让儿童在多听、多看、多说的环境中循序渐进。听说教育的形式种类繁多，包括分类卡游戏、语言游戏、讲故事、背诵诗歌等等。

（2）读的教育

关于读的教育，蒙台梭利采用三阶段教学法进行教育。三阶段教学法是蒙台梭利设计的一种行之有效的语言教育方法。三阶段教学法包括三部分：命名、辨别、发音。例如在学习水果名称时，教师先将苹果、橘子、葡萄的实物或图片放在儿童的面前，进行命名，告诉儿童三种水果的名称分别是什么，同时让儿童进行复述，以加深印象；然后教师向儿童进行提问，

教师：请你告诉我苹果在哪里？

儿童：在这里。（指向正确的水果）

教师：请你告诉我橘子在哪里？

儿童：在这里。（指向正确的水果）

教师：请你告诉我葡萄在哪里？

儿童：在这里。（指向正确的水果）

以上的提问过程就是"辨别"。当辨别过程结束后，教师引领儿童进入下一个环节——发音。

教师：请你告诉这个是什么？（指向苹果）

儿童：是苹果。

教师：请你告诉这个是什么？（指向橘子）

儿童：是橘子。

教师：请你告诉这个是什么？（指向葡萄）

儿童：是葡萄。

以上三个步骤就是三阶段教学法的一个案例，命名、辨别、发音三个阶段的学习。这种教学法能够激发儿童的兴趣，加深儿童的记忆，提高学习效果。

（3）写的教育

蒙台梭利为儿童的写的教育准备了多种多样的学习方法和途径，设计了许多教具辅助教学。蒙台梭利认为儿童的书写学习过程和听说、读写的过程不同，并非是儿童主动的获取过程，因此，用儿童喜欢观察的特点，蒙台梭利设计了注音符号砂纸板、砂纸字母、金属嵌板、书卡集等，为儿童的书写提供富有童

趣的教具，保证儿童在愉悦的情绪中进行学习。

### 4. 数学教育

数学教育也是蒙台梭利教育方案中富有特色的一个领域，蒙台梭利设计了大量教具，把丰富的数学常识传授给儿童。根据自己的理解，蒙台梭利认为儿童数学学习过程在 3 岁前就开始了，因此，进入"儿童之家"的孩子学习数学并不是多么困难的事情。为此蒙台梭利在十进制转换、四则运算、平方立方、线性代数、分数等多个领域都设计了教学内容。根据每个领域的内容蒙台梭利设计了大量的教具进行引导，包括数棒、数卡、纺锤棒箱、砂纸数字板、彩色串珠；银行游戏、邮票游戏、点的游戏、加法蛇游戏、减法蛇游戏、加法板、减法板；平方链、立方链；塞根板、分数小人等多种工作进行数学教育。

### 5. 文化科学教育

文化科学教育涵盖的内容非常广泛，包括历史、地里、天文、科普、动物、植物、艺术以及人类文化地区差异等多方面的知识经验。开展文化科学教育的目的是通过学习前人创造的历史文化内容，了解本民族的习俗传统、文化精髓，同时了解到周围环境中与自己生活息息相关的各种因素与自己的关系和影响，以及文化包容和人文素养等方面的引导。蒙台梭利设计了许多种教学内容，包括考古游戏、挖宝藏、生命带、参观博物馆、艺术卡片、矿石标本、动植物标本、图片卡等多种形式进行教育。除此之外，蒙台梭利还提供了相对宽松的空间，由各个国家和地区根据各自的特点制定因地制宜的学习内容。

### （三）蒙台梭利教育方案的组织与实施

#### 1. 有准备的环境

蒙台梭利十分重视环境的作用，认为儿童的吸收性心智使得儿童能够积极主动的从外界获取信息刺激，因此，要为儿童提供有准备的环境，保证儿童从环境中获取积极有益的知识经验，促进自身健康发展。对于有准备的环境，蒙台梭利制定了基本的标准。

（1）人数

每个"儿童之家"的孩子不能超过 25 个，并且主张实行混龄制，3～6 岁儿童各占三分之一。

（2）秩序

"儿童之家"的环境必须按照要求，有秩序的摆放教具，同时各种工作的进行也要有秩序的展开。避免出现凌乱、杂乱摆放教具，禁止违规操作教具，一切都要按照制定的计划执行。此外，环境还要保持一种美的感受，给人以舒适的体验，并且一定要保证安全。

（3）自由

蒙台梭利认为"自由与纪律就像一个硬币的两个面，是对立统一的。"在"儿童之家"中儿童需要遵守各项要求和秩序，但是在这个前提下，儿童的自由是得到足够的保证的，儿童可以按照自己的意愿选择自己喜欢的教具和工作，在保证"集体利益优先"的前提下，随意的活动，教师不应对儿童进行过多的干涉，给予儿童更多的自我探索和教育的机会。

（4）真实与自然

儿童通过工作进行发现和学习，"儿童之家"内的教具需要真实的呈现在儿童面前，它们不是玩具，而是儿童进行工作的"工具"，除了有些工具比例缩小之外，其他的与成人使用的工具没有差别。水果刀、熨斗、砧板、冰箱、烤箱、炊具、缝纫机、茶具等都是真实的生活用品，而不是娃娃家游戏所使用的道具。

2. 教师

教师的作用在"儿童之家"中有多种表现。教师通过扮演不同的角色来完成教育任务。首先，教师是环境的创设者和提供者，教师要在儿童进行工作之前为儿童提供具有安全感、秩序感、美感的有准备的环境，保证儿童在环境中获得积极的信息刺激。其次，教师是示范者，教师需要进行操作示范，每项工作进行之前，教师都要向儿童进行简明、正确等示范，引导儿童进行自我尝试和教育。教师要有充分的准备，对于自己示范的工作，如果没有精确掌握工作程序和步骤的教师是不合格的。再次，教师是观察者与合作者，教师在完成示范工作后，需要在环境中观察儿童，倾听他们的声音，了解他们的需要，进行有针对性的指导和帮助。

3. 教育方法

蒙台梭利的教育方法包括很多种，

（1）示范法

在进行每项工作之前，教师都要向儿童进行示范，保证操作活动和步骤的完整性、正确性，儿童通过观察和模仿进行学习。

（2）三阶段教学

三阶段教学是蒙台梭利教育方法中一大特色，前面进行过详细介绍，利用命名—辨别—发音三个步骤进行讲授。

（3）自我教育

蒙台梭利强调儿童的自主学习能力，认为儿童利用带有"错误控制"的教具进行自我教育，发现操作的要求和规范，了解并掌握学习内容。例如在进行"插座圆柱体组"工作时，如果儿童把圆柱放入到非对应的孔洞中，那么一定会出现至少两个圆柱与孔洞搭配错误，儿童就会发现操作的错误，通过重新调整发现正确的程序和步骤。

三、蒙台梭利教育方案评价

蒙台梭利的课程模式至今仍然是在世界范围内影响非常大，应用非常广的一种课程模式，其中有许多值得借鉴和发扬的闪光点。对于儿童自主能动性的重视和信任，强调儿童秩序感的培养，提倡创设良好的环境，教师与儿童处于平等的地位，新奇有趣的教学方法、完整而有针对性的成套教具等等都是蒙台梭利课程方案中的优势。蒙台梭利的教育方案中的这些优势成为之后的课程模式研究重要的参考内容，然而在这些优势之外，也有一定的局限性。

### 1. 孤立的感官训练

蒙台梭利感官训练的主要目标就是训练儿童的敏锐感官和注意力。但是操作过程中存在的感官孤立现象是实时存在的，单一的感官训练脱离生活实际，并不是完全适合儿童发展需要的。

### 2. 忽视创造力的培养

蒙台梭利的教具操作过程中存在这一定的神秘主义和机械主义。反复的唯一的操作模式和练习过程容易让儿童的想象力和创造力受到影响。虽然蒙台梭利在每一项工作的后面都会进行工作延伸，但是仍然无法避免一定的局限性。

### 3. 社会交往机会缺乏

蒙台梭利的教育模式中对于儿童间的相互交往训练相对较少，儿童在环境中通常是各自进行各自的工作，虽然有混龄班的理念，但是相互间的沟通只局限于规定的工作和活动中。这也是需要改进的地方。

蒙台梭利的教育方案随着时间的推移，在不同的国家和地区演绎发展，进行了许多改进，其中的一些有待改进的部分也在不断的根据教育理念和要求有所改善。蒙台梭利的教育方案是一个不断发展、不断改进的方案。掌握蒙台梭利教育理念的精髓，实现教育目的是需要不断研究和探索的。

## 第三节　瑞吉欧的项目活动课程模式

瑞吉欧项目活动课程模式的名称来源于意大利北部的小镇——瑞吉欧·艾米利亚（Reggio Emilia）。这个小镇因具有良好的社会人文环境而闻名于世。良好的城市公共生活、保留完好的传统文化与艺术、宽松融洽的人文氛围，使得这里成为项目活动课程模式诞生的精神土壤。自20世纪60年代后，瑞吉欧的幼儿教育体系开始逐步形成，在组织者马拉古兹（Loris Malaguzzi）的领导下，由数十名教师组成的团体，利用当地的社区资源和政府支持，在20世纪80年代后，把瑞吉欧的项目活动课程模式变成了继蒙台梭利教育模式之后世界范围内最具影响力的课程模式之一。1981年，瑞吉欧教育方案在瑞典的斯德哥尔摩举办了题为"如果眼睛能越过围墙"的展览，把其教育理念和内容展示在世人面前。瑞吉欧尊重儿童的权利，相信儿童的能力，从儿童角度看问题等观点开始深入人心。在1987年的美国纽约教育展览上，瑞吉欧的影响力因名为"儿童的一百种语言"宣传，开始迅速传遍世界，成为世界上顶级的幼儿教育方案，为许多国家和地区所推崇，成为当前世界范围内极具影响力的幼儿教育模式。

### 一、瑞吉欧课程模式的基础和基本观点

瑞吉欧的幼儿教育体系和方案，是一个庞杂的体系，其理论基础深厚，博采众家之长，并不是某一种理论流派指导下的课程和教育模式。杜威、皮亚杰、

维果斯基、布朗芬布伦纳等多位教育学家和心理学家的思想都被融入其中。可以说瑞吉欧的教育体系是一个开放的体系,它不断地吸收有利于自己发展的思想精髓,并将之融合、提炼、升华,最后创造出属于自己的文化内涵,形成瑞吉欧独有的教育文化和理念。瑞吉欧的儿童观和教育观都闪耀着许多理论流派的光芒,但是这并不影响自身的特色和内涵。

### (一)儿童观

#### 1. 具有生存和发展权利的儿童

瑞吉欧认为,儿童是一个个体,他们与成人具有相同的生存与发展的权利。整个社会由成人和儿童共同构成,儿童并不是附庸,他们是社会存在的一种形式和状态,没有儿童的社会是不完整的。儿童与成人享有同等的话语权,他们有属于自己的视野和方法去认识和了解世界,成人需要向儿童学习。

#### 2. 具有巨大发展潜能的儿童

瑞吉欧认为儿童不像许多人主观想象的一样,是孱弱无力、不懂世事完全依赖于成人的孩子。他们具有巨大的发展潜能,儿童具有好奇心、创造性、可塑性,强烈的求知欲推动着儿童主动地进行发现和学习,他们能够在与环境的交互作用中主动地构建属于自己的知识经验体系,形成对于世界的认识和理解。

#### 3. 积极主动学习的儿童

瑞吉欧认为,儿童的学习过程不应由外界推动,而是要儿童自己积极主动地进行发现和学习。儿童是学习的主体和动力来源,他们能够主动地从环境中获取需要的内容。正如马拉古兹所说:儿童的学习并非教师教授后一个自行发生的结果,反而大部分是由于幼儿自己参与活动的结果。

#### 4. 善于表现艺术的儿童

每个儿童都是艺术家,他们的眼睛、他们的语言、他们的双手都具有创造和表现艺术的魔法。儿童能够运用一百种的语言去了解、认识和表现这个世界。儿童可以借助绘画、歌曲、动作、音乐、游戏、雕刻、建筑、语言、表情等各种形式和途径来表达他们的感受和认识,用艺术的手法把自己展示给世界,也把世界展现给自己。每个儿童都善于用富有艺术气息的语言来与世界对话,他们都是艺术家。

### (二)教育观

#### 1. 注重内在品质的培养

瑞吉欧的教育目标并不是建立完整的显著的外在目标体系,而是注重儿童内在精神品质的构建。儿童的好奇心、求知欲、主动学习的倾向、合作发现的意识、多元化的审美和丰富的想象力和创造力是追求的主要目标。瑞吉欧的领导人马拉古兹就当前世界上许多国家和地区的教育进行评价,认为这些教育大多存在着一个相同的问题，就是用所谓的科技理性去约束儿童，进行所谓的"规范"儿童的行为，把儿童的天性扼杀了。使得感性与理性、工作与游戏、现实与梦想、规则与创造想象等成为了矛盾，把原本人类所具有的许多天性和能力进行了割裂或者束缚，把儿童的视野和思维禁锢起来。儿童的幸福童年生活由于成人和社会的干涉，失去了应有的光泽。

瑞吉欧强调对儿童的人格和内在的精神世界进行构建，丰富儿童的感官体验，发展儿童的想象力和创造力，引导儿童形成正确的、多元的审美能力是教育追求的重心。

### 2. 教学方法

瑞吉欧认为儿童的学习是多元化的，语言文字教育只是其中的一种途径，而且可能不是最适宜的一种。儿童的学习与成人有着很多差异，他们通过与环境的交互作用，在发现中学习，创造性地构建属于自己的理解和认识。语言文字的单向传授与灌输实际上接近于"填鸭式"教育，但是儿童作为具有主动学习能力和意识的主体，不应当处于被动的地位。教育者需要做的事情就是为儿童提供并创设适宜的学习环境，在与环境的相互作用过程中形成智慧，获得思考的能力。

### 3. 注重合作与交流

合作与交流在瑞吉欧中被赋予重要的价值和意义，瑞吉欧认为儿童在与同伴的合作与交流过程中，可以获得许多的帮助和积极影响。儿童与同伴或者教师的沟通与交流可以通过多种形式进行。在相互间的沟通、交流与合作中，儿童可以更多地接受和倾听别人的观点，更为投入地参与到各项活动之中，完成工作。同时，儿童还可以学习如何与他人相处，提出自己的观点，倾听别人的意见。在相互观点的碰撞中，儿童的认知结构会发生迅速的变化，这些对于儿童的社会性、个性、认知、情感等多方面的内在品质产生积极的影响。

### 4. 突出儿童的主体地位

瑞吉欧的学习活动中，教师与儿童的关系是非常融洽的，与传统的教师中心相比，反差非常明显。儿童被确定为教育过程中的关键因素。他们的学习意愿、学习方式、学习结果都是由自己选择、决定的。教师的作用是教育的补充资源，是儿童学习活动的服务人员。教师的主要职责是参与儿童的活动，为他们提供建议，提供活动的主题和资源，但是这些提供的资源都是多元的，可供儿童自由的选择。儿童是最终的决定者。

### 5. 抓住教育的时机

瑞吉欧认为教师虽然并不是教育活动的主导者，但是他们可以为儿童提供适当的帮助和建议，教师在适当的时机可以有限度的参与儿童的活动，对于部分问题可以进行咨询和引导，和儿童一起越过障碍，保证活动的顺利进行。当然，前提是教师能够准确地把握教育的时机和介入的尺度。

### 6. 依托社区资源

布朗芬布伦纳的生态系统教育理论，对于瑞吉欧有着一定的影响。依托社区教育资源，为儿童提供适宜的发展环境是瑞吉欧的一大特点。瑞吉欧把社区看做是社会大生态系统的一个小系统，具备社会发展的基本要素，儿童的教育和发展需要社区的支撑，社区拥有一定的权利和义务向儿童提供帮助。协调儿童、家长、教师、社区之间的多元关系，为儿童的发展提供良好的生态环境（精神和物质双重环境）是瑞吉欧的基本要求。

## 二、瑞吉欧课程模式的体系

### （一）课程目标

瑞吉欧与其他教育方案和课程模式的鲜明差别之一就是没有明确的目标体系。瑞吉欧的课程目标是一种精神理念，但是并没有直接具体的分列清晰的条目。可以说，瑞吉欧是用一种精神理念在营造和运行教育方案。是一种"无为而为"的状态。在某种程度上讲瑞吉欧就是把生活当作学习的过程，儿童参与生活的每一个环节，他们所处的周围环境就是学习的内容。

当然，瑞吉欧的课程目标与教育目标还是有迹可循的。追求儿童的健康、快乐、幸福成长就是核心的理念。发展儿童的积极性、主动性、想象力、创造力、审美能力是主要的内容。

借助马拉古兹的观点，可以说明瑞吉欧的课程目标目标。

1. 在学校和社会间构建桥梁

瑞吉欧认为，当前社会发展与学校发展存在着脱离的现象。学校的发展速度落后于社会的发展。在这种情况下，教育和学校的任务就是帮助儿童适应社会发展的需要，同时缩小学校与社会发展之间的距离。

2. 保护儿童珍贵的童年

瑞吉欧认为儿童应当拥有属于自己的快乐童年，而时代和社会的发展，导致了儿童被动的接受社会的压力，使得儿童逐步像成人一样生活，失去了应有的童年。学校和成人需要做的事情就是尽量帮助儿童获得幸福、愉快的童年，减少因为外界因素影响而失去的童真和欢乐，保留儿童的自然天性和创造力。

瑞吉欧的课程目标具有鲜明的人文主义的色彩，强调人的价值和天性，认为人的价值实现和幸福生活是发展的第一要务。保证儿童能够更健康、更快乐、更幸福、更有创造力、更有发展潜力、更有主动构建认知的能力、更有好奇心和求知欲、更好地与他人相处、更好地创造属于自己的生活就是课程目标的核心价值追求。

### （二）课程内容

没有明确的课程目标也就直接导致瑞吉欧没有明确的课程内容。所谓的教材在瑞吉欧更是不存在。瑞吉欧从环境中寻找需要学习的内容，环境和社区的生活就是儿童学习的主要内容。生活中的现象、事物、问题、人都是儿童需要了解和学习的对象。儿童把大自然当作老师，把社区当作学习的"教材"，花鸟鱼虫、风雨雷电、风景建筑、社交礼仪、山川河流、声光电热等等都是儿童学习内容取之不尽用之不竭的源泉。

总结瑞吉欧的课程内容特点可以概括为：

1）没有固定的课程内容。

2）没有固定的教材活方案。

3）把日常生活作为设计课程内容的来源。

4）课程内容由儿童讨论决定。

### （三）课程组织与实施

瑞吉欧的课程组织与实施也同样有着鲜明的特点，通过所谓的"项目活动"或者"项目工作"开展教育活动，学习课程内容，实现教育目标。项目活动是瑞吉欧的核心内容，通过项目活动可以展示出瑞吉欧的精神内涵、价值追求和教育理念。

项目活动是指这样一种课程组织形式：儿童在教师的支持、帮助和引导下，像研究人员一样，围绕大家感兴趣的生活中的"课题"（"主题"或"题目"）或认识中的"问题"进行研究、探讨，在共同的研究探讨中发现知识、理解意义、构建认识。项目活动主要采取小组活动的方式，有时也有个人或全班集体的活动。

瑞吉欧的课程组织与实施过程存在着自己的特色和方法，包括以下几个方面。

#### 1. 弹性计划

弹性计划是指教师在进行项目活动之前只是设计活动、拟定基本的目标，这个目标是宏观上的计划，设定了大致的领域、方向、内容，但是具体内容和实施细节则是未知的。每一次的项目活动内容都是教师与儿童共同商讨和尝试，最终决定的。教师要根据儿童已有的知识经验和兴趣爱好，进行有意识的引导和建议，与儿童在探索中形成将要进行的活动主题。项目活动的一大特点就是没有详细的年计划、学期计划、周计划和每日活动计划。所有的活动主题都是在笼统的宏观的框架下进行生成性的、建设性的、探索性的活动中逐步形成的。因此，瑞吉欧的课程计划都是具有弹性的，可以根据具体情况随时调整和进行。当然课程计划具有弹性，并非意味着完全没有任何的主线或者依据，随意进行。每年瑞吉欧都会进行关于主题活动内容和方向内容的制定进行讨论，通过大会制定一些粗线条的主题方案和计划，至于具体实施则由实践活动去生成了。瑞吉欧的课程计划可以用他们自己的理解来描述：旅行的人使用指南针来寻找方向，而非搭乘有固定路线与行程的火车。

#### 2. 合作教学

合作教学是瑞吉欧课程组织中的又一鲜明特色。合作教学是指在项目活动过程中，教师与儿童之间是合作关系，双方共同商讨、探究，形成活动主题，然后把活动进行下去。这种合作关系使得双方的地位是平等的，类似于乒乓球运动。教师的作用被认为是"接住孩子丢过来的球",教师成为活动中的一员，既不是旁观者，也不是领导者，而是其关键作用的参与者。教师在项目活动中利用自己掌握的知识经验和技能在"接球"时可以给予儿童积极的回应，"对儿童的抛球、接球技巧予以引导和介绍，同时也可以一起制定比赛规则，讨论下一次的球赛如何进行等"。在实践活动中儿童可以通过教师的引导和建议，随时调整自己的活动，使得自己更好地进行研究，并获得愉悦的体验。

### 3. 档案支持

档案（documentation）作为瑞吉欧的项目活动记录，很好地支撑了活动的进行。档案的内容主要通过教师对儿童在日常生活和项目活动中的具体表现，他们的语言、动作、情感、个性、同伴交往、活动成果展示、成长轨迹等进行记录，并进行注释和说明，以此为依据，进行相关的建议和评论。档案的形式非常丰富，除了语言文字的记录外，还包括视频录像、图画、照片、实物、幻灯片等。这些档案是教师通过对儿童的了解和观察进行的有针对性的记录，不是任务，也不是例行公事，没有强制的意味；同时这些档案也不是对儿童"进行鉴定的评语"，而是教师之间以及教师和儿童之间进行交流和学习的一个文件，是沟通的桥梁，是共同工作的结果。

档案的作用包括以下几个方面。

（1）激发儿童的学习兴趣

档案通常装在一个小空间里，习惯称之为档案袋。教师可以根据具体情况把儿童的成长记录档案展示给儿童，儿童在阅读自己的档案时，会发现自己成长的轨迹，是一个"自我回忆"的过程，在回忆过程中儿童发现许多有趣的事情，他们会感到好奇、兴奋、有趣，同时伙伴间也可以互相阅读档案，发现彼此对于问题的看法和理解。对于新颖的观点和认识，可以激发儿童学习兴趣，积极参与探讨新的主题和实践活动。

（2）推动教师的教学

档案记录对于教师的教学有着巨大的帮助和支持作用。档案是教师基于对儿童的长期观察和了解的基础上进行的，本身就有利于教师对儿童特点的把握，可以为教师的教育教学活动提供最为直接和真实的第一手材料。同时，利用档案教师还可以反复地进行研究，更为深入地了解儿童，把生活和活动中的一闪即逝的瞬间变成可以反复观看、研究的记录，效果当然是不一样的。档案同样有利于教师间的交流与沟通，互相学习，抓住教育契机，更好地开展项目活动。

（3）调动家长和社区的参与积极性

瑞吉欧非常重视家长的作用，在活动中家长的参与、社区资源的参与是瑞吉欧活动的亮点。档案可以把儿童成长的轨迹直观地呈现在家长面前，使得家长可以把儿童在活动中的表现作为教育和引导的参考资料。家长面对儿童的表现可以更为客观、准确、直接地对儿童进行影响。档案记录的形式改变了以往家长只能关注到儿童在家庭中的表现，而缺乏儿童在活动中表现的了解，出现家庭与幼儿园教育"割裂"的情况。社区教育资源的投入和影响在档案中也可以得到直接的展现，让社区了解到自己发挥的作用，以及产生的教育效果，能够更好的调动社区参与。

#### 4. 深入研究

深入研究是项目活动的基本要求。瑞吉欧的项目活动强调的是研究，强调儿童的活动是课题一样需要进行系统、详细的研究的过程。每一项活动都不是蜻蜓点水似的从表面掠过，都要求进行深入而富有实效的学习。每一个项目活动都是一项长期、系统的工程，需要从不同的角度、层次去审视和探究。经过全面的探究和学习，最后形成关于该主题的"树状知识体系"，项目活动延伸的范围非常广，不是一条直线，而是发散式的立体辐射。

#### 5. 小组工作

小组工作是项目活动的主要工作形式，通常每个小组会有 3～5 名儿童，儿童在小组中互相协作完成活动。小组活动有利于儿童间的相互了解，学习合作的技巧和方法。瑞吉欧认为儿童在小组活动中可以互相影响，在认知碰撞中出现新的火花。形成新的研究主题和多元的视角，有利于儿童社会性的发展和个性的形成。每个儿童都是其他伙伴学习和参考的榜样，彼此间的影响对他们的共同成长都有积极的意义。

#### 6. 图像语言

瑞吉欧重视儿童的视觉表达，鼓励儿童运用图像来进行相互间的沟通和交流。图形表达的形式包括绘画、雕刻、泥塑、动作、表情、建筑、照片、手工作品等。瑞吉欧认为儿童喜欢用图像语言来表达自己的思维、情感、个性、兴趣等。利用这种途径儿童可以自由地进行记录，把自己的记忆、推断、理想、假设、观察等通过图像语言来展示。学前儿童的文字表达能力和表达习惯也许并不是最适合儿童进行研究的最好的工具。儿童的视觉表达工具是他们实现用一百种语言认识世界和表达内心的重要体现。瑞吉欧给予儿童自由表达的权利和机会，让儿童用自己喜欢的方式认识这个世界，让这个世界认识他们。

### 三、瑞吉欧课程模式的评价

瑞吉欧的项目活动课程模式适应了当前时代和社会发展的要求，用儿童喜欢的方式进行教育和探究活动，在世界范围内产生了积极而重要的影响，其成功之处在于能够正确的认识儿童，理解儿童，同时迎合了社会的需要，对于社区资源的利用也是它的一大特色。其中还有一点非常重要的就是对教师角色的定位，其中包含了丰富的内容。

1）教师是儿童的观察者。
2）教师是儿童的倾听者。
3）教师是儿童的伙伴与向导。
4）教师是儿童行为的记录者。

5）教师是工作实践的反思者。

瑞吉欧的幼儿教育体系和项目活动课程模式是一种海纳百川式的综合教育模式，是一种具有不断发展生命力的课程模式。在借鉴和采用瑞吉欧模式的同时，各个国家和地区需要从自身的实际情况出发，利用各种资源，创造出适合自己的发展模式，而不是僵化的照搬模仿，只有这样才能真正地学习到瑞吉欧的精髓。

# 第四节　加德纳的多元智能教育

## 一、加德纳多元智能课程模式的基础和基本观点

多元智能理论是由美国哈佛大学霍华德·加德纳教授（Howard Gardner）于1983年在其《智力的结构》（Frames of mind）一书中提出的。多元智能理论是关于人类智力结构的全新认识和理解，该理论的提出使得人们对于人类的智力结构打破了传统的单一思维模式，在许多领域产生了重要的影响，成为此后世界范围内有着重要影响的教学与课程改革的指导思想。多元智能理论对幼儿园课程的发展更是有着举足轻重的影响。

多元智能理论认为人类的智力除了以往认为的语言和逻辑思维之外，还包括更为丰富和复杂的内容。加德纳对"智能"一词所下的定义就是：智能是"在一定社会文化背景下，个体用以解决自己面临的真正难题和生产及创造出社会所需要的有效产品的能力"。加德纳认为人的智力结构是并列、平行状态的，没有一种能力是居于领导位置而影响其他能力的。多元智能理论认为人的智力结构包括主要八种能力：

（1）语言智能（linguistic intelligence）

语言智能是指个体用语言表达和欣赏评议深层内涵的能力。作家、诗人、记者、演说家、新闻播音员都显示出高度的语言智能。

（2）逻辑－数学智能（logical-mathematical intelligence）

逻辑－数学智能是指人能够计算、量化、思考命题和假设，并进行复杂数学运算的能力。科学家、数学家、会计师、工程师和电脑程序员都显示出很强的逻辑－数学智能。

（3）视觉－空间智能（spatial intelligence）

视觉－空间智能是指人们利用三维空间的方式进行思维的能力。这是航海家、飞行员、雕塑家、画家和建筑师所表现的能力。视觉－空间智能使人能够知觉到外在和内在的图像，能够重现、转变或修饰心理图像，不但能够使自己在空间自由驰骋，能有效地调整物体的空间位置，还能够创造或解释图形信息。

（4）身体－运动智能（bodily-kinesthetic intelligence）

身体－运动智能是指人能巧妙地操纵物体和调整身体的技能。运动员、舞蹈家、外科医生都是这方面的例证。

（5）音乐智能（musical intelligence）

音乐智能是指人敏锐地感知音调、旋律、节奏和音色等的能力。具有这种智能的人包括作曲家、指挥家、乐师、音乐评论家和善于领悟音乐的观众。

（6）人际交往智能（interpersonal intelligence）

人际交往智能是能够有效地理解别人和与人交往的能力。成功的教师、社会工作者、学员或政治家就是最好的例证。

（7）自我认识智能（intrapersonal intelligence）

自我认识智能是指关于建构正确自我知觉的能力，并善于用这种知识计划和引导人生。神学家、哲学家就是拥有高度的自我认识智能的典型例证。

（8）自然观察者智能（naturalist intelligence）

自然观察者智能是指观察自然界中的各种形态，对物体进行辨认和分类，能够洞察自然或人造系统的能力。学有专长的自然观察者，包括植物学家、庭园设计师等。

加德纳认为多元智能的成分实际上非常繁杂，除了上述的八种主要智能外，还有许多亚智能，这些智能从属于不同的宏观智能范畴。例如音乐智能可以分为演奏、作曲、指挥、欣赏等几种亚智能。

加德纳提出多元智能存在于每一个人的智力结构中，八种智能每个人都具备，但是由于个体差异的存在，使得每个个体的八种智能成分构成比例有着一定的差别。智能成分的差别决定了个体优势领域的不同以及认知方式、思维特点、人格个性等方面的差异。在后来的研究中，加德纳还提出了新的观点和假设，认为人的智能成分可以包括更多种，例如道德智能、精神智能等。加德纳的多元智能理论为教育领域提供了新的视角和研究方向，对于学前教育课程的影响非常深远，以多元智能理论为基础的课程模式成为当前幼儿园课程的主流之一。

### （一）儿童观

加德纳认为每个幼儿都有着巨大的潜力，他们的智能成分存在个体差异，只要寻找到适合个体差异的教育方式和内容，每个儿童都可以成为塑造的人才，取得优异的成绩。儿童的智能构成为其接受教育提供了前提和基础，而每个儿童的发展前景则各不相同。真正地了解和认识儿童就需要尊重个体差异，发现每个儿童的优势所在。

### （二）教育观

教育者在进行教育和引导时需要认真的发现和了解每个儿童的智能差异。提供适宜儿童发展的机会，做到因材施教、尊重个体差异，是多元智能理论的基本要求。针对当前的统一教育模式，多元智能理论坚持自己的观点，认为这样的方式忽略了个体差异，没有做到提供最适合的学习方式和内容，对于儿童的智能成分差异没有予以足够的重视，当前的教育模式不是最理想的模式，主张通过了解儿童，发现儿童，从而实现教育儿童。

## 二、加德纳多元智能课程模式的体系

### （一）课程目标

多元智能的课程目标主要包括三个方面的内容。首先，提倡每个儿童实现多方面和谐发展，对于儿童具备的多种智能进行引导，争取多种智能多得到有效的发展，并且彼此间和谐促进，共同进步。其次，注重优势领域的培养，由于个体差异的存在，每个儿童的优势领域各不相同，在进行教育引导时，需要设置具有针对性的课程目标，发展其优势领域，实现突出智能的发展。再次，提供适宜的学习方法，做到因材施教，因势利导。

#### 1. 促进幼儿多方面和谐发展

多元智能课程在建构上主要考虑以下几个方面，以促进幼儿多方面和谐发展：

1）提供一种既兼顾儿童发展个别差异性、又考虑儿童发展全面性的课程构架，寻找相对符合儿童兴趣和可以容许不同儿童共同学习的内容。

2）寻找各个发展领域的核心概念和核心技能，并将此有效地整合到课程目标内容中去，使儿童在学习中逐步掌握和发展这些领域概念和技能。

3）通过活动的方式来引导幼儿学习，尽可能地为不同需要的幼儿提供轻松自在的、合适的学习情境。

#### 2. 发挥每个儿童的优势

每个儿童的成长过程中都有属于自己的优势领域，在幼儿园教育活动中，教师应该根据儿童的优势领域进行积极的引导和帮助，利用各个单元不同类型的活动组织儿童运用各种符号与同伴、教师、他人进行互动。这里的符号实际上是指符合儿童特点、情趣、个性的多种表达方式，包括语言、图像、肢体运动、表情等。儿童利用自己的符号在活动中与他人进行交往，并通过交互活动来促进自身的优势得以发展。形成具有个性化、人性化的发展曲线，最终实现最优化发展。

#### 3. 因材施教

多元智能课程理念认为儿童的表达方式不同，互动需要借助的符号也有所差别，那么在进行引导和教育活动时需要为儿童寻找不同的方法，做到根据儿童的特点和兴趣实现有针对性的教育。

### （二）课程内容

多元智能课程的内容以八种智能为依据，通过设置不同领域智能的内容，并实现彼此间的有机结合，最后形成完整的学习内容体系。具体来讲，八种智能的课程内容包括以下几个方面：

#### 1. 语言智能

自由交谈、朗诵、讲故事、讲演、排图讲述，表达能力加强、敢于表现、词汇丰富。

**2. 数学逻辑智能**

点数、计数、运算、图形、排序、分类、时间，用数学解决生活中实际问题能力加强。

**3. 音乐节奏智能**

唱歌、打击乐、律动、倾听、发声，幼儿的节奏感、音乐表现力加强。

**4. 身体运动智能**

舞蹈、操作物、体育、社会实践、户外活动，幼儿动手能力、身体协调力、耐力加强。

**5. 空间方位智能**

图形表现、棋类、卡片游戏、建构拼图，建构的水平有提高。

**6. 人际交往智能**

合作、冲突处理、服务学习、体验差异，幼儿的合作、解决问题能力提高。

**7. 自知自省智能**

写作、绘画表达、他评、自评，能用多种形式表达自己的情感。

**8. 自然观察智能**

观察能力、察觉关系，自然学习兴趣、观察方法提高。

**（三）课程组织**

多元智能课程的组织主要通过区域活动、主题活动的形式展开。利用生活化的场景模拟和再现，引导儿童在活动中进行体验和建构，最终获得不同领域智能的发展，尤其是促进优势领域的发展。

**1. 区域活动**

多元智能课程通过设置不同类型的活动区进行课程组织和实施。教师根据儿童的兴趣和需要，结合本地的实际情况，因地制宜地进行活动区的设置。每个活动区进行有针对性的材料投放。投放的材料包括各种游戏道具、生活用品、自制玩具材料等。儿童根据自己的兴趣和爱好，自主选择活动区，在活动区中有儿童自己商讨游戏和活动的形式、内容、方法等。教师在活动区中扮演着参与者、引导者、合作者、评价者等角色。

组织活动时儿童拥有较大的自主权，教师充分尊重儿童的主体地位和兴趣需要，避免进行过多的干涉。当儿童有需要时，教师才会参与其中，提供建议和意见。但是教师不能代替儿童进行活动的设计和组织。

**2. 主题活动**

主题活动是多元智能课程的另外一种重要的课程组织形式。教师通过参与活动，与儿童共同寻找并确定活动的主题，然后设计主题活动的网络，根据网络的不同分支设计具体的活动形式和内容。利用多种活动形式（操作、绘画、朗诵、建筑游戏、参观、模仿等）进行组织和引导，实现教育目标，促进儿童多种智能的共同发展。

### 三、加德纳多元智能课程模式的评价

多元智能课程模式为幼儿教育提供了新的视角和方法。通过对儿童的智能构成进行分析，多元智能模式为每个儿童都提供了足够的机会和空间。改变了以往儿童发展的单一模式，造成许多儿童的个性发展不能实现。在一定程度上实现了因材施教的理想。多元智能课程的组织对教师的要求较高，需要教师准确把握活动组织的原则和尺度，并且对儿童的个性、优势领域等有较为全面的认识，进行科学的评价和引导。

## 第五节　皮亚杰主义的认知课程理论及方案

### 一、皮亚杰的认知发展理论要点

皮亚杰作为日内瓦学派的创始人，提出了在世界范围内影响深远的认知发展理论。皮亚杰的认知发展理论在学前教育领域的影响尤为深刻，可以说由于该理论的提出，引发了学前教育理论和实践上的革命。发生认识论从一个全新的角度阐述了儿童智力起源的机制和规律，为学前教育的理论基础提供了新的支撑，同时也为学前教育实践拓宽了途径。学前教育课程从发生认识论中汲取了丰富的养分，设计出富有开创性和时效性的课程模式。由于皮亚杰的认知发展理论迎合了社会发展的需要，也从一定程度上揭示了儿童心理发展的特点和规律，在世界范围内逐步成为学前教育领域最具影响力的课程指导思想之一。其理论要点包括三个方面的内容。

#### （一）强调儿童认知发展的主动性

皮亚杰认为儿童的学习过程是一个积极的主动的构建过程。在儿童的学习过程中，儿童内容的认知结构通过与外界环境的交互作用，在已有的认知基础之上形成新的、更为完善的认知结构。皮亚杰把儿童的认知发展过程分为几个核心的要素和环节。认知发展理论包括图式、同化、顺应、平衡四个要素。这四个要素构成了认知发展的基本条件。首先，图式是指儿童在学习新知识之前，内部已经具备的知识体系，是学习相关知识经验和技能的基础。而同化则是指一种认知结构发展变化的过程和状态，主要是指外部的信息刺激输入到已有的知识体系之中，可以简单地理解为信息获取的过程。而顺应则与同化相对应，是指内部原有的知识体系，也就是图式进行自我调整和改变，以适应外界现实，这是一种内部主动调节的过程。平衡则是指认知结构与现实保持适应的状态。也可以理解为通过同化和顺应的作用过程，使得儿童的认知结构能够理解和接受自身所处的外部环境，能够用自己的知识体系解释外部世界的现象和规律。

虽然这些理解和认识并不一定完全正确，甚至是错误的。

平衡的状态并非是静态的，它是一种动态的平衡过程，是一种螺旋式上升的过程。一个阶段的平衡形成后，此时所具备的认知结构就成为了下一个阶段认知结构形成的图式基础，然后经过同化、顺应的过程，达到新的平衡，依次形成循环往复的发展过程。在这种认识基础上，学前教育的教学理论也发生了变化，认为传统的灌输式教学很难推动儿童内部认知结构的改变，无益于儿童认知的发展。因此，反思并抛弃以往灌输式教学的模式，开始追求和倡导主动学习。

### （二）重视操作活动和游戏的作用

皮亚杰的认知发展理论的核心内容之一就是强调儿童内部认知结构与外部环境进行交互作用，而这种交互作用则是儿童智力的起源，是认知发展的动力。因此，皮亚杰特别重视儿童的活动，重视与外界环境的交互作用。儿童与外界的交互作用的主要形式则是操作活动和游戏。皮亚杰认为教学活动的重点就是创造适宜的条件——好环境，引导儿童与外界进行交互作用，从而促使儿童学习的积极性、主动性得以发挥。

操作活动和游戏是儿童智慧的源泉，课程设计时一定要考虑到环境的创设以及活动的安排。皮亚杰认为学习的过程主要是促使儿童内部的认知结构发生变化，而不是知识经验的复制性积累。如果儿童只是单纯的从外界被动地接受他人的知识经验，那么自身的认知结构并没有发生实质性的改变。因此，学习的目的并没有达到，只有儿童亲身经历，通过实际活动或过程，才能掌握相关的内容。简单地说，就是儿童通过操作活动或者游戏，发现问题、解决问题、获得答案的过程才是真正意义上学习的过程，这样有亲身实践的过程才有助于儿童内部认知结构的改变，促进智慧的发展。

### （三）重视儿童的年龄特征和个体差异

皮亚杰重视儿童的年龄特点和个体差异在学习过程中的影响。皮亚杰认为儿童的认知发展具有一定的阶段性特征，同时在学习过程中个体差异是个非常重要的影响因素，传统的教学模式忽视了儿童的认知特点和学习方式，并且没有认真的思考儿童个体差异。因此，传统教学和课程都存在着一定的弊端和不足。学前教育界把皮亚杰"重视儿童的年龄特征和个体差异"的观点作为依据，提出了课程设计和实施遵循的准则，并提出了具体的要求：课程内容和指导方法尽量适应幼儿的自然能力和限度，不人为的加速发展。这里的所谓对儿童自然能力和限度的适应，既包括对儿童发展的一般年龄特征的考虑，也包括个别差异的关注；既包括使新的学习内容有利于儿童以原有经验和认知方式为基础同化之，也包括提供适当超前的认知向高一级水平的发展。

## 二、皮亚杰的认知发展理论对幼儿园课程的指导意义

皮亚杰的认知发展理论对幼儿园课程的指导意义表现在理论和实践两个方

面。在理论方面，认知理论为幼儿园课程的设计和制定，提供了理论支撑，阐释了不同的儿童观和教育观。从儿童的认知发展阶段、年龄特征、个体差异等方面，论述了幼儿园课程设置的基本原则，同时也为课程目标的价值取向确定、课程内容的选择、组织实施的方法以及评价的依据标准等提供了宏观的指导。认知发展理论的提出，对于幼儿园课程整体的完善和发展拓宽了视野，填补了空白。在实践方面认知发展理论对于幼儿园课程的具体指导也非常明显，出现了许多种以此为理论基础的具体课程模式，支撑着幼儿园的教育活动，并扮演着重要的角色。

## 三、皮亚杰主义认知课程方案

皮亚杰的认知发展理论对学前教育课程的影响非常深刻，由于认知发展理论只是作为一个宏观指导原则被引入到学前教育课程领域，具体的理解和实践有着一定的差别，由此为理论基础的课程模式也非常之多，主要的课程模式代表包括戴维·韦卡特创立的海伊/斯科普（HIGH/SCOPE）课程和以凯米为代表的凯米—德芙里斯课程。

### 戴维·韦卡特的海伊/斯科普（HIGH/SCOPE）课程模式

海伊/斯科普课程模式是美国著名儿童心理学家戴维·韦卡特于20世纪60年代创立的一种以皮亚杰的认知发展理论为主要理论基础的幼儿园课程模式。该课程模式被认为是皮亚杰认知发展理论课程模式的典型代表，在世界范围内产生了重要影响。海伊/斯科普的课程模式注重儿童认知能力的发展，强调通过关键经验的获得，促进认知结构的改变和完善。在教育观方面主张以"主动学习"为核心，通过主动学习促进儿童认知、情感、社会性等方面的协调发展。

## 一、课程目标

海伊斯科普的课程目标是以关键经验为依据制定的，经过不断的补充完善，课程目标可以归结为10类53条关键经验。

### （一）创造性表征

通过五官认识物体
模仿各种动作和声音
将模型、图片、照片与实地、实物联结

### （二）语言文字

与别人分享具个人意义的经验
描述物体、事件与关系
享受语言：听故事书、编故事等
用不同的方式书写：画画、涂鸦等

用不同的方式阅读：读故事书、符号，表征自己所书写的东西

听写故事

## （三）自主与社会关系

做选择、计划和决定并将之表达出来

解决游戏中所遇到的问题

照顾自己的需要

用语言将自己的感受表达出来

参与团体例行活动

能敏感察觉到别人的感受、兴趣与需要

建立与成人和同伴间的关系

创造和体验合作性游戏

处理社会性冲突

## （四）运动

原地运动

发生位移的运动

带着器械的运动

以创意方式运动

叙述运动

依指示运动

感受节奏并能将节奏表达出来

## （五）音乐

律动

探索与辨认声音

探索歌声

发展旋律

唱歌

## （六）分类

探索与描述事物的异同与性质

分辨与描述形状

分类与配对

用不同的方式去运用与描述事物

同时注意到一种以上的属性

分辨"一些"与"所有"

描述某些事物所没有的性质

## （七）排列

属性的比较（较长/较短；较大/较小）

将一些事物依序排列，并叙述其间的关系

经由尝试错误，进行两个序列的配对

## （八）数

比较两组事物的数，以决定是"较多"、"较少"、还是"一样的"

一对一配对

数物品

## （九）空间

填满与倒空

将事物加以组合或拆开

改变物体的形状与排列

从不同的空间观点去观察人、地方与事物

从不同的空间去经验、描述位置、方向与距离

解释绘画、图片与照片里的空间关系

## （十）时间

根据信号，开始和结束一个动作

经验与描述运动速率

经验与比较间距

预测、记忆、描述时间的顺序

# 二、课程内容

海伊/斯科普的课程内容采用开放教育的形式进行安排和设置，没有明确的内容体系。课程内容以"关键经验"为主线，通过创设适宜的环境把"关键经验"的内容渗透到环境之中，从而保证儿童在与环境的相互作用中获得所需的经验。

## （一）活动区

教师创设的环境可以根据内容和特点进行分类，主要包括：积木区、娃娃家区、音乐区、美工区、木工区、读写区、玩具区、沙水区、动植物区、户外活动区、安静区等。借助于这些活动区，儿童可以通过主动的探索和发现，可以进行操作、比较、搭建、创作等各种活动，并且在活动中可以彼此间进行合作和交流，在此基础上促进个性和社会性的发展。活动区可以帮助儿童获得认知和社会性经验，促进儿童健康发展。

例如在积木区，为儿童提供了多种建筑材料。材料可以根据幼儿园的实际

情况进行添加和设置，可以进行购买，也可以利用废旧材料，把纸盒、木块、铁丝、易拉罐等材料进行加工和改造变成有用的材料。儿童在积木区中选择自己喜欢的材料进行搭建和创作。在活动中儿童需要考虑到空间关系、平衡关系、数量关系、需要与同伴进行合作、需要进行分类和比较等各种相关的经验，这些经验就是儿童在活动区中获得的"关键经验"，为儿童的发展提供帮助。

### （二）主动学习

在课程内容的选择制定过程中，主动学习也是一项重要内容。海伊斯科普课程中"主动学习"并不是指一种学习状态，而是指一种关键经验。其内容包括：

运用所有的感官主动地探究；

通过直接经验发现事物之间的关系；

操作、转换和组合各种材料；

选择材料、活动和目的；

掌握使用工具和设备的技能；

进行大肌肉活动；

自己的事情自己做。

主动学习是一个动态的过程，不是固定的模式，在儿童认知和社会性发展的基础上，不断演变。借助于成人的支持和材料、操作、选择、儿童言语表达等要素的支撑共同成为儿童主动学习的必要条件，为儿童的主动学习所需的环境创设提供了规定性。

## 三、课程组织与实施

### （一）课程组织

海伊/斯科普课程组织与实施过程主要通过各种活动形式进行，借助这些活动形式，可以把"关键经验"有效地传授给儿童。根据关键经验的类型和内容，海伊/斯科普课程组织形式包括活动区自主活动、小组活动与团体活动三种。

#### 1. 活动区

活动区自主活动是儿童进行自主组织的活动过程，整个过程包括计划、工作、收拾整理、回顾四个环节构成。在自主活动中，儿童根据自己的兴趣、爱好、能力、材料等在教师的指引下，自行设计活动内容、方法。在自主活动中儿童可以自由地进行各种尝试活动，进行自主学习，获取"关键经验"。

#### 2. 小组活动

小组活动是由5~8名儿童共同参与，集体进行的活动。在小组活动中活动内容和材料以及方法等都是经过精心组织和选择制定的。教师在活动中的参与程度较高，起着积极的指导作用，有着明确的教育目标，把促进儿童获取某种"关键经验"作为主题。在小组活动中儿童在明确的课程内容框架之下，通过开放性的活动进行探索和尝试，获取"关键经验"。

### 3. 团体活动

团体活动是由全班的儿童共同参与的活动，活动的形式包括唱歌、跳舞、运动练习、手指游戏、语言活动等多种形式。团体活动的作用主要包括为儿童提供相互间交流、模仿、合作的机会，促进其个性、社会性的发展，让儿童更为全面、客观地了解别人的想法和感受，对自我有一个清晰的认识。

### （二）课程实施

海伊/斯科普课程的实施过程主要通过幼儿园一日生活计划表来安排。一日生活的时间段包括计划时间、操作时间、整理时间、回忆时间以及小组活动时间、户外活动时间、团体活动时间等。在一日8小时左右的生活计划表中，安排了详尽的活动内容，保证课程实施过程顺利进行。生活计划表包括两种形式：半日制和全日制。

半日制幼儿园一日生活表：

8：30～8：50　计划时间

8：50～9：45　操作活动时间

9：45～10：00　整理和打扫时间

10：00～10：30　回忆、点心和小组活动时间

10：30～10：50　户外活动时间

10：50～11：10　团体活动时间

11：10～11：20　离园

全日制幼儿园一人生活时间表：

上午：

7：30～8：30　当幼儿进入教室后，教师和他们制订计划，帮助他们进行一个短时间的操作活动

8：30～9：00　早餐和刷牙

9：00～9：20　计划时间

9：20～10：30　操作活动时间和整理打扫

10：30～10：50　回忆时间

10：50～11：20　户外活动时间

11：20～11：45　团体活动时间和午饭准备

11：45～12：30　午餐

下午：

12：30～1：30　午睡，幼儿午睡或躺下来安静地看书

1：30～2：15　小组活动和点心时间

2：15～4：00　幼儿离园，教师和留下的幼儿制订计划，这些幼儿在活动区活动一直到离园

## 四、教师角色

教师在海伊/斯科普课程中扮演的角色是多重的，作为儿童自主活动和学习的支持者——教师需要为儿童的活动提供直接而恰当的帮助。首先，教师需要为儿童提供适宜的环境，教师设计的环境要符合儿童的心理需要，激发儿童的活动兴趣，使得儿童在环境中能够感受到安全、舒适、勇于尝试和探索；其次，教师需要发现儿童的兴趣点，并以此为依据，与儿童一起制定活动计划；再次，教师要与儿童建立良好的伙伴关系，与儿童进行真诚的交流，共同活动。教师角色归纳起来主要包括以下几种角色：活动参与者、倾听者、观察者、指导者、反馈者。

# 第六节 国外幼儿园课程发展趋向

## 一、幼儿园课程发展的机遇与挑战

### （一）幼儿园课程发展面临的机遇

幼儿园课程发展在世界范围面临着新的机遇，随着时代的发展，社会的进步，在教育领域和社会领域人们逐渐认识到学前教育的重要性，越来越多的社会资源开始投入到幼儿园课程研究和应用的领域。政府和民间开始在政治、经济、文化等领域给予更多的关注和支持。

#### 1. 政治方面的机遇

西方社会中民间和政府方面都有把学前教育纳入民生事业范畴的意愿，希望把学前教育作为一项社会福利和保障事业，因此各个方面都非常重视，民间和政府的行为都比较积极，部分发达国家和地区还通过教育立法、赠送入学券、提供资金、培训教师等方式进行支持，提供了较为稳定的保障，以上的外界保障为幼儿园课程研究提供了良好的空间和物质基础，客观上推动了幼儿园课程研究的发展。

#### 2. 经济方面的机遇

西方国家的经济发展水平整体较高，为幼儿园课程的发展和研究提供了坚实的基础，充足的经费使得各种实验、探索活动得以顺利进行，研究人员能够长期稳定地从事相关工作,对于幼儿园课程发展的探究活动可以全身心的投入。

#### 3. 文化方面的机遇

多元文化并存的社会是进行学前教育和幼儿园课程发展研究的重要推动力。随着经济文化等方面交流的日益频繁和深入，大量移民以及民族融合等现象使得西方国家的多元文化发展并存现象逐步凸显。而不同民族、地区、文化的相互影响，为学前教育的理念、方法以及幼儿园课程的研究与应用提供了绝佳的参考与借鉴，推动了相关研究工作的迅猛发展。

## （二）幼儿园课程发展面临的挑战

### 1. 来自未来的挑战

作为社会教育的起点，学前教育承担着巨大的责任和义务，发挥着无可代替的作用与功能，在培养适应社会发展的人，推动社会发展的人，引领社会发展的人的问题上，其意义和影响毋庸置疑。而当前的学前教育理念和方式与社会发展之间存在着客观的差距，如何发挥学前教育的功能和作用，需要从幼儿园课程改革入手，幼儿园课程面临着来自社会未来发展的压力和挑战，在多元文化、信息化、个性化等发展特征下，幼儿园课程的发展方向和路径并非坦途。

### 2. 来自科学技术的挑战

进入信息时代后科学技术的迅猛发展，向整个教育提出了挑战，教育的目的和意义由此也开始发生了重大的变化，从知识的储备到学习方法的掌握的转变，成为最主要的教育理念之一。培养学习者的学习兴趣，引导学习者掌握学习的方法，激发学习者的潜能，塑造属于自己的个性，形成健全的人格成为具体的目标。幼儿园课程的发展也由此出现了迥异以往的转变，同时也面临着极大的挑战，如何从保育向教育转变，如何利用有限的资源进行有效的引导教育，寻求适宜的教育方法和途径成为幼儿园课程研究的焦点。

### 3. 来自社会关系变化的挑战

学前教育的发展是根植于其所生存的社会文化土壤的，伴随着整个社会关系的变化，导致了学前教育的相应转变。社会关系的变化主要体现在：第一，教育理念的发展进步，心理学等相关学科的不断发展为学前教育的发展提供了新的观点；第二，哲学思潮的影响，后现代主义、人本主义等思想对儿童发展和学前教育提出了自己的观点；第三，社会群体构成的变化，多元文化的碰撞、融合，社会阶层比例的变化等都是影响学前教育发展的重要因素。以上的各种因素直接向幼儿园课程的发展提出了挑战，推动幼儿园课程寻找科学的发展方向和途径。

## 二、国外幼儿园课程发展的趋向

### （一）幼儿园课程的跨文化发展趋向

跨文化发展趋向也可以称之为多元文化发展趋向。由于全球化发展趋势的日渐凸显，培养具有国际视角，适应多元文化冲击，具有包容意识，和谐共处的新"世界人"成为了学前教育的重要目标，而幼儿园课程的发展趋向正是以此目标作为指导思想的。例如日本的教育目标就提出培养"具有世界视野的日本人"等。幼儿园课程的设置和运行过程中，国外的幼儿园开始注重通过有意识的渗透和安排，逐步向幼儿传递多元并存的文化意识，懂得尊重和理解其他国家、地区、民族的文化习俗、民族传统等内容，认识到自身的生活方式和理念与他人是有差异的，应该互相尊重和理解。

### （二）幼儿园课程的信息化发展趋向

幼儿园课程信息化发展趋向主要是从课程运行模式的角度进行分析的，由于信息技术在整个教育领域和生活领域的广泛应用，使得幼儿园课程与信息技术和信息理念之间的联系日益频繁，信息化成为了国外幼儿园课程发展的又一显著特征。广泛运用多媒体等信息手段进行引导教育，成为一种趋势，并且取得了较为理想的效果，许多国家开始加大教育领域信息化的力度，争取早日实现信息化教育，保证儿童能够适应信息化时代，引领信息化时代。

### （三）幼儿园课程的综合化发展趋向

综合素质成为当前教育领域对于学习者考核的主要标准，理想的学习者不仅要具备系统的文化知识储备，更为重要的是拥有善于解决问题的思维，培养综合化发展的学习者是整个教育领域的共识，学前教育的培养目标也同样认同这一点。由此，在幼儿园课程的设置和安排上，幼儿园开始利用学科交叉、知识渗透、问题解决的方式，进行引导和教育，通过提供"问题情境"，或者引导儿童自己发现问题，利用掌握的知识进行分析、判断、假设等综合方法实现问题解决。改变以往僵化的"学科课程模式"，逐步探究"融合课程模式"、"综合课程模式"、"整合课程模式"等多种类型的课程，努力实现学会学习、学会生存、学会创造。

### （四）幼儿园课程的本土化发展趋向

本土化发展趋向是相对于跨文化发展来讲的，由于多元文化的发展趋势迅猛，出现了"强势文化对于弱势文化侵袭"的现象，热爱并继承本民族和国家的传统文化成为教育的重要议题。国外学前教育领域非常重视传统文化的教育，保持自身的文化基因和特色，努力使儿童认识到传统文化的宝贵和独特。幼儿园课程把讲述传统文化、民族文化、国家文化等内容作为课程的重点之一，并引导幼儿形成保留并向外弘扬传播传统文化的意识。

### 本章小结

本章介绍了国外具有代表性的幼儿园课程模式，主要内容包括 6 个问题：福禄贝尔课程模式、蒙台梭利课程模式、瑞吉欧课程模式、加德纳的多元智能课程模式、皮亚杰课程模式、国外幼儿园课程发展趋向。

基本要点包括：

福禄贝尔的恩物与作业是其幼儿教育的主要内容和途径，其特点是首次通过较为完整的操作——"游戏"进行引导和教育，极大地激发了幼儿的兴趣和积极性，在幼儿园课程历史上开创了先河，成为"幼儿园之父"。提出恩物与作业，列出八种教育内容，首倡游戏教学是福禄贝尔课程模式的主要特点。

蒙台梭利作为历史上第一位著名的女性幼儿教育专家，创造性地构建了具有鲜明特点的课程模式，包括日常生活、感官教育、数学教育、文化科学教育、语言教育等主要内容，提出了儿童心理发展的阶段性与敏感期。

瑞吉欧课程模式可以说是最具有代表性的社区幼儿园教育模式，利用成熟的社区，特有的文化传统，重视学前教育的理念，利用"项目活动"，开展各种活动，实现了儿童的主体地位，突出了"弹性计划、合作教学、小组活动、观察记录、多种形式表现"等多种教育手段。教师成为幼儿的朋友，成为教育活动中的参与者、观察者、指导者、倾听者。

以加德纳的多元智能理论为基础的幼儿园课程模式从尊重每一个儿童的个性、天赋、潜力出发，力图寻找适合每个儿童发展的教育方式。通过语言智能、数学—逻辑智能等八种基本技能为基础，探究出"区域活动"、"主题活动"等形式的课程，使得幼儿园课程模式出现了新的发展方向。

皮亚杰主义的认知理论课程方案以戴维·韦卡特的海伊/斯科普（HIGH/SCOPE）课程模式为代表，提出了 10 大类共计 53 条的"关键经验"作为促进儿童认知能力发展的"知识主线"。围绕关键经验展开小组活动、团体活动，通过计划—操作—回忆三个环节进行，完成一日活动，教育活动并没有固定的方案或者框架。

国外幼儿园课程发展趋向主要是从幼儿园课程面临的机遇与挑战、未来主导理念的角度出发，探究在信息化时代到来的时刻，幼儿园课程发展的价值取向和目标追求，为国内的幼儿园课程发展提供参考和借鉴。主要趋向包括跨文化发展、信息化发展、本土化发展、综合化发展。

## 思考与练习

### 一、名词解释

项目活动　恩物　合作教学　智能　海伊斯科普模式　作业

### 二、简答题

1. 试述福禄贝尔课程模式的教育方法有哪些。
2. 试述蒙台梭利教育包括哪些内容。
3. 试述瑞吉欧课程模式中的儿童观内涵包括哪些内容。
4. 蒙台梭利教育方法有哪些？
5. 海伊斯科普课程模式的组织形式有哪些？
6. 国外幼儿园课程发展趋向有哪些？
7. 试评价蒙台梭利的学前教育课程思想。
8. 结合本章内容试论述幼儿园教师的角色应该包括哪些方面。

### 三、应用题

根据项目活动设计一次主题活动。

# 第七章

## 国内幼儿园典型课程

在长期的教育理论和实践的发展过程中，我国产生了一大批有影响的学前教育专家。他们中的很多人，通过多年教育理论的探讨和长期教育实践的积累，总结出了很多符合中国实际情况的课程理论和思想，这些思想观点不但兼顾到了学前儿童身心发展和学习的特点，而且在吸收国外先进学前教育课程论思想的基础上，真正符合了当时中国学前教育实践的需要。其中，以陈鹤琴、张雪门、张宗麟为其优秀代表。本章试图在详细分析三位教育家学前教育课程论思想的基础上，归纳出我国目前学前教育课程的发展趋势，以期对蓬勃发展中的中国学前教育课程在理论和实践层面上以有益启迪。

## 第一节　陈鹤琴的"五指活动"课程

陈鹤琴（1892～1982），浙江上虞人，是我国现代教育史上杰出的教育家、儿童心理学家、儿童教育专家，我国现代幼儿教育事业的开拓者。陈鹤琴先生早年毕业于清华学校，后于1914年赴美国留学，先后师从克伯屈、孟禄、桑代克、罗格等著名教授。1919年8月回国，执教于南京高等师范学校，讲授教育学、心理学等课程。1923年，陈鹤琴在南京创办了中国第一所幼稚园——南京鼓楼幼稚园，任园长，不久又建立了中国第一个幼教实验中心，在幼稚园教具、教材、教法等方面为国民政府教育部于1932年颁布的《幼稚园课程标准》提供了基础。他对当时国外幼儿教育课程充斥中国幼教事业的现状极为不满，与张宗麟等人一起进行了幼稚园课程中国化、科学化的探索，并在此基础上提出了"活教育"思想，在其中重点阐述了具有独创性的幼稚园课程结构的"五指活动"理论，极大推动了中国幼稚园课程的发展。陈鹤琴在谈到中国幼稚教育西方化的问题时指出，中国应该建立适合中国国情的幼稚园教育。为此他在《我们的主张》一文中，提出了幼稚园发展的15条主张，其中涉及到幼稚园课程的目标、内容、方法、组织原则等等，就课程结构而言，他认为幼稚园课程结构应该以"五指活动"为基本成分。所谓的"五指活动"课程，是指陈鹤琴以人的相连五指比喻课程内容的五个方面，并以此说明他的五指活动课程的特征，即：五个方面的课程内容虽各有特色，但是却注定相互联系、相互影响，并且独立中蕴含整体性。

## 一、课程目标

教育目标是一切教育活动的方向，他引导着人们去选择恰当的教育行为；同时，教育目标也是制定课程目标的理论依据，他对课程内容的选择和课程的具体实施具有规范和约束作用。陈鹤琴先生指出，儿童、教师和教材是教育的三大要素，作为教师，首先要充分了解儿童的个性特点，期望他们成长为怎样的人，然后选择适合的教材，使用恰当的教育方法，以达到所希望的目的。为此，他在充分考虑中国国情实际需要和儿童身心发展特点的基础上，提出了"五指活动课程"的具体目标。他指出，教育目标首先要解决"做怎样的人"的问题，在引导儿童做人方面，培养出的人应该具有"协作精神，同情心和服务他人的精神。"在身体方面，"应有健康的体格，养成卫生的习惯，并有相当的运动技能。"在智力方面，"应有研究的态度，充分的知识，表意的能力。"在情绪方面，"应能欣赏自然美和艺术美，养成欢天喜地的快乐精神，消泯惧怕情绪。"

## 二、课程内容

陈鹤琴认为，书本上的知识都是间接的、形式化的，只有大自然、大社会才是知识的真正来源，是儿童学习的活教材。为此，他打破了按照学科编制幼稚园课程的方式，以大自然、大社会为中心选择和组织课程内容。"五指活动课程"主要包括以下几个方面的课程内容：

健康活动：静养、饮食、睡眠、早操、游戏、户外活动、散步等。

社会活动：升降旗、朝夕会、周会、纪念日、集会、每天的谈话、政治常识等。

科学活动：栽培植物、饲养动物、研究自然、认识环境等。

艺术活动：音乐（唱歌、节奏、欣赏）、图画、手工等。

语文活动：故事、儿歌、谜语、读法等。

关于"五指活动课程"内容的选择，陈鹤琴指出，幼稚园的课程内容要与幼儿的实际生活相结合，以"五指活动"来规定课程的内容。五指"是生长在儿童的手掌上的，……这是指要注意儿童心理和生理的发展，但是不脱离社会实际，领导儿童做合理的活动，予以适当的教养。"

由以上可见，"五指活动"基本涵盖了幼儿生活的方方面面，五指是活的，可以伸缩、互相联系。因此，教师在预设课程时没有必要硬性要求每个领域都平等地安排相应的内容，不同的活动单元可以根据实际需要有不同的侧重。为此，"五指活动课程"对五种活动又有所侧重。例如，他认为健康活动是第一位的，因为强国强身必须首先从重视幼儿的身体素质做起。又比如，他认为幼稚园课程应该特别重视音乐，因为音乐可以陶冶儿童的性情，鼓励儿童进取，发展儿童欣赏美和创造美的能力。虽然可以有所侧重，但是课程本身是整个的、连贯的。就像人的五指生长一样，新的组织在已有的基础上生发出来，并共同构成新的结构，因为接受了相对完善的教育，儿童也因此变得更加完善。

## 三、课程编制原则与方法

1951 年，陈鹤琴发表了《幼稚园的课程》一文。在这篇文章中，他批判了欧美国家所实行的完全从儿童出发、缺乏系统性的单元教学的课程编制模式，提出了适合我国国情的幼稚园课程编制应遵循的十大原则，具体包括：①课程的民族性，即课程应该是民族的，不是欧美的；②科学性，即课程应该是科学的，不是封建迷信的；③大众性，即课程应该是大众的，不是资产阶级的；④儿童性，即课程应该是儿童化的，不是成人化的；⑤连续发展性，即课程应该是连续发展的，而不是孤立的；⑥现实性，即课程应该符合实际需要，而不能脱离现实；⑦适合性，即课程应该适合儿童身心发展，促进儿童健康；⑧教育性，即课程应该培养儿童的五爱、国民公德和团结、勇敢等优良品质；⑨陶冶性，即课程应该陶冶儿童性情，培养儿童情感；⑩言语性，即课程应该培养儿童的说话技能，以表达自己的情感和思想。

关于课程编制的十条原则，陈鹤琴比较详细地侧重阐述了其中的几条原则。他指出，编制课程的第一个原则应该是民族的，而不是欧美的。他为此批评当时的中国幼稚园课程基本都是美国式的："幼稚生听的故事是美国的故事，看的图画是美国的图画，唱的歌曲是美国的歌曲，玩的玩具、用的教材，也有许多是从美国来的。就连教学法，也不能逃出美国化的范围。这并不是说美国化的东西是不应当用的，而是因为两国国情上的不同。""要晓得我们的小孩子不是美国的小孩子，我们的历史、我们的环境均与美国不同，我们的国情与美国的国情又不是一律。"因此我们应该充分运用本国的教育资源。"例如选取诗歌，我国古诗合于儿童经验的确是很少，但是童谣、儿歌，各省很多，其中大半是儿童口吻的，我们能够加一步删改取舍的工作，不是很好的教材吗？又如音乐的器具、钢琴、留声机，确实能启发儿童爱好音乐，养成欣赏音乐的观念，但是我国固有的乐器，如琵琶、笙、箫、古琴之类，又何尝没有同样的价值呢？"所以，课程编制应该符合中国国情，要在吸收国外先进课程理念的基础上，形成具有中国特色的幼稚园课程。

课程编制还要适应儿童的需要。陈鹤琴强调幼儿教育的课程一定要适合幼儿的心理、兴趣和爱好，根据幼儿的特点来设置课程。他指出，儿童具有好游戏、好模仿、喜好成功、喜欢野外生活、喜欢称赞等心理特点，因此课程设置要充分考虑儿童身心发展的要求，以促进儿童的健康，真正体现课程编制科学性、儿童性、适合性的特点。

课程编制还要具有教育性、连续发展性。陈鹤琴认为，课程编制应该以培养儿童的优良品质为出发点，为此幼稚园课程要处处充满教育的意味。同时，他还指出人的一生是一个连续的过程，儿童所受的教育应该体现出动态的发展趋势，因此幼稚园课程编制应该具有连续发展的特点。

陈鹤琴在课程编制原则的基础上还提出了三种课程编制的具体方法，即圆周法、直进法和混合法。课程编制原则一般来讲还是比较宏观的，有较强的指导性但是可操作性差，而课程编制方法则具有较强的可操作性。具体来讲，一是圆周法，"就是各班预定的单元相同，研究的事物也相同，不过取材内容随着儿童年龄的不同而分别予以适当的教材和分量。"也就是说，各班的主题相同但是具体要求由浅入深，根据儿童年龄来具体执行。二是直进法，"就是将儿童生活中可能接触到的事物，依照事物的性质和内容的深浅而分布在各个不同年龄的班级里，如小班研究猫和狗，中班研究羊和牛，大班研究马和虎。"也就是说，各班的主题和具体要求都随年龄的不同而有所变化。三是混合法，"就是在编制课程的时候，以上二法均须采用。"在具体编制课程的过程中，通常采用的混合法比较多。

## 四、课程组织方法

陈鹤琴在幼稚园课程组织上反对分科教学，认为儿童的生活是整个的，教材也必须是整个的、互相连接的，不能四分五裂、无章可循。为此，他主张幼稚园的课程要依据儿童身心发展的规律，采用"整个教学法"来组织课程内容，打破学科之间的界限，使幼儿在各个领域都能获得相应的发展。陈鹤琴在"整个教学法"课程内容组织方法的基础上，还提出了"分组学习"、"共同研究"、"教学游戏化"等教学原则。"整个教学法"其实是"五指活动课程"内容在实际中的具体化，它是在对儿童心理正确理解的基础上提出的适合幼儿园课程的活动组织方法。

儿童的生活是整个的，他们往往通过多种途径和形式来体验世界，如果用割裂的方式来教育他们，很可能不被儿童理解和认可。因此成人应该学会支持儿童用自己的方式来探索和学习，以促进儿童身心的和谐发展。为此，在课程制定和实施的过程中，教育者必须充分考虑到儿童独特的学习和感知方式，采用适合他们学习的形式来组织课程内容。陈鹤琴正是在这些深刻认识的基础上提出了自己的观点，"小孩子能够学的与应当学的东西，本来是很多的，但是我们不能就这样漫无限制地毫无系统地去教他。必定要有一种组织，在相当范围内，使其成为一个系统并使各科目互相联系起来发生分析。"

关于"整个教学法"的具体含义，陈鹤琴指出："整个教学法就是把儿童所应该学习的东西整个地、有系统地教儿童去学。这种教学法是把各种功课打成一片，所学的功课是无规定时间学习的；所运用的教材是以故事或社会或自然为中心的，或是做出发点的；但是所用的故事或关于社会自然的材料，总以儿童的生活、儿童的心理为依据的；这种教材最好为一个教师教，一个教师不能教的，二三个教师也可，不过时间稍难配合罢了。"

陈鹤琴认为，"整个教学法"有三个明显的特征：首先，整合性。陈鹤琴提出，幼稚园课程要以大自然和大社会为中心，从大自然和大社会中选取儿童感兴趣的事物作为中心，组织设计各个领域的活动，使幼儿各方面能力得到发展。比如陈鹤琴以《龟兔赛跑》为例来说明"整个教学法"的实施，该活动主要分为以下几个阶段：第一阶段，"先以实物引起儿童的兴趣：教师预备一只乌龟，一只或两只兔子"，即教师通过观察和交谈等方式，引导幼儿获得一些关于乌龟和兔子的感性经验，并激发幼儿对后续学习内容的兴趣和动机。第二阶段，"研究龟兔的生理特点……（自然常识）"教师与儿童共同探讨龟兔的生理特点。由于有实物，儿童可以对龟兔的特点形成更为深刻的认识，如龟兔的身体结构等，这为随后的学习打下了基础。同时，幼儿还可以掌握一定的探究方法。第三阶段，"讲故事：龟兔赛跑，若儿童有别的龟兔赛跑的故事尽管可以先讲"，讲故事的时候，教师可以用预先绘制的大幅彩色挂图来引起儿童的兴趣。儿童与教师具有平等的地位和权利，他们可以讲述各自的故事，而不是单纯地由教师讲、儿童听。第四阶段，教师依次介绍各种材料并组织幼儿做相应活动。这些活动都是以前面几个阶段的观察和讲故事活动中了解的内容为基础的，因此衔接起来是很自然的事情。由此我们还可以看出，"整个教学法"与我们今天所提倡的整合课程是相通的，它通过中心事件整合了各个领域的教育资源，促进了幼儿的整体发展。其次，自然性。这是指在课程实施过程中依据儿童的需要和兴趣、生活中的实际条件而自然地进行决策和调整。第一，陈鹤琴强调课程实施要尊重儿童的兴趣、需要和发展水平，而不是依据成人预先制订的课程计划。只有真正尊重儿童的兴趣和需要，教师组织的活动才能成为儿童的自然性的体现，才能激发儿童内在的动机。第二，陈鹤琴强调根据社会生活中的实际条件来实施课程，也即强调课程实施与自然生活的协调一致。要根据当时当地的社会和自然条件来选择课程组织形式、教育内容，充分利用现有教育资源。这一观点在《纲要》中也有明确的规定"教育活动的组织形式应根据需要合理安排，因时、因地、因内容、因材料灵活地运用。"第三，弹性（灵活性）。陈鹤琴认为，课程的弹性主要体现在两个方面：一方面是指在课程决策时进行多方考虑；另一方面是指在课程实施过程中，使课程保持灵活性。在这样的思想指导下，"整个教学法"就具有了弹性的特点，并且将弹性体现在课程实施的各个方面。为此，陈鹤琴提出的课程实施思想中还包含了使课程具有弹性的具体措施，比如创设适宜而丰富的课程实施环境、给幼儿提供多种适宜的选择机会、根据儿童的兴趣来调整活动进程和活动内容等。这就需要教师要在课程实施和组织过程中充分体现创造性，而这一点，也明确的体现在了《纲要》中。比如，《纲要》明确指出，"幼儿园教育活动的组织与实施是教师创造性地开展工作的过程。"

陈鹤琴是中国现代著名的教育家，是中国化、科学化幼儿教育的奠基人。他的五指活动课程是在对西方进步主义教育思想的批判和继承的基础上，结合中国现实需要而提出来的。是他自己在对科学的理解、对儿童与教育的理解、对中国社会文化的理解基础上，为中国幼稚园教育创编的幼稚园课程。五指活动课程理论，不仅在 20 世纪 50 年代曾对中国的幼稚教育产生过重大影响，即使对于今天中国的幼儿园教育改革也具有重要的借鉴意义和价值。

## 第二节　张雪门的"行为课程"

张雪门（1891～1973），浙江鄞县人，我国著名的学前教育专家。张雪门幼年在私塾熟读《四书》、《五经》，后毕业于浙江省立第四中学（现在的宁波一中），

1912 年担任鄞县私立星荫小学校长。1918 年,他与几个朋友创立了星荫幼稚园,是宁波市第一所中国人自办的幼稚园,他担任园长。自此,他开始了一生专注于幼稚教育的研究历程。并在 20 世纪 30 年代,和我国著名学前教育专家陈鹤琴一起被人称为教育界的"南陈北张"。经过长期的实践和理论研究,写出了近200 万字的著作,极大丰富了我国学前教育思想宝库。在这些著作中,有关幼稚园课程方面的理论与思想的著作主要包括:《幼稚园的研究》、《幼稚园课程编制》、《幼稚园教育概论》、《幼稚园教材研究》、《幼稚教育新论》、《中国幼稚园课程研究》、《增订幼稚园行为课程》等。虽然这些著作中有些幼稚园课程论的内容是重复出现的,但是我们正好可以由此体会到张雪门先生对于幼稚园课程的重视。而他的课程论思想主要集中地体现在他的"行为课程"理论中。针对国内当时幼稚园教育以教材为中心的状况,张雪门提倡幼稚教育生活化、幼儿生活教育化,经过长期的实践和理论研究,他提出了完整的幼稚园课程理论——行为课程及其方案。

## 一、行为课程的基本观点

研究行为课程,首先要明白课程的本质问题。什么是课程?张雪门在早年的著作中,曾多次提到了有关课程的观点,不同的时期他的观点有相应的变化,我们可以从中体会到其关于课程本质的理解经历了从"经验"到"行为"的转变。"课程原是适应生长基本价值的选品,其目的和自然生长完全一致。""课程是什么?课程是经验,是人类的经验,用最经济的手段,按有组织的调制,用各种方法,以引起孩子的反应和活动。"幼稚园的课程是什么?"就是给三足岁到六足岁的孩子所能够做而且喜欢做的经验的预备。"由此可见,课程就是经验。但是,张雪门并没有把所有的自然经验都看做课程,因为自然经验太零碎太紊乱,自然经验仅包括适合简单环境的常识,不能提供更高深更专业的需求。他认为,课程是有选择的经验,是有价值的经验,"是适应生长基本价值的选品,随时代而变迁"。张雪门批判了当时学校把课程仅仅看做是"知识"乃至"书本"的倾向,认为要改造民族,首先要打破有关课程的谬见,恢复课程的本来面目。课程的本来面目是什么?"课程原是人类生活有价值的经验。只为这些经验对于个人和社会都有绝大的帮助,所以人类要想满足自己的需要、适合社会的生活,便不得不想学得这些经验。"而"其实课程的范围很大,技能、知识、兴趣、道德、体力、风俗、礼节种种的经验,都包括在课程里。""课程非但是人类生活的经验,尤其是有价值的经验的选品。"这些经验不是一经选定就固定不变的,而是随着时代需要而变迁的,相应的经验也因此有了变迁,课程的内容也因此不得不随之而改变。关于这一立场,张雪门指出"所谓变更课程的内容者,不过适应当代的需要,以合于生长的原则罢了。"

关于课程的这一观点,随着研究的深入和对实践的观察,张雪门逐渐改变了自己的观点,到了 20 世纪 60 年代,他对课程本质的理解有了新的变化,在《增订幼稚园行为课程》中,张雪门提出了"行为课程"的概念,并系统论述了他关于行为课程的思想。何为行为课程?"生活就是教育;五六岁的孩子们在幼稚园生活的实践，就是行为课程。……这份课程包括了工作、游戏、音乐、故事等材料，也和一般的课程一样，然而这份课程，完全根据于生活：它从生活而来，从生活而展开，也从生活而结束。不像一般的完全局限于教材的活动。"可见，生活与行动是行为课程的基本要素，也正如张雪门所说"所谓生活原是整个的具体活动，虽包含了文字、数学等种种的经验……不过是成人研究上的途径。儿童进幼稚园的时候，凡能唤起他生活的需要，扩充他生活的经验，形成他生活的意识，全当作自己动作的表现"。由此可见，"在幼稚园中，各种科目都变成儿童生活的一面，不能分而且不必分，不独这科与那科不分，有时候甚至一种科目当作儿童自己生活之表现，科目与人都无法分了"，因此他强调幼稚园的课程是一种具体的整个活动，自然地融合在儿童的生活中。儿童先有了生活，然后有了教材的需要；不是有了教材，再去引起儿童生活作机械的反应。"张雪门因此指出，幼稚园课程应强调直接经验。行为课程首先应有助于的是实际行为，凡扫地、养鸡、养蚕等，能够实际行动的，都应让他们实际去行动。从行动中所得的认识，才是真实的知识；从行动中发生的困难，才是真实的问题；从行动中获得的胜利，才是真实的驾驭环境的能力。游戏、故事、唱歌等教材虽然也可以表演，但是代表不了实际行为。

## 二、行为课程的结构和目标

张雪门提出："幼稚园课程的目的，在于联络孩子们的旧观念，以引起其新观念，更谋其旧经验的打破，新经验的建设"。他认为，课程固然要注意到社会生活的意义，但绝不可能凭着成人主观的意见。因为成人的需要不是儿童的需要，成人的经验不是儿童的经验。"儿童所反应的是他自己环境里的社会，但绝不是成人的社会。"因此幼稚生时期满足个体的需要更重于满足社会的需要。幼稚园的课程目标就是要满足儿童身心的需求，养成儿童扩充经验的方法与习惯，培养其生活的能力与意识，从而使幼儿的身心得到全面的发展。

根据幼稚园课程的特点，张雪门构建了幼稚园课程结构和相应具体的教育目标。他认为幼稚园课程主要包括以下几方面：游戏、自然、社会、工作与美术、故事和歌谣、音乐、常识等。每一领域又包括很多具体的目标和内容：

游戏活动：感觉游戏、竞争游戏、社会性游戏、猜测游戏、表演游戏、节拍游戏等。

自然活动：饲养小动物、种植植物、观察自然现象、旅游参观、科学小实验等。

社会活动：有关家庭的认识活动、参观附近的社会场所和设施、了解各种职业的活动、了解其他社会团体的活动、节日和纪念日活动等。

工作和美术活动：参加家庭与学校的工作、模拟成人的职业工作、模仿成人家庭的工作、美术工艺活动等。

言语文学活动：自由谈话、特殊谈话、有组织的团体谈话和活动、述说故事和歌谣等。

音乐活动：听音乐、辨音、拟音、唱歌、演奏简单的乐器等。

常识活动：关于衣、食、住、行方面的生活活动，关于家庭、邻里、工厂、商店等的认识活动，关于节日和纪念日的活动，以及其他自然方面的活动。

### 三、行为课程的内容

关于行为课程的内容，张雪门先生指出："儿童到幼稚园要学什么？幼稚园教师须教些什么？教和学又怎样地联络起来？这三个问题就是幼稚园教材研究的中心。"同时，他认为"幼稚园教材是一般在幼稚园的时候儿童生活的经验"，"教材的范围很大，并不限于一首歌曲，一件手工，凡儿童从家到校，从校到家，在家庭、道路、幼稚园所受到的刺激，能够引起儿童生活的要求，扩充儿童生活的经验，潜移儿童生活的意识都是"，"教材不论是现成的，不论是创造的，其唯一的目的，为充实幼儿的生活，绝非灌注他们的熟料。因为教材的目的在充实幼儿的生活，所以对他们仅是活动而非知识。虽然活动里面从始至终都不含有知识，但绝不是特殊地抽出来的死知识，且教材在儿童生活上的功能，是一种开始，而不是结果。"

具体到该如何选择适合儿童学习的"教材"，张雪门给出了五条标准：

第一，"应合于儿童的需要"。张雪门认为幼稚园的孩子喜欢模仿，而且好奇心很强，所以大人的事、动植物的生长、天气的变化、各种感觉游戏等，都能引起他们搜求新经验的欲望，所以把这些材料编入课程，定能适合儿童的兴趣。

第二，"应顾到社会生活的意义"。一个人要想很好地适应社会生活，就必须认识社会生活的很多东西，如文字、数的观念、穿衣的技能、饮食、起居、风俗等，这都应是课程内容的一部分。

第三，"应在儿童自己的环境里搜集材料"。"儿童所能反应的，是他自己环境里的社会，但绝不是成人的社会。"因此，要从儿童周围的家庭、社会环境中去搜集材料。

第四，"应顾到社会生活的需要"。张雪门认为，"课程固然是实现现在，但并不是放弃将来"，所以选择教材的内容要既能注重现实的环境，又能有利于社会的发展。

第五，"上面所述还没有道及的一切冲动习惯态度"。张雪门认为，儿童日常生活中所产生的兴趣感情和动作的冲动，虽然有时是暂时的，但如果有利于儿童的发展，便利于儿童适应环境，教师就要抓住这种机会，选择相应的内容给予儿童练习的机会。

根据以上标准，张雪门主要把课程的内容划分为以下几类：

1）儿童自发的诸般活动，即儿童自身发展中所进行的一些活动。

2）儿童的自然环境，即儿童周围生活中一切有关自然界的事物与知识，如植物、动物、旅行，儿童对各种自然现象的活动。

3）儿童的社会环境，即儿童现在生活与未来生活相关的社会生活知识，如家庭、临近的地方、各种职业活动等。

从教材的科目来看，张雪门认为，行为课程主要包括手工、美术、言语、常识、故事、音乐、游戏和算术。关于这个观点，张雪门同样指出"教材的种类为研究上便利起见，所以上述手工、美术等是分别的，但生活是整个的东西；教材的变换流转都随着生活。"由此可见，行为课程的内容就是儿童周围生活的自然环境和社会环境中能为儿童所接受并有助于其身心发展的各种经验。

## 四、行为课程的编制和实施原则

如何编制幼稚园课程？张雪门认为首先必须明确"儿童是什么"。对此，他提出了五个小问题：儿童是不是和空的东西一样？儿童是不是和植物一样？儿童是不是和动物一样？儿童是不是从不完备到完备的一段里程？儿童究竟是什么？儿童是生长的有机体。儿童的全部生活都是生长的一段，他有自己的生理和心理。他用自己的生理和心理，与其当时的环境相接触，因而发生交互的反应，促进自己的生长。这就是儿童的本体。儿童因身心与环境相互作用的结果而生长，在这种生长的过程中，儿童获得的是经验。张雪门认为，幼稚园课程应该密切联系幼儿生活经验，适合儿童的发展。据此，张雪门确定了一些幼稚园行为课程的编制原则：

第一，整体性原则。张雪门认为，幼稚园课程不能像小学以至于大学一样，分成国文、数学、地理、生活等学科，各有各的时间，各有各的统属，而应打破学科的界限，让各种科目都变成幼儿整体生活的一面，构成一种具体的整个活动。

第二，偏重直接经验。张雪门认为，直接经验具有生动、切实的特点，与间接经验相比，显得零碎和低层次。但是就幼稚园幼儿的身心特点而言，幼稚园课程应该以直接经验为主。

第三，偏重个体发展原则。张雪门认为，教育既要适合儿童身心发展的需要，也要培养儿童成为符合社会需要的人，而在幼稚园阶段，教育则应偏重个体发展。

幼稚园行为课程在实施上，应注意以下两个原则：

第一，课程的设置要经过人工的精选。在课程设置时需要考虑：儿童在这一活动中能够学到什么？能够提高儿童哪方面的能力？是否具有一定的代表性等。

第二，课程的设置要"在劳力上劳心"。也即要求儿童在活动的同时，也要注意培养智能和感情的东西。

在具体实施行为课程的过程中，张雪门经过多年的实验研究以及不断改进，确立了运用设计教学法来拟订行为课程计划，并采用单元教学来进行，具体包括：①动机：行为课程把激发儿童的学习动机放在第一位。②目的：行为课程的目的并不是儿童自己学习的目的，而是指教师希望儿童在这一行为中所获得的效果。③活动：为了达到教学的目的，张雪门认为必须认真设计"活动的要领、参加的人数、活动的时间和地点及每一小段的程序"等。这一步骤主要是计划预设活动，所以只做大体轮廓的估量，在之后的行为实践中，就应做详细的计划，以便切合实际需要。④活动过程：张雪门指出"活动如何开始？如何展开？如何结束？在组织课程时，是　种极重要的估量。"然而它只是行动的要点，尚且缺乏具体的内容，所以必须拟订具体的活动过程，便于教师进行指导。⑤工具及材料：张雪门认为，这一项的估量，虽然仍旧根据固有的各种科目拟订具体的工具和材料，但由于行为不是机械的，所以也有一定的变化。

由此可见，行为课程是起于活动而终于活动的有计划的设计，实施过程中采用单元教学法，彻底打破了各科的界限，在各教材中选择与学习单元相关的材料加以运用，使各科教材自然地融化在儿童的实际生活中。也正如张雪门所说"真正的单元活动就是行为课程，真正的行为课程没有不是单元活动。我们若在形式上讲，叫做单元活动；若在实质上讲，就可以叫做行为课程。这两种课程实在可说是二而一、一而二，仅用角度看法的不同，产生了名称的区分。"

幼稚园行为课程是张雪门一生实践与智慧的结晶，行为课程的基本思想就是"生活即教育"、"行为即课程"，这是对当时幼稚教育普遍存在的教育与儿童生活实际相脱离的现象的批判，充分体现了教育生活化、生活教育化的思想；其目标在兼顾社会需要的同时，更关注儿童个体的需求。行为课程开创了当时幼稚园教育的新模式，对目前中国幼儿园课程改革同样具有一定的启发意义。

## 第三节　张宗麟的幼稚园课程思想

张宗麟（1899~1976），浙江绍兴人，我国著名的幼儿教育专家，我国幼儿教育史上第一位男性幼稚园教师。大学期间师从陶行知、陈鹤琴学习教育学，因为成绩优异而留校工作。在陈鹤琴创办南京鼓楼幼稚园和陶行知创办晓庄学校过程中，张宗麟均从旁协助并倾力参与，做了大量调查研究和试验等工作。后来张宗麟到了福建厦门集美学校，先任集美幼稚师范教员，后兼任集美乡村师范校长。在此期间，张宗麟主编《初等教育报》杂志，发表了关于闽南初等教育的调查及有关乡村教育和优质教育的论文。此后，张宗麟一生致力于中国幼稚教育研究工作，写下了大量关于幼稚教育方面的论文和著作，被后人编辑为《张宗麟幼儿教育论集》，1985 年由湖南教育出版社出版。幼儿教育课程思想是张宗麟幼儿教育思想的重要组成部分，他对幼儿园课程本质的探讨，以及幼儿园课程内容等方面的研究，不但推动了当时我国幼稚园教育的发展，即使对于今天我国的幼儿教育课程改革，同样具有积极的启发意义。

### 一、课程思想

张宗麟指出，"幼稚园课程者，由广义地说之，乃幼稚生在幼稚园一切之活动也。"它包括"一切教材，科目，幼稚生之活动。"关于幼稚园课程的划分，他认为有两种情况。一种是按照儿童的活动划分，课程包括五个方面：①开始的活动，即幼稚生初入园时必须养成的习惯，也就是人生最基本的习惯，如放毛巾、认识教师和同学，以及初步的礼节等。②身体的活动，即强健身体的习惯与技能，如各种卫生习惯、跑步、跳、爬等。③家庭的活动，如反映家人之间关系的礼仪，以及各种家庭事务的娃娃家活动、建筑活动等。④社会活动，即养成公民素质的各种纪念日活动和同伴交往等教育活动。⑤技能活动，即培养儿童适当表现自己的活动。另一种是按学科划分课程。把儿童活动分为各种学科，包括音乐、游戏、故事、谈话、图画、手工、自然、常识、读法、识数等科目。其中每个科目又包括一些小项目。如音乐包括听琴、唱歌、节奏动作、弹奏乐器；游戏包括个人游戏和团体游戏；故事包括听、讲和表演；图画包括自由画、写生画和临摹画；手工包括纸工、泥工、缝纫及竹木；读法包括认字、短句故事等。不论是以"活动"分类，还是以"科目"分类的课程，根据上述对课程的广义理解，教师都不可拘泥于某时当教哪种课程，而应动静交替地安排好儿童每一日的活动。

## 二、社会化的幼稚园课程

社会化的幼稚园课程思想是张宗麟在 20 世纪 30 年代出版的《幼稚园的社会》一书中提出的关于幼稚园课程的一种主张。他提出幼稚园各种活动都应当是倾向于社会性的，因为教育的灵魂在于养成适合于某种社会生活的人民，所以在幼稚园里不仅应该设置"社会"这一科目，而且幼稚园的一切活动，从广义上讲，都可以说是"社会"，都应有社会性，即便是"自然"这一科目，也绝不是纯粹去研究自然，必定是与人生有密切关系的自然研究。正是从这个意义上，他认为幼稚园的课程应该是社会化的幼稚园课程。

在张宗麟看来，社会化的课程有两个根据，即儿童社会和成人社会，而这两者是极不相同的。"无论哪级教育的课程，只有两个根据，好像人类只生了两只脚。这两个根据，一个是成人的生活——社会；一个是孩子的生活。"社会是复杂的，但是幼稚生年龄还小，对于社会的经验还很少，幼稚园要把整个社会都涉及到是非常不容易的。因此，设计幼稚园课程的社会科目，需要了解幼稚生的社会。那么，幼稚园儿童的"社会"是怎样的一种社会呢？张宗麟指出，幼稚园儿童的社会不同于成人的社会，它实际上是幼稚生的"生活状况"。幼稚生的生活状况是由直接经验组成的社会，脱离了儿童的具体的生活经验和其周围的社会环境，是难以理解儿童的"生活状况"的。为此，在幼稚教育中，张宗麟主张成人社会应当尊重儿童社会，应当让孩子到他们自己的社会里去，而不要拉他们到我们的社会里来。

关于社会化的课程应该包括的内容，张宗麟提到了七个方面：①关于衣食住行等生活需要和卫生方法，以及家庭、邻里、商铺、邮局、救火组织、公园、交通机关等社会组织的观察研究，及本地名胜古迹的游览；②日常礼仪的演习；③纪念日和节日的研究举行；④身体各部的认识和简易卫生规律的实践；⑤健康和清洁的检查；⑥党旗、国旗、总理遗像等认识；⑦集会活动。

为了使社会化课程能够更好地促进幼儿社会性的发展，张雪门强调在实施过程中应特别注意以下几点：①培养儿童具有互助与合作的精神；他指出人类正是因为有互助合作才能生存和发展。同时他认为互助与合作是有区别的。互助是无条件的，无当时或直接的报酬，比如儿童在荡秋千时的相互帮助，就属于这种性质；合作则是有条件的，如儿童在玩搭房子游戏时的相互配合，就属于这种性质。从教育的观点看，互助胜于合作，但是二者都远胜于竞争。②培养儿童具有爱和怜的情感；他指出爱是有生气的，是双方的，可使被爱者产生力量、培养力量，如亲子间、师生间的爱；怜则是单方面的，如同情弱小和残疾者。从教育的观点看，前者比后者积极，而二者又都与自私自利相悖。③使儿童具有照顾他人的习惯；他指出幼儿对"别人"这一概念的理解是不很深切的，他们在活动中往往会自顾自，为此我们要随时教育孩子顾到别人，包括一切玩具与他人共玩、不扰乱秩序、不打断他人说话等。同时我们应当培养孩子独立自由的精神，但绝不可使他们养成骄傲和唯我独尊等习气。④使儿童明了生活的根源。他认为在教育过程中，应该使幼儿知道生活的来源，懂得尊重劳动者。⑤使儿童了解人类生活具有纵和横两个方面。

关于课程内容的具体实施，张宗麟主张要从教育学、心理学方面寻找理论依据，并提出了应该遵循的教育学原则和心理学原则：①将学校生活和实际生活打成一片；②既注意儿童的个别学习，又注意儿童之间的互助与合作；③教师要做儿童的朋友；④使儿童获得成功；⑤通过持续不断的学习养成良好的习惯；⑥激发儿童进行良好社会性行为的兴趣，达到教育的目的；⑦要注意对儿童社会性行为的交替培养。此外，张宗麟还就开展社会性活动之前和与儿童共同开展社会性活动时的具体做法提出了自己的观点。他认为，在开展社会性活动之前，教师要留心儿童的动作，相机予以帮助和指导；注意儿童临时的遭遇；必须要儿童领会的事情，教师要通过有目的有计划的活动，向儿童提供有益的刺激，促进儿童的社会性发展。在与儿童开展活动时，教师要为儿童准备丰富的原材料和适当的工具，原材料比现成的玩具有用，不必多买现成的玩具；鼓励儿童积极自由地活动，但教师要适当指导，引导儿童思考；教师要掌握好活动的过程，适时地结束和总结活动。

张宗麟关于社会化的幼稚园课程思想，是在他长期的课程实践的基础上总结出来的，他不仅对课程的一般问题进行了探讨，而且对一些具体的课程问题做了比较深入的研究，比如如何对儿童进行科学教育等，这些都为当前幼儿园课程理论的发展提供了重要的借鉴。

# 第四节　国内幼儿园课程发展趋势

自从 1903 年秋第一所公立幼稚园——湖北幼稚园（后改称武昌蒙养院）成立至今，我国幼儿教育已有一百多年的发展历史。在这一漫长曲折的发展历程中，我国幼儿园课程经历由产生到发展的过程，期间经历了三次较大的改革。

第一次课程改革：20 世纪 20、30 年代到 40 年代末，其中以陈鹤琴、张雪门、张宗麟为代表的幼教专家，为构建中国化、科学化的幼稚园课程体系进行了一系列的实验研究，创立了以活动课程为基础并各具特色的课程——中心制课程（单元教学）、行为课程、社会化课程等等。在陈鹤琴的观点中，幼稚园的课程全部包括在"五指活动"中，并且采用单元制，各项活动都围绕着单元进行教学，"五指活动课程"是一个互相联系的有机整体。陈鹤琴的这一思想在我国目前的《纲要》中得到了充分体现。比如《纲要》中将幼儿园教育内容及目的描述为"幼儿园的教育内容是全面的、启蒙性的，可以相对划分为健康、语言、社会、科学、艺术等五个领域，也可作其他不同的划分。各领域的内容相互渗透，从不同的角度促进幼儿情感、态度、能力、知识、技能等方面的发展。"在张雪门的行为课程中，其最大的特色就是"生活化"、"行为化"、"本土化"。他所说的"生活"的概念不是抽象不可捉摸的，他把"生活"与"行为"看做相互联系的整体。这与《纲要》的精神是非常吻合的，可以说他抓住了幼儿教育中最本质的规律。在张宗麟的社会化的幼稚园课程理论中，他强调幼稚园各种活动都应当是倾向于社会性的，因为教育的灵魂在于养成适合于某种社会生活的人民，所以在幼稚园里不仅应该设置"社会"这一科目，而且幼稚园的一切活动，从广义上讲，都可以说是"社会"，都应有社会性。设计幼稚园课程的社会科目，需要了解幼稚生的社会。那么，幼稚园儿童的"社会"是怎样的一种社会呢？张宗麟指出，幼稚园儿童的社会不同于成人的社会，它实际上是幼稚生的"生活状况"。这一精神在《纲要》中也有体现。《纲要》明确指出："幼儿园应为幼儿提供健康、丰富的生活和活动环境，满足他们多方面发展的需要，使他们在快乐的童年生活中获得有益于身心发展的经验。"这其中蕴含着一个重要的教育理念，即幼儿园课程要贴近幼儿生活。这和张宗麟有关社会化幼稚园课程理念的精神有相通之处。

第二次课程改革：20世纪50年代到70年代，这期间主要借鉴了苏联幼教理论和经验，全国一律实行以学科课程为基础的分科教学。

第三次课程改革：20世纪80年代初至今。本次课程改革针对学科分离、偏重认识、忽视情意教育，从课程内容到设计缺乏开放性和弹性以及主体性受到压制等弊端，进行了以培养完整儿童为目标、以改革课程单一模式为重点的探索和研究，引发了幼儿园课程发展过程中的多元化趋势。

20世纪90年代以来，随着我国基础教育改革的进一步深入，1996年颁布了《幼儿园工作规程》，标志着我国幼儿园课程改革与发展有了新的开始。2001年教育部颁布的《纲要》则为21世纪我国幼儿园课程的实施和幼儿教育改革的深化指明了方向，我国幼儿园课程的发展进入了又一个新的改革发展阶段。

在历时20多年的幼儿园课程改革的过程中，我国幼教理论工作者和实践工作者逐渐认识到，构建和发展课程理论要综合考虑社会文化、知识性质和儿童发展三个方面的要素。我国几千年来的传统文化中一直把儿童的发展和需要放在从属的地位，但是随着时间的推移和幼儿园课程改革的继续深入，尊重儿童、保障儿童权利、在学前教育中体现儿童的主体性等一些基本的学前教育理念已经深入人心，并在幼教改革春风的推动下逐渐变为教育实践。我国幼儿园课程改革是在经济、政治等领域变革的大背景下进行的。在当今社会建设的大背景下，我国幼儿园课程的发展呈现出以下发展趋势：

## 一、幼儿园课程越来越多地关注儿童身心发展的特点和现实需要

在充分顾及我国社会文化背景和知识特点的前提下，我国的幼儿园课程不仅在理念上，而且在实践中越来越多的关注儿童的自身发展特点和实际需要。尊重儿童活动的权益，满足儿童的需要，关注儿童活动的过程，关注每一个儿童在自身原有基础上的发展。同时注重运用适合儿童的方式，将社会普遍认同的知识和技能传授给儿童。在教育实践中，教育工作者已经开始将注意力放置在处理好儿童生成的任务和教师预定的任务之间的关系等方面；已经开始注意识别和充分满足幼儿智能发展不均衡导致的个体差异；已经开始注意灵活运用幼儿自身发展纵向评价指标而非仅仅幼儿之间的横向评价指标来给出判断；已经开始注重在研究幼儿身心特点和本地资源优势的基础上选择课程资源……在此基础上，必定会涌现出越来越多的符合中国社会文化背景、又有利于儿童身心发展的课程类型。

## 二、幼儿园课程管理越来越多元化、自主化

《纲要》规定了幼儿园教育总的教育目标、教育内容和实施原则，同时要求地方政府制定指导意见，而由幼儿园根据自身情况确定自己的课程。现实中，各地经济发展水平的差异、地区之间教育资源的差异、幼儿园自身办学力量的差异、师资水平特点的差异、儿童个体发展水平的差异等方面，也在客观上促使幼儿园课程管理的形式越来越趋于多元化和自主化。只有真正适合的教育才有可能是有效的教育，多元化、自主化的幼儿园课程管理让教育的有效性有了基本的保障，也为有差异的幼儿群体提供了接受适合的幼儿园教育的可能性。

## 三、幼儿园婴幼儿课程一体化的发展趋势

传统幼儿园教育以招收 3～6 岁幼儿为主，但是随着目前国际早期教育理念的引入、出生率下降导致的我国幼儿园被迫扩大教育对象范畴等因素的影响，0～6 岁婴幼儿教育课程一体化日益成为当前幼儿园课程发展的一大趋势。0～6 岁婴幼儿课程一体化，使原本以养育为主的 0～3 岁婴儿教育模式转化为保教结合的教育模式；也使 0～3 岁和 3～6 岁两个年龄段之间的教育有了自然的衔接和融合。

## 四、幼儿园课程越来越注重与社区教育相融合

我国社区的服务功能正在日益扩大和加强，社区资源的整合运用正日益受到重视。结合国际早期教育发展过程中的成功经验，幼儿园依托社区资源增强教育有效性、融合社区资源丰富课程内容的理念已经被越来越多的有识之士所认可和接纳。幼儿园课程与社区教育相融合所产生的优势互补，将会给我国幼儿园课程改革带来新的发展空间。

## 五、幼儿园课程越来越关注对中华民族优秀文化的传承

中国文化博大精深，如何更好地继承和发扬这些文化经典是教育界有识之

士一直关注的问题。传承和发扬中华民族的优秀文化遗产，是为了实现幼儿教育的社会价值，是为了培养认同和适应中华民族文化的合格公民，也是为了从根本上抵御盲目引进外来文化的负面影响。在吸收外来先进文化的基础上，对学前儿童进行国学经典的教育，可以让中华优秀文化以喜闻乐见的形式自然渗透到幼儿园课程中来，这样的途径既传承了优秀文化传统又保证了幼儿园课程内容的广泛性、丰富性和规范性，从而取得一举多得的教育效果。

## 本章小结

本章主要介绍了陈鹤琴的"五指活动课程"、张雪门的"行为课程"，以及张宗麟的"社会化的幼稚园课程"思想，试图通过客观描述从而呈现出三位教育家有关幼儿园课程论思想中的精华部分，使大家在全面了解他们主要观点的基础上，能够更深入地思考幼儿园课程理论发展过程中所呈现出来的一般趋势，从而在今后的教育实践工作中真正做到学有所用、教学相长。

## 思考与练习

1. 结合我国幼儿园课程改革的实际，谈谈陈鹤琴"五指活动课程"的基本思想。

2. 简述张雪门"行为课程"的主要内容。

3. 谈谈张宗麟"社会化的幼稚园课程"思想对我国幼儿园课程理论改革的现实意义。

4. 我国幼儿园课程的发展趋势有哪些？

# 第八章

## 幼儿园教育活动设计

幼儿园课程是为学前儿童设计和实施的，幼儿园课程实施要求合理综合组织各方面的教育内容，并渗透到幼儿一日生活的各项活动中，充分发挥各种教育手段的交互作用。因此，幼儿园课程的实施关键是为幼儿创设丰富的活动情境，创设有利于幼儿发展的各种活动。在各种幼儿园教育课程中，教育活动的设计各不相同，各具特点。

## 第一节　幼儿园学科（领域）课程教育活动的设计

学科课程在教育史上历史久远，20 世纪 50 年代起，受苏联幼儿教育的影响，我国幼儿园基本采用学科教学的课程模式，1981 年颁布的《纲要》将幼儿园教育内容分为六科，即语言、常识、计算、音乐、美术、体育。90 年代后，随着课程改革的不断深入，特别是受到西方儿童观、教育观的影响，学科课程一统天下的局面被打破，出现了多元化的趋势，学科课程也吸收了先进教育理念，在以某学科知识为主开展教育活动的同时，强调学科间的联系，不断出现新的组织形式，即健康、社会、科学、语言、艺术五大领域，但学科活动在我国幼儿园教育中还占据重要地位。

### 一、我国幼儿园学科课程的内涵和特点

#### （一）幼儿园学科（领域）课程的内涵

学科课程是指以科学知识为中心设计的课程。即把有价值的知识系统化，形成一定的科目或学科。我国古代的"六艺"、古希腊的"七艺"都是最早的学科课程。学科课程在幼儿园也是普遍采用的课程，幼儿园学科（领域）课程就是将幼儿园课程分为若干学科，以学科为单位组织和实施教育活动的课程。幼儿园学科（领域）课程具有启蒙性的特点。该课程根据对学前儿童实施教育的特点，常将幼儿园课程分为语言、数学、科学、社会、音乐、美术。按五大领域分为健康、社会、科学、语言、艺术。

（二）幼儿园学科课程（领域）的特点

1. 优点

（1）有较强的可操作性

学科课程的计划性和控制性强，这就使得学科活动具有较强的可操作性。

（2）有相当长的运用历史，经验丰富

我国自 20 世纪 50 年代开始，学科活动就在幼儿园教育中占据重要地位。

（3）能为儿童提供各学科（领域）中的关键概念

学科活动比较强调帮助幼儿学习掌握前学科知识及其相互之间的联系，进而形成系统化的前学科知识体系，这有助于幼儿较快地掌握比较系统的学科知识体系。

2. 缺点

（1）容易忽视幼儿的兴趣和需要，灵活性差

学科活动操作性强的长处，主要根源于其较强的计划性和控制性，这同时也就导致活动计划缺乏足够的弹性，有时甚至导致活动变成了教师事先制定好的活动计划的展示过程，无法很好适应幼儿的兴趣和需要。目前，受到生成课程、方案教学等的影响，这种过于强调活动计划性的做法在一定程度上得到了改变，开始关注与强调活动过程的弹性问题，但总体来看，学科活动自身的特点，内在决定了其更偏重活动的计划性和控制性。

（2）忽视幼儿在不同水平上的发展

学科活动对幼儿当时的兴趣与需要关注不够，不能很好顾及不同幼儿在发展水平、学习方式、已有知识经验等方面的差异，忽视幼儿在不同水平上的发展。

（3）学科之间联系不足

学科活动虽然有助于学科知识的学习以及形成比较系统的"前学科"知识体系，但同时也使得学科活动局限于某一学科，在一定程度忽视了学科之间的联系。与此形成鲜明对照的是，对于学科活动的主体——儿童而言，世界仅仅是初步分化，此时，"整体感知和反应、诗性逻辑、游戏精神构成了儿童文化的基本特征"。所以，学科活动中学科之间联系不足，不适合幼儿的特点。

二、幼儿园学科（领域）课程中教育活动的设计目标和内容

（一）幼儿园学科课程（领域）的目标

1. 健康目标

1）身体健康，在集体生活中情绪安定、愉快。

2）生活、卫生习惯良好，有基本的生活自理能力。

3）知道必要的安全保健常识，学习保护自己。

4）喜欢参加体育活动，动作协调、灵活。

2. 语言目标

1）乐意与人交谈，讲话礼貌。

2）注意倾听对方讲话，能理解日常用语。

3）能清楚地说出自己想说的事。

4）喜欢听故事、看图书。

5）能听懂和会说普通话。

3．社会目标

1）能主动地参与各项活动，有自信心。

2）乐意与人交往，学习互助、合作和分享，有同情心。

3）理解并遵守日常生活中基本的社会行为规则。

4）能努力做好力所能及的事，不怕困难，有初步的责任感。

5）爱父母长辈、老师和同伴，爱集体、爱家乡、爱祖国。

4．科学目标

1）对周围的事物、现象感兴趣，有好奇心和求知欲。

2）能运用各种感官，动手动脑，探究问题。

3）能用适当的方式表达、交流探索的过程和结果。

4）能从生活和游戏中感受事物的数量关系并体验到数学的重要和有趣。

5）爱护动植物，关心周围环境，亲近大自然，珍惜自然资源，有初步的环保意识。

5．艺术目标

1）能初步感受并喜爱环境、生活和艺术中的美。

2）喜欢参加艺术活动，并能大胆地表现自己的情感和体验。

3）能用自己喜欢的方式进行艺术表现活动。

（二）幼儿园学科课程（领域）的内容与要求

1．健康内容与要求

1）建立良好的师生、同伴关系，让幼儿在集体生活中感到温暖，心情愉快，形成安全感、信赖感。

2）与家长配合，根据幼儿的需要建立科学的生活常规。培养幼儿良好的饮食、睡眠、盥洗、排泄等生活习惯和生活自理能力。

3）教育幼儿爱清洁、讲卫生，注意保持个人和生活场所的整洁和卫生。

4）密切结合幼儿的生活进行安全、营养和保健教育，提高幼儿的自我保护意识和能力。

5）开展丰富多彩的户外游戏和体育活动，培养幼儿参加体育活动的兴趣和习惯，增强体质，提高对环境的适应能力。

6）用幼儿感兴趣的方式发展基本动作，提高动作的协调性、灵活性。

7）在体育活动中，培养幼儿坚强、勇敢、不怕困难的意志品质和主动、乐观、合作的态度。

2. 语言内容与要求

1）创造一个自由、宽松的语言交往环境，支持、鼓励、吸引幼儿与教师、同伴或其他人交谈，体验语言交流的乐趣，学习使用适当的、礼貌的语言交往。

2）养成幼儿注意倾听的习惯，发展语言理解能力。

3）鼓励幼儿大胆、清楚地表达自己的想法和感受，尝试说明、描述简单的事物或过程，发展语言表达能力和思维能力。

4）引导幼儿接触优秀的儿童文学作品，使之感受语言的丰富和优美，并通过多种活动帮助幼儿加深对作品的体验和理解。

5）培养幼儿对生活中常见的简单标记和文字符号的兴趣。

6）利用图书、绘画和其他多种方式，引发幼儿对书籍、阅读和书写的兴趣，培养前阅读和前书写技能。

7）提供普通话的语言环境，帮助幼儿熟悉、听懂并学说普通话。少数民族地区还应帮助幼儿学习本民族语言。

3. 社会内容与要求

1）引导幼儿参加各种集体活动，体验与教师、同伴等共同生活的乐趣，帮助他们正确认识自己和他人，养成对他人、社会亲近、合作的态度，学习初步的人际交往技能。

2）为每个幼儿提供表现自己长处和获得成功的机会，增强其自尊心和自信心。

3）提供自由活动的机会，支持幼儿自主地选择、计划活动，鼓励他们通过多方面的努力解决问题，不轻易放弃克服困难的尝试。

4）在共同的生活和活动中，以多种方式引导幼儿认识、体验并理解基本的社会行为规则，学习自律和尊重他人。

5）教育幼儿爱护玩具和其他物品，爱护公物和公共环境。

6）与家庭、社区合作，引导幼儿了解自己的亲人以及与自己生活有关的各行各业人们的劳动，培养其对劳动者的热爱和对劳动成果的尊重。

7）充分利用社会资源，引导幼儿实际感受祖国文化的丰富与优秀，感受家乡的变化和发展，激发幼儿爱家乡、爱祖国的情感。

8）适当向幼儿介绍我国各民族和世界其他国家、民族的文化，使其感知人类文化的多样性和差异性，培养理解、尊重、平等的态度。

4. 科学内容与要求

1）引导幼儿对身边常见事物和现象的特点、变化规律产生兴趣和探究的欲望。

2）为幼儿的探究活动创造宽松的环境，让每个幼儿都有机会参与尝试，支持、鼓励他们大胆提出问题，发表不同意见，学会尊重别人的观点和经验。

3）提供丰富的可操作的材料，为每个幼儿都能运用多种感官、多种方式进行探索提供活动的条件。

4）通过引导幼儿积极参加小组讨论、探索等方式，培养幼儿合作学习的意识和能力，学习用多种方式表现、交流、分享探索的过程和结果。

5）引导幼儿对周围环境中的数、量、形、时间和空间等现象产生兴趣，建构初步的数概念，并学习用简单的数学方法解决生活和游戏中某些简单的问题。

6）从生活或媒体中幼儿熟悉的科技成果入手，引导幼儿感受科学技术对生活的影响，培养他们对科学的兴趣和对科学家的崇敬。

7）在幼儿生活经验的基础上，帮助幼儿了解自然、环境与人类生活的关系。从身边的小事入手，培养初步的环保意识和行为。

5. 艺术内容与要求

1）引导幼儿接触周围环境和生活中美好的人、事、物，丰富他们的感性经验和审美情趣，激发他们表现美、创造美的情趣。

2）在艺术活动中面向全体幼儿，要针对他们的不同特点和需要，让每个幼儿都得到美的熏陶和培养。对有艺术天赋的幼儿要注意发展他们的艺术潜能。

3）提供自由表现的机会，鼓励幼儿用不同艺术形式大胆地表达自己的情感、理解和想象，尊重每个幼儿的想法和创造，肯定和接纳他们独特的审美感受和表现方式，分享他们创造的快乐。

4）在支持、鼓励幼儿积极参加各种艺术活动并大胆表现的同时，帮助他们提高表现的技能和能力。

5）指导幼儿利用身边的物品或废旧材料制作玩具、手工艺品等来美化自己的生活或开展其他活动。

6）为幼儿创设展示自己作品的条件，引导幼儿相互交流、相互欣赏、共同提高。

### （三）幼儿园学科课程（领域）的设计原则

1. 设计原则

1）所计划的教育活动的程度应尽可能与儿童的发展水平相当（尽可能在最近发展区内）。

2）所计划的教育活动的次序应尽可能与儿童的发展程序相近。

3）所计划的教育活动应尽可能与个体和群体儿童的需要相符合。

2. 两种设计倾向

（1）教师计划为主的学科（领域）教育活动

这类教育活动以课程或教师计划的活动为教育活动的主体，教育活动的内容主要根据学科（领域）的性质而由专家或教师预定，选择和组织学科内容的主要依据是学科（领域）本身的逻辑顺序，对教育活动评价的标准是预订的目标是否达成。

事实上，这种设计倾向并不排斥对儿童发展和儿童兴趣等方面的重视，只是这种教育活动的基本性质决定了这类教育活动很难在真正意义上符合每个个体儿童的不同兴趣和需要，使每个儿童都能在原有水平上得到发展。

（2）教师与儿童共同计划的学科（领域）教育活动

这类教育活动虽以课程专家或教师预定的计划为主，但是在计划的时候较多地依据儿童的兴趣和需要。在教育活动展开的过程中，在一定程度上反映以儿童为中心的倾向，即课程的目标具有一定程度的儿童"生成性"，课程的内容在很大程度上与儿童的生活经验相符合，教育活动常以小组的形式展开，教育活动也具有相当的弹性，可以在一定程度上根据儿童的兴趣和需要加以调整和改变。

但在实施的过程中，这类教育活动与每个个体儿童真正意义上的生活经验及兴趣和需要之间必然还存在相当的差距。

在课程实施的过程中，两种不同倾向的学科（领域）教育活动不是非此即彼的，它们的差别只是反映在对课程价值取向的把握程度上有所差异。

## 三、幼儿园学科（领域）课程教育活动案例

学科活动的优点与内在局限，共同构成了学科活动区别于其他幼儿园教育活动的特点。因此，虽然学科活动也在不断吸收新时代精神的营养，不断完善自身，但是它很难从根本上克服自身所具有的内在局限。当它力图从根本上克服这些局限时，也就往往在一定程度上失去了其自身原有的一些长处，并且往往会发生质变，变成单元主题活动、方案教学等。例如：当学科活动力图从根本上克服"学科之间联系不足"的局限，强调各学科之间的横向联系，借助单元主题的形式实现学科之间的整合时，它就变成了单元主题活动；当它试图克服"弹性不足"和"对幼儿关注不够"的局限，进而强调生成性时，就可能会变成方案教学。

### 光和影子（大班科学教育活动）方案

**一、活动目标**

1）使幼儿注意到光源和影子的方向相反，培养幼儿观察和分析问题的兴趣。

2）使幼儿知道光线是向前直着照过去的（即直射），任何东西挡住了光线前进使光透不过去时，就会出现黑影，彩色透明纸挡住光线就会出现彩色的影子。

3）使幼儿知道太阳、灯、火都能给我们带来光亮，有了光我们才能看得见东西。

**二、活动准备**

手电筒、玩具鹿、娃娃、彩色透明纸等。

**三、活动过程**

（一）弄清楚什么东西带给我们光亮

1）白天很亮，什么东西都看得清。是什么发出了光亮？（是太阳发出了光亮）

2）夜晚很黑，要看东西怎么办？（开灯，打手电）

3）没有太阳又没有灯时，还可以用什么照亮？（点火）

讲解：太阳、灯、火都能发光，都能给我们光亮。太阳发出的光叫阳光，灯发出的光叫灯光，火发出的光叫火光。没有光我们什么也看不见。

（二）观察并认识影子的形成

（1）通过谜语让幼儿认识影子

你跑它也跑，

你站它也站，

有时它长，

有时它短，

没有光亮它就不出现。

（2）实验演示影子的形成

用手电筒向前发出一束光，照亮了一面白墙。

在手电筒的光前出现一个玩具小鹿，光把小鹿也照亮了，墙上出现了一个小鹿的影子。

在手电筒的光前换上一个娃娃，光把娃娃照亮，墙上又出现一个娃娃的影子。

让幼儿注意影子什么时候出现，为什么小鹿、小娃娃的影子都是黑色的。

让幼儿注意光源与影子的位置关系（光源与影子分别在物体的两侧）。

讲解：结合演示告诉幼儿，手电的一束光线射向前方，光线一直朝前照射到墙上，墙上就被照亮了一大片。不管是什么东西，当它出现在光线前面挡住了光线的前进，光就透不过去，它的后面都会有自己的影子。

（三）幼儿做"手影"

用自己的双手摆出各种形态，放在光线前面，互相看"手影"。

（四）彩色的影子

娃娃的影子是黑色的，手影是黑色的，是不是所有的影子都是黑色的呢？

在手电筒的光前出现彩色透明纸。

让幼儿通过观察了解彩色的影子与彩色透明纸颜色一样。

（五）户外玩"踩影子"游戏

许多幼儿在场地中四散地跑，一个幼儿去踩他们的影子，其他小朋友设法不让自己的影子被人踩着。被踩着影子的小朋友要离开场地。谁的影子最后没有被踩着，谁就是胜利者。

乌申斯基说过："孩子年龄越小，就越缺乏长时间进行单一活动的能力而很快感到疲倦。多种形式的各种学习活动综合着交替进行，就能使儿童保持体力和心灵的朝气以及这个年龄所特有的快活性情，这样，儿童的学习兴趣、积极性、主动性都会得到最大限度的发挥，取得的成绩就会更大。"这位老师在教学中结合幼儿的生活实际，将"光和影子"这样抽象的知识通过实验演示的形式进行讲解，通过传统的手影游戏及户外"踩影子"的游戏让幼儿自己去体验，充分发挥了教师的主导性和幼儿的主体性，增强了学习的趣味性，激发了幼儿积极探索的愿望。可见，在运用分科课程时，只要注意克服其局限性，这种课

幼儿园课程论

程在教育过程中的优越性也是显而易见的。

# 第二节　幼儿园综合课程中教育活动的设计

综合课程是在学科课程的基础上，适当拓宽知识领域，将多门学科有机地结合在一起的课程模式。我国幼儿园综合教育是 20 世纪 80 年代涌现出来的一种非学科教育模式。它同活动课程、游戏课程等模式一样，使我国幼儿园由单一的学科教学课程模式逐步走向了多种模式并存的阶段。这一课程模式的产生是为了适应当时幼儿教育改革的需要，它力图打破教师讲、学生听的教育模式和忽视儿童主体性的具体做法，改进幼儿园一直沿用的学科课程模式存在的弊端——由于过分注重知识系统性与知识传递以致脱离了学前儿童的心智发展及其学习特点，寻求幼儿教育最优化的途径，以促进幼儿园教育质量的提高。目前，在上海、北京、南京等地区，许多幼儿园提出了"融合课程"、"整合课程"、"渗透课程"等模式，从本质上说，这些都属于综合课程模式。

## 一、综合性课程的含义和特征

### （一）含义

综合性课程是以主题或单元为核心的课程模式，就是把教育的主体、客体、中介及家庭、社会环境等各种教育要素综合起来，运用系统科学的理论，以各领域的知识内容为主导线索，有机地构成一系列教育主题或单元，在强化课程整体系统功能的思想指导下对幼儿实施教育，将课程的各种因素综合化的课程。

美国早期儿童教育协会（NAEYC）将综合性课程称作："使课程内容对幼儿更具意义的一种策略"。他们认为"将课程综合化的最主要目的是使课程对幼儿更有价值。"将综合性课程定义为"在儿童的经验范围内提供有组织的主题或概念，允许儿童在从一个或多个科目中抽提出教育目标的学习活动中去探索、去理解和去参与。"看来，只要课程强调了多个科目的综合学习，那就是与分科课程相区别的综合课程。

1986 年，赵寄石教授首先提出"幼儿园综合教育结构"的概念。明确阐述综合是指"顺应各教育因素之间相互联系、相互作用的客观规律，把它们组成一个有机整体。使各因素在交互作用中积极发挥各自的功能，从而提高教育效益。"并进一步指出，"综合"包含教育内容、教育手段和教育过程一个方面的综合，以及主题活动、一日活动、个别活动三个层次的综合。这一概念的表述虽然尚未使用"课程"一词，但其内涵已具有综合课程的意义。因此，1990年赵寄石教授又提出了"幼儿园综合教育课程"的概念，并指出它是指"幼儿园整体教育，反映幼儿园的整体结构和内在联系，体现各部分之间的相互作用以及整体功能。"不管以哪种方式综合而成的综合性课程，在结构上都可以有不同的结构化程度。结构化程度高的综合性课程，仍然反映的是以教师为中心、以课程的行为目标为导向、以结果为评价标准的课程特征。

综合的方式有：学科领域的综合、发展方面的综合、通过专题的综合、通过幼儿园环境的综合，最常见的还是通过专题的综合。

### （二）综合性课程的特征

**1. 优点**

1）综合性课程都是有关联的课程，综合课程重视各领域之间的联系，教学内容既可以以某一学科知识为线索，渗透其他学科知识的知识体系。

2）综合教育课程从幼儿发展的整体性出发，思考教育效果的整体性，从而全面地思考教育目标、教育内容、教育方法和手段之间的联系和作用，使幼儿园教育更好地发挥整体功能。这种课程模式有利于发挥教师整体驾驭幼儿教育的能力。

3）综合性课程由儿童一起参与设计，并能符合儿童的兴趣和需要，能促进主动的学习。

4）综合性课程的长处在于能够通过综合化的方式而实施较低结构化的课程。

**2. 缺点**

1）"拼盘"现象存在。"拼盘"是指"在名为综合的课程中，仍然保持着相当鲜明的分科痕迹"。事实上，多学科综合课程因主题与儿童经验的联系而自然拓展出各个学科，使各个学科与儿童所研究的主题发生紧密的联系。而"拼盘"现象则是把各个学科简单地拼接和相加，并看重从学科角度思考主题。以"水果"主题为例，某些综合课程以知识点自身的学科知识体系导出科学活动"水果作用"、数学活动"水果种类"、音乐活动"水果歌"、美术活动"画水果"、文学活动"苹果的故事"、社会活动"分果果"等，形成了主题名称在前的分科课程。拼盘现象的存在说明综合课程和分科课程的本质区别尚未明确，使综合课程流于分科形式，甚至出现"为了综合而综合"的现象，使幼儿园综合课程仅仅成为流行、时尚和新潮的代名词。

2）综合课程的泛化现象。综合课程的泛化现象表现为非综合课程也冠以综合课程之名，这也许是"为了综合而综合"的结果，也可能是对综合课程概念的错误理解。

3）综合课程失去了每个学科科目的独特性，看不到学科课程学习知识的方法以及这些课程表述知识的方式。综合课程使幼儿失去了足够的参与时间。

以某幼儿园综合课程为例，其主题是某一植物，在主题网络图中可以很直观地看到该主题活动的内容：从这一主题涉及的具体活动分析，这其实是关于某种植物的外形、用途、养护、种类等的专题课程，这些专题几乎单一地囊括在科学学科范围之内，而并不涉及语言、艺术、社会等领域或学科，更没有把多种学科从各种形式加以综合。但是，以主题的知识体系建构课程及实施所谓的"综合课程"似乎已经成为一种思维定势或惯性。这种思维定势下的专题中心取向课程在本质上并不是真正意义上的综合课程。"综合课程一定意味着包含源于两种或两种以上学科的课程要素。"这种把儿童当作"专家"研究问题的课程更多地体现为学科课程或领域课程。

综合课程不可能达到知识完整性的要求，只有教育工作者能从根本上理解各学科科目之间的共同之处和差异，理解综合能够实现的价值和所起的作用，那么综合性课程的计划才有可能实现。没有各种学科科目的基础，早期儿童的综合性课程很快会蜕变为快乐而无意义的活动或琐碎的东西。

## 二、幼儿园综合性课程中教育活动的设计和实施

### （一）综合性课程中教育活动设计的原则

教育活动应与儿童的个体差异相适应；教育活动应与群体儿童相适应；教育活动应与文化差异相适应；教育活动应将发展与学习联结一体。

### （二）较低结构化的综合性课程中教育活动的两种倾向

#### 1. 教师计划为主的教育活动

教师不同程度地从儿童的反馈中调整自己原定的计划，如单元教学。

#### 2. 以儿童生成为主的教育活动（教师加入不同程度的参与和干预）

两种倾向的教育活动的有机结合（其要点是处理好儿童生成的学习任务与教师预定的教学任务之间的关系，即处理好过程和结果之间的关系，其期望达成的结果是社会对儿童的教育要求与儿童的需要和兴趣之间尽可能相符合）。如瑞吉欧教育体系。

### （三）各学习领域为中心的综合性教育活动

对于学前儿童而言，课程很难被分割为若干方面，因为儿童的生活是一个整体，儿童的学习是一个整体。

## 三、幼儿园综合性课程设计时应注意的问题

### （一）主题的选择应贴近幼儿的生活

综合教育课程的主题确定，是进行课程设计的第一环节。主题确定是否适宜，直接影响着整个课程的实施效果。因为在课程中，各领域的整合必须依赖"主题"这一中心线索。因此，为使课程对幼儿产生真实的教育影响，选择主题时，应使主题贴近幼儿的生活。

具体的操作方法是：依据幼儿园的保教目标，根据季节、节日、认知、幼儿发展需要等和幼儿生活相关的内容，把教育划分成一个个相对独立又彼此关联的阶段，以主题活动的形式帮助幼儿积累经验，发展能力，提高认知水平。

### （二）根据不同主题的特点设计综合的活动内容

主题确定好后，应根据主题的特点及其涵盖的意义，用联系、整合的方法，构建系统的课程或活动系列。不同的主题，对各领域内容的整合有不同的要求，千万不能生搬硬套。因此，教师在设计课程、活动时，个人对主题的理解以及

对各领域相关内容的把握，就显得尤为重要。

## 四、幼儿园综合性课程教育活动案例

### 树叶（小班系列活动）

活动一：拾落叶、玩落叶

目标：

1）萌发观察、想象和表达的兴趣。

2）观察、发现树叶的不同的形状、颜色、大小，探索树叶的不同玩法。

准备：每人一只篮子或其他盛器。

过程：

1. 捡树叶

1）幼儿到户外捡树叶，自由交流。

2）组织幼儿说说各自捡的树叶的颜色和形状。

3）每人找出自己最喜欢的树叶，说说像什么或让同伴说说像什么。

2. 玩树叶

1）教师鼓励幼儿想出不同的方法玩树叶。

2）幼儿大胆尝试树叶的不同玩法。如：有的用树叶当扇子，有的把树叶埋到沙堆里，有的用树叶当挖土机，有的用树叶当飞机……

活动二：会跳舞的树叶

目标：

1）大胆想象，体验游戏带来的快乐。

2）仔细观察树叶飘落的情形，能随着音乐用肢体动作来表现。

准备：

树叶若干，录有旋律优美、节奏快慢不同的音乐（用以表示大风和小风）的磁带，录音机。

过程：

1. 表现落叶飞舞的情形

1）观察落叶，感受落叶飞舞的情形。

2）教师描述情形，幼儿用动作表达自己的感受。如"秋天到了，凉爽的秋风吹着树叶，树叶会怎么样？"启发幼儿回答并用肢体动作来模仿树叶摇晃、树叶轻轻飘落等情形。

2. 欣赏音乐，感受其旋律和节奏

1）引导幼儿思考：风大时，树叶怎么样？风小时，怎么样？风停了，怎么样？

2）启发幼儿随着音乐表现各种情形。如：轻轻摆动手或身体表现叶子随微风忽忽悠悠地飘落；急速扭转身体转圈表现叶子被大风吹得乱舞；一动不动地俯卧表现叶子静静地躺在地上，等等。

3）一部分幼儿扮演风，一部分幼儿扮演树叶，随音乐同时进行创造性的表演。随后，可交换角色进行。

活动三：叶子里的水

目标：

1）培养观察、比较的能力。

2）区别枯叶和绿叶，发现绿叶中有水。

准备：

每人一只塑料袋，绿叶和枯叶，小石臼，塑料碟。

过程：

1. 观察枯叶和绿叶的区别

1）观察、比较枯叶和绿叶有什么不一样。

2）捏一捏枯叶和绿叶，看看有什么不同。

2. 探索枯叶和绿叶的区别

1）用手撕一撕枯叶和绿叶，看看有什么不同。

2）小石臼捶一捶枯叶和绿叶，你发现了什么？（枯叶不能捶出汁水来，绿叶里有绿色的汁液）

3）带幼儿到户外用塑料袋包住树叶，第二天再来观察树叶的变化。

活动四：制作树叶服饰

目标：

锻炼动手能力，感受与家人共同制作的乐趣。

准备：

1）各种树叶，剪刀，塑料袋，毛线，双面胶，裙子，上衣，披风等。

2）这一活动前期需在家中进行。

过程：

1）幼儿与家长协商讨论制作什么样的服饰。

2）亲子制作鼓励幼儿大胆尝试，提醒家长不要包办代替。

3）幼儿身穿和爸爸妈妈一起制作的树叶服饰，随音乐自由表演。

4）幼儿身着树叶服饰，自由交流或进行角色扮演。

幼儿：这是我和妈妈做的，这中间的蝴蝶是叶子做的，后面是太阳，底下是树。

幼儿：我这衣服上的叶子一根一根的，像刺猬。

幼儿：这件衣服是荷叶做的，是缝上去的。

幼儿：我和爷爷把叶子插在背心里。

延伸活动：

1）所有树叶服饰布置在墙上，举办服饰展。

2）投放材料，供幼儿在活动区继续制作树叶服饰。

## 第三节　幼儿园区域活动课程中教育活动的设计

在幼儿园，幼儿喜欢自己或者几个小朋友在一个角落自由地摆弄玩具，写写画画，搭建一些积木，或几个小朋友扮演一些角色，这就是具有教育价值的区域活动，也称活动区活动、区域游戏等，它为幼儿提供了一个更加宽松、自由的活动空间。在这里，每个幼儿可以选择自己感兴趣或需要的活动，按照自己的学习方式和发展水平，自主选择内容和活动伙伴，主动进行探索、学习，可以找到适合自己学习的最佳方式，体验到快乐、成功和自信。这使得区域活动越来越受到广大幼儿园的关注。

区域活动是幼儿自主探索的一种活动，这种探索可以是幼儿之间的探索，有时也是教师和幼儿之间互动的双边活动，它可以是多种类型的学习活动，如以听说为主的阅读区、故事区；以动手为主的美工区和建构区；以探索为主的科学区和益智区。

新《纲要》明确指出"环境是重要的教育资源，应通过环境的创设和利用，有效地促进幼儿的发展，幼儿园的空间、设施、活动材料和常规要求等应有利于引发、支持幼儿的游戏和各种探索活动，有利于引发、支持幼儿与周围环境之间积极的相互作用"。这里说的环境主要指的幼儿园区域环境的创设。

# 一、幼儿园区域活动课程的内涵和特点

## （一）区域活动的内涵

所谓区域活动，指以幼儿的需要、兴趣为主要依据，考虑幼儿园教育的目标、正在进行的其他教育活动等因素，划分一些区域，如积木区、表演区、科学区等，在其中投放一些适合的活动材料，制定活动规则，让幼儿自由选择区域，通过与活动材料、环境、同伴等的积极互动，获得个性化的学习与发展的活动。

## （二）区域活动的特点

相对于其他幼儿园教育活动，区域活动具有以下特点：

### 1. 自由性

区域活动中，幼儿主要根据自己的需要、兴趣和能力，自由选择区域、材料以及和材料互动的方式与水平，幼儿在轻松、愉快、自愿的状态下活动与游戏，教师的直接干预较少，只有在可能发生危险、妨碍他人活动等情况下，教师才会干涉。

### 2. 指导的间接性

区域活动中，教师主要通过创设区域环境、投放活动材料等方式，间接影响幼儿的区域活动，较少直接指导。

### 3. 自主性

自主性是个性的一个方面，主要指一个人的独立性和主动性，区域活动中幼儿在没有压力的环境中选择自己感兴趣的材料玩玩做做，自主愉快的活动，更多关注的是从学习活动中获得的乐趣和成功的体验。

4. 个性化

区域活动更关注、尊重幼儿的个别差异，幼儿可以自由选择区域、活动材料、方式、同伴等，使幼儿在自己感兴趣的活动中、随意自在的气氛中个性得到显现和张扬，充分调动和激发了幼儿的潜能。

## 二、幼儿园区域活动课程的设计

区域活动的设计，是如何根据学前教育课程目标来创设活动区环境，选择和投放活动材料以及如何适当地指导幼儿活动。设计的是活动的材料、环境，将教育意图或目标转化为活动材料和环境，通过创设环境来影响幼儿的活动，再通过幼儿的活动达到预期的发展。

### （一）拟订区域的种类

这是设计活动区应首先考虑的问题，解决这个问题时需要考虑以下几个具体的方面：

1）幼儿的兴趣与发展需要决定了活动区的种类。

教师要考虑尽量满足幼儿认知、情感、社会性、语言、动作技能等多方面发展的需要。例如教师发现本班幼儿语言发展不足时，可以设定图书区，发现本班幼儿对美术感兴趣，就要设定美工区。

2）创设活动区的目的是为了给幼儿提供一个自由、宽松的学习环境。

区域活动是幼儿自主活动，游戏性和探索性强，但是活动区创设不是多多益善，而是应创设鼓励幼儿自由选择、便于操作，大胆探索的环境，因此应根据教育目的决定活动区的种类。

3）幼儿人数与活动室面积决定了活动区的数量和规模。

一般来说，每个活动区的最佳容纳量是5人左右，因此在设计活动区时，必须考虑幼儿的人数及活动室可能提供的空间，不能过于拥挤，适当设置标志。

### （二）选择适当的活动材料

活动区的种类确定下来之后，教师就应去选择、收集适当的活动材料。这是十分关键的一步，材料是区域活动的根本。皮亚杰提出："儿童的智慧源于材料。"教师在提供材料时，不能"一刀切"，既要考虑能力强的幼儿，还要兼顾到某一方面能力较弱的幼儿，使每一个孩子都能在适宜的区域中获得良好发展。一般来说，各活动区都有一些基本的、相对稳定的材料。例如：角色扮演区：娃娃家、超市、小商店及表演需要的服装、道具、家具等。科学区：动植物，物理、化学，例如放大镜、天平、望远镜、沙漏等适宜于幼儿探索的材料。操作区：桌面积木、积塑片等各种拼插玩具、串珠、七巧板等各种拼图等。语言区：图书、卡片、录放机、故事磁带等。如有可能，也可准备一些小木偶、小幻灯机，另设一个小剧场。美工区：纸、笔、画架、橡皮泥、胶水、剪子、各种空纸盒等制作材料。木工区：锤子、钉子、锯子、各种木条、木块等。

### （三）思考各活动区的活动内容与目标

教师应根据幼儿的发展需要和水平，围绕课程总目标和阶段目标以及本班幼儿的年龄特点制定活动目标。例如科学探索坊可以制定目标为培养观察、分析、比较能力，提高观察的品质。

活动内容是依附在区域活动的材料上的，教师可以根据领域活动的内容或者开展的主题活动，确定活动区活动的内容，同时老师还要关注幼儿的兴趣点，生成区域活动的内容。

## 三、区域活动的布置

陈鹤琴认为："怎样的环境，就得到怎样的刺激，得到怎样的印象，教育上的环境，在教育的过程中，起着一定的作用。"因此，教师在区域活动布置时要使活动室被充分利用，使幼儿得到全面发展。

### （一）布置活动区的策略

教师要根据各个活动区的特殊需要在现行的活动室空间内为其寻找最佳的位置。如，美工区经常需要水，所以它最好离水源近些。科学区、生物区需要自然光线，而且要便于将活动延伸到户外场地，因此，最好选向阳的一面，并能方便地通往阳台、院子等处。

1）动静尽量分开，避免相互干扰。图书区、数学区活动量小，需要安静，而表演区、建构区则比较热闹，容易喧哗。因此这两类活动区最好离得远些，以满足各自的需要。

2）区域之间要有适当的"封闭性"，避免因"界限"不明确而产生消极影响。可以利用各种玩具柜、书架、钢琴、地毯等现有设备作为各区的分界线或屏障。同时又要考虑各区活动的方便程度。

3）活动室内的"交通路线"力求畅通无阻，以避免幼儿在活动时产生拥挤、碰撞等情况。为此，活动室中央和各个门口最好不要设置活动区。

4）最好留有一块供集体活动用的场所。当然这个场所不一定非要单独开辟，如果有的活动区能够容纳下所有的幼儿则完全可以代替之。

5）避免出现"死角"，即教师视线不能随时看到的地方。这是出于安全的考虑。

### （二）布置活动区应注意的问题

#### 1.注意活动区安全

良好的学习环境首先应是安全的，教师应减少和消除区域中不安全因素，如，家具的摆放要牢固、平稳，钉子、剪刀、电源等容易引发危险的，教师要强调安全使用。

**2.布置符合幼儿年龄特点**

教师要根据幼儿年龄特点，让他们去做实际年龄水平力所能及的事情，布置投放的材料应该是幼儿自己就能取到，并能放回去的。

**3.营造活动的氛围**

应努力为幼儿营造活动所需的心理氛围。如，图书区，就应以安静为主，不要大声说话或喧哗等。

**4.遵守活动规则**

由于幼儿可能并不熟悉材料使用时应注意的事项，可能会对其安全造成潜在的危险，或因此而起冲突，妨碍其他幼儿的活动，所以在把活动区完全开放之前，应首先让幼儿了解并熟练掌握相关的规则。

## 四、幼儿园区域活动的指导

区域活动是儿童自由自主的活动场所，但并不是教师可以不管不问，教师适时、适度地指导，可以促进区域活动的顺利开展和不断丰富与深化，不断调整区域的环境，特别是材料的投放，又可以促进幼儿区域活动不断发展，从而引导幼儿思考、探索，不断培养幼儿自主、独立自信、创造良好个性心理品质。

### （一）帮助幼儿熟悉区域

区域活动开始阶段，幼儿可能会有浓厚的兴趣，但对区域材料、规则等的不了解，会在很大程度上削弱甚至阻碍幼儿区域活动的开展，因此，教师应先介绍后开放，介绍一个区，开放一个区，才能增强有序性和区域活动的功效。教师要采用多种方式，帮助幼儿熟悉区域的材料、规则等，当区域中投放了新材料或者需要幼儿创造性运用材料需要教师的介绍和演示，教师要坚持循序渐进地介绍活动区，可以向幼儿逐个介绍新区域，最后帮助幼儿逐渐熟悉所有区域。

### （二）观察幼儿的区域活动

观察是指导的前提与基础，观察幼儿区域活动的根本目的在于，获取关于幼儿园区域活动系统的现状及如何改善等方面的信息，为进行相应的指导提供基础。教师观察的内容主要包含以下几个有机联系的方面：

**1.常规性观察**

教师首先要观察幼儿做了什么，如何做的，做的水平如何等内容，这是长期以来幼儿园区域活动中教师观察的主要内容，因此成为常规性观察。与此同时，教师要将这些常规性观察置于幼儿园区域活动系统的有机体制中。

**2.区域活动和集体活动、社区与家庭等非区域活动之间关系方面**

幼儿在区域活动中的活动内容、方式与水平等，和之前的集体活动、社区或家庭有什么关系？区域活动之前的集体活动、社区或家庭活动，对幼儿的区域活动产生了哪些影响？区域活动中，幼儿哪些经验有待修改、完善、丰富与深化？为何时、如何开展以及开展什么样的集体活动、社区或家庭活动提供了哪些信息？这方面的观察主要是为区域活动和非区域活动之间的积极互动提供契机、方式与内容。

### 3. 各区域活动之间关系方面

不同区域活动的活动内容、方式与水平是怎样的？不同区域活动之间的互动情况如何？这种互动现状和幼儿在区域活动中的活动内容、方式与水平之间有什么关系？这种区域活动之间互动的情况与现状，哪些方面不利于幼儿区域活动的丰富与深化，哪些方面促进了幼儿区域活动的丰富与深化？为了进一步促进幼儿区域活动的丰富与深化，可以如何进一步激发与促进各区域活动之间的互动？这方面的观察主要是为各个区域活动之间的积极互动提供契机、方式与内容。

### 4. 区域活动中幼儿之间互动方面

同一区域活动内部或不同区域活动中的幼儿之间有没有产生互动，互动的情况是怎样的？这种互动情况对幼儿区域活动的内容、方式与水平产生了哪些影响？接下来可以如何改进幼儿之间的互动？这方面的观察主要是为区域活动中幼儿之间的积极互动提供契机、方式与内容。

### 5. 区域活动中材料方面

区域活动中提供的材料是否具有一定的层次性，是否丰富，是否有足够的参与空间？可以如何添加或删减材料？不同区域活动中的材料之间可以如何组合？等等。这方面的观察，可以帮助教师捕捉关于何时、如何添加、删减、组合或拆分材料等方面的信息与信号，以促进区域活动中材料的不断优化。

### （三）教师指导，适时介入

教师的指导在儿童与区域材料的互动中起着关键的作用，它直接影响区域活动的质量。在区域活动中教师是幼儿的引导者、促进者，教师在各个区域观察，或者参与游戏，或者提问或提建议，根据需要增加或删去材料，鼓励幼儿积极参与活动，促使幼儿参与到活动中，发展幼儿的能力，实现区域活动的教育目的。

教师指导的方式有：

### 1. 教师直接介入

教师以指导者身份直接参与到区域活动中，提出具体的活动要求，这种方法适用那些没有耐心，能力比较弱的幼儿，需要个别教育和指导的幼儿。或者在观察中发现幼儿违反规则、争执或出现攻击性行为时需要教师直接进入区域活动，对幼儿直接干预。

### 2. 以材料为媒介

教师通过提供材料的投放与变更方法来支持和帮助幼儿在游戏过程中的学

习。教师在空间距离接近幼儿，与幼儿使用相同材料，引起幼儿模仿，起暗示指导作用。

### 3. 教师以角色身份介入

教师根据需要通过扮演角色形式指导区域活动，当幼儿在活动中遇到困难或出现争议的时候教师以角色身份介入不仅不会影响幼儿正在进行的活动，反而幼儿容易接受，并帮助幼儿解决问题或扩展情节。

## 五、幼儿园区域活动课程教育活动案例

### 找 平 衡

大班科学探索区，教师按幼儿的水平设置了多组活动，每组活动又有不同的层次。有 10 位小朋友分别根据自己的意愿进入各组活动。某老师今天重点观察这 10 位小朋友的活动情况，其中奕奕、小明、美美、小青小朋友选择了第三阶段的称圣女果并记录（找平衡的条件）。活动开始了，奕奕将 8 颗圣女果放进秤盘，由于秤是用木棒自己做的，比较粗糙，再加上奕奕打秤杆时动作太大，秤砣要么放得太外面，秤杆往下掉，秤砣也不停地啪嗒啪嗒往下掉，要么太靠里，称杆往上翘，惹得大家不住地向她张望。奕奕一开始还是笑眯眯的，动作也漫不经心，称一下瞧一下别人。她尝试了 6 次，后来几次动作一次比一次快，有时想也没想好就做，都没有成功，焦急的情绪写在脸上，看老师过来了，慌忙在记录纸上随意地标了一个记号。某老师看在眼里，轻轻地走过去："奕奕，你先称，称好了再记；慢一点称，先想一想，再试一试，好吗？"奕奕紧张地点点头，又尝试了一次，那杆秤似乎跟她作对似的老往上翘。董老师问："奕奕，你的秤不能保持平衡，你觉得问题在哪里呀？"奕奕装作思考状，眼睛不住地看老师。"你先看看旁边的小明。"奕奕停止手中的活，认真地看小明称，老师也和奕奕一起看。只见小明小心地把秤砣拨出去，不一会儿就平衡了。小明一称好，看也没看秤砣在哪个位置，就马上收拢秤砣，去记录了。老师一边叫奕奕再试一试，一边观察小明是怎么记录的，只见他在表示 6 颗的秤杆上随意地标了一个位置，2 颗、4 颗，他也已经称好了，但记录纸上的秤砣位置比 6 颗的还要靠外。那边奕奕终于称平稳了，她高兴地大声说："老师，成功了。"老师也高兴地说："赶快记下来。"老师指着小明的记录纸说："小明，6 颗果子时秤砣的位置怎么比 4 颗果子的秤砣位置要近呢？""对呀！""你称给老师看一次。"小明先称 4 颗，秤稳了马上又收拢。老师问："小明，你刚才看清楚了吗？秤砣停在秤杆的什么地方？""这里。"他随便点了一点。"是这里吗？""这里。"他又换了个地方。"你再称一称，到底在哪里？"权权称好后总算仔细地数了数，摸了摸头说："我知道了。"随即小明修改了前面的记录。

活动中老师非常准确地观察到了幼儿的发展水平，提供了符合幼儿"最近发展区"的材料，材料符合幼儿真实水平，具有真正意义上的"问题"。活动中教师的观察是非常仔细的，在指导过程中教师又善于耐心倾听，不急于给幼儿提供帮助，而是通过材料、问题等媒介引导幼儿独立探索，帮助幼儿解决困惑。

教师观察到位，措施有效，所以师生互动和谐。

# 第四节　幼儿园主题活动课程教育活动的设计

主题活动课程是在一段时间内围绕一个中心内容即主题来组织的教育教学活动。它将各种学习内容围绕一个中心，可以是一个问题，也可以是一个发生的事件，还可以是某一节日等等，有机连接起来，从而打破了学科之间的界限，让儿童通过该主题的学习，获得与主题有关的比较完整的经验。由于单元主题课程不强调各科精细的知识，而是强调儿童的生活本身就是一个整体，以儿童生活中的某一事件或某一中心做主题，围绕它来组织教育教学活动，儿童自然能得到比较整体的知识，这些知识中自然也包括多学科的知识，但对于儿童来说，由于与他的生活接近，他不会觉得那么枯燥，儿童获得的认识也不是割裂的。

新《纲要》指出幼儿园教育活动的组织应注重综合性、生活性和趣味性，因此围绕幼儿的生活而开展的主题活动成为幼儿园的重要教育手段。

## 一、幼儿园主题活动的内涵和特点

### （一）幼儿园主题活动的内涵

主题活动课程是指围绕着贴近儿童生活的某一中心内容即主题作为组织课程内容的主线来组织教育教学的活动。

主题活动强调，儿童生活中的世界是以具体的事物为主，儿童所接触的事物通常自然地包含着多个学科领域，他们需要的是对食物有一个较为全面的、整体的、生活化的认识。所以主题活动所涉及的范围和学科领域很宽泛，教师要充分调动儿童群体、教师群体、幼儿园、家庭及社区等多方面资源创设儿童的学习环境，为主题服务，教师要会发掘与整合教育资源，设计活动方案，在实施时还要关注儿童的学习活动情况，调整活动方案，使主题深化，儿童获得与主题中心内容相联系的较为完整的经验。

主题教学的设计，现在在幼儿园是比较常见的。但常出现的问题是，由于每个单元都围绕一个主题，因此主题与主题之间的学习内容常常没有什么联系，前后缺乏连贯与衔接，使儿童获得的知识与经验仍然停留在各自为政的局面。这是主题教学所要避免的。

### （二）幼儿园主题活动的特点

#### 1. 知识的横向联系

主题活动重视各学科知识之间的横向联系，打破了学科领域之间的界限，将各个方面的学习有机地联系起来，这样儿童所获得的经验是完整的。主题活动的中心是幼儿生活中的一个具体的问题，幼儿需要对问题有一个较整体的、生活化的认识，而不是获取精深专业性知识但却相互割裂的。例如设计主题活动让幼儿认识"水",可以设计给幼儿有关"水的沉浮"、"水的三态"、"水的保护"、"节约用水""水和生命的关系"等多方面的经验,但是我们不是让幼儿知道水的分子组成、水的电解、水和其他物质的化学反应等精深的知识,重点是与幼儿生活相联系的可感知的、浅显的,如水是无色的、会流动的,人、动物、植物都离不开水,水有很多用处,要节约用水等等,涉及水的形态、特点、作用,人类与水的关系、生态环境等方面,开展关于水的主题活动,如果在夏天还可以将玩水活动渗透其中,这样就可有机联系到科学、语言、社会、健康等领域的教育。

### 2. 教育资源的整合

主题活动整合了幼儿园内外各种与教育内容紧密相关的资源。幼儿园、家庭及社区中有许多丰富的教育资源,都需要充分运用到主题活动中。例如主题活动"亲亲泥土"就有许多活动是要整合家庭资源的,教师可以让幼儿回家请家长帮助收集各种泥土和泥制品,还可以让家长带孩子到商店参观陶艺制品。

### 3. 学习的探究性、游戏化

主题活动涉及面广,多与儿童的生活相联系。主题活动中的许多活动都具有探索性,儿童感兴趣,往往边游戏边探索。如主题"亲亲泥土"中,以幼儿的自主探究为主,幼儿探究土的不同特性,体验土与动植物之间的关系,通过用泥捏、塑、雕游戏活动进行艺术创作,这些都是儿童十分喜爱的游戏,儿童在游戏中会获得丰富的知识经验。

### 4. 计划的可变性

主题活动的计划制定后在执行中不能是死板的,主题活动是建立在对儿童已有经验和活动过程的学习状况有充分了解的基础上而展开的。教师组织活动前要细致考虑到主题相关的各种可能性,在活动中要及时捕捉儿童活动的信息,并及时做出反应,根据活动过程需要调整计划,所以主题活动的方案是灵活的。如在中班主题活动"影子游戏"中,开始设计时让幼儿在室内灯光下找影子,突然一个孩子发现太阳光照射到窗户上,留下了窗户的影子,这时老师可以改变计划带着孩子到户外去找影子。

## 二、主题的选择和开发

"主题"是主题活动的核心,起着统率的作用。它是幼儿参与的系列活动的导航灯,又是教师拟定活动方案的出发点。选择与确定合理的主题,是开展主题活动的第一步。主题是儿童生活中存在的一个事物或幼儿感兴趣、疑惑的问题。

### (一)选择开发主题的依据

在具体选择开发主题活动过程中应考虑哪些因素?陈鹤琴先生认为,幼儿园课程应以自然和社会为中心。那么什么是主题活动的中心呢?他说:"这当然要根据儿童的环境。"他认为儿童的环境不外乎两种：一种是自然环境，如动植物和自然现象等，自然界的植物包括蔬菜、水果、树木、花卉等；一种是社会环境，如节日、家庭、公共设施等。可确定的主题如节日，包括中秋、六一儿童节、元旦、端午等。自然和社会这两种环境是儿童天天接触到的，应当成为幼儿园主题课程的中心。

一般来说，所选择的主题要贴近儿童的现实生活，并能被幼儿用于日常生活中，才能有效地引发儿童的兴趣，实现教师与儿童的互动。如主题"好吃的水果"、"我长大一岁了"、"各种各样的镜子"、"我要上小学了"中的大部分内容都来自幼儿的生活，是他们所熟悉的，因此，开展起来就比较丰富，幼儿的参与性强。

### 1. 儿童的兴趣、需要、已有经验

儿童感兴趣的事物中可能包含着丰富的教育价值，可以作为活动主题。儿童的需要和兴趣有些不一样，教师可以通过谈话、观察幼儿的自由活动，了解幼儿的需要、兴趣和已有经验，考虑设计主题。例如教师发现有的幼儿对各种汽车感兴趣，老师就可以以"各种各样的交通工具"为主题，引导幼儿认识公共汽车、电车、小轿车及轮船、飞机等水陆空交通工具。

### 2. 有可以利用的教育内容和资源

一定的教育资源，是主题活动开展的前提和基础。有些学习内容和学习材料会有规律的呈现，如四季的变化、节假日等，按照节日和季节的变换选择主题是最常见的。而有一些偶发事件，也是难得的好题材。如幼儿刚刚旅游回来的照片、下完雨后的彩虹、在植物角发现的蚯蚓等，都可以成为主题，如"快乐的假期"、"雨后彩虹"、"神奇的蚯蚓"等。有时，教师个人的特长、能力和知识储备在一定程度上影响主题的选择与确定。例如有的教师喜欢美术，平时就搜集了许多剪纸和制作材料，这样教师在"有趣的剪纸"和"服装秀"等主题活动中就可以充当"专家"的角色。有的教师喜欢集邮，"有趣的邮票"主题活动就可以开展了。

### 3. 教育目标

强调儿童的兴趣并不否认主题活动的目的性。主题活动是实现学前教育目标的手段，获取知识、发展能力、体验情感的目的性是课程特征，在主题选择与确定过程中，教师应考虑哪些知识是幼儿必须学习的，主题中应蕴含的。因此，我们既要考虑儿童的兴趣和需要，也必须考虑社会的要求；既要满足儿童即时的兴趣和需要，也要促进儿童的发展。如果教师一味地强调关注儿童当时的兴趣，而没有看到这样做的目的是为了让儿童更有效的学习，更加健康全面地成长、并最终成为社会所需要的人，那么，这样的主题活动只是形式上的活动。

主题活动的目标需要考虑幼儿发展的总目标、主题中体现的价值、幼儿的具体情况。我们可以直接从教育目标出发，寻找相应的活动主题。例如，根据目标"培养幼儿热爱大自然的情感"，就可以选择"美丽的春天"、"金色的秋天"、

"神奇的海底世界"等主题，通过这些主题，让儿童在了解自然中的许多秘密的同时，让幼儿体验大自然的神奇，感受大自然带给我们的恩泽，唤起幼儿对大自然的爱。

当然，一个目标可以通过不同的主题活动来实现，同样一个主题活动也能实现不同的教育目标。

设计"亲亲泥土"的主题活动时我们就可以通过这个活动去实现不同的目标，让幼儿收集各种泥土，并在玩弄泥土的过程中，感受泥土质的柔软与坚硬，粗和细等不同质感，感受到在加水后泥土的变化，不同泥土的不同特性，感受植物与泥土的关系，这是主题活动要达到的科学知识目标。幼儿尝试把泥土加水进行玩泥活动，如制作泥碗、泥人，搭泥房、做泥糕等，探究捏、塑、雕等用泥进行艺术造型的技能，同时在操作中体验制作和表达的乐趣，这是主题活动要达到的艺术目标。最后还可以策划泥巴总动员展览活动，让幼儿将自己的创作作品全面展示，培养幼儿的良好的沟通能力和团队合作精神。

### （二）活动主题开发与选择

活动主题产生方式可以灵活，可以是幼儿自发产生、教师通过创设环境间接激发幼儿产生、还可以教师根据本班幼儿自行开发，也可以借鉴他人开发好的。常见的主题选择和开发有以下几类：

#### 1. 选择与幼儿个体发展有关的主题

幼儿身体的特征与功能，身体的发展与变化，身体健康、安全和保护等，都可以成为活动的主题，如："我的眼睛用处大"、"自己来活动"、"小小营养师"、"做个中班的好孩子"等。根据幼儿的爱好、兴趣、能力和情绪等，可以设计相应的主题如："快乐的六一节"、"能干的双手"、"感恩母亲"、"快乐的我"等。

#### 2. 选择自然环境开展主题

幼儿生活中的自然环境资源十分丰富，可以从中挖掘，产生相应的主题：动植物："海底世界真神奇"、"有趣的豆宝宝"、"好吃的蔬菜"等；自然现象："下雪了"、"美丽的彩虹""奇妙的光"等；自然事物："神奇的风"、"地震来了"、"好玩的水"、"好玩的石子"等。

#### 3. 选择社会环境与生活开展主题

随着儿童生活圈的扩大，儿童的社会接触面以及各种人际关系会不但扩大，扩展到社区、各种社会机构、不同的人物角色、不同的文化、不同地域的人等。相应的主题有："让爱住我家"、"快乐的幼儿园"、"超级市场"、"好玩的玉米制品"、"有趣的广告"等。

#### 4. 选择生活中的科学开展主题

科学的发展丰富了人类的生活，同时为幼儿提供了探索简单的科学原理，了解科学知识的机会。如主题"建筑机械"、"天文望远镜"、"有趣的交通工具"、"神奇的磁铁"、"安全用电"等。

### 5. 选择即时发生的重大事件开展主题

教师要有敏锐的眼光，对当前国内外发生的重大事件，结合幼儿的年龄特点开展活动，培养幼儿的社会意识与责任感，开发主题。如"奥运总动员"、"神舟七号"、"汶川大地震"等。

## 三、主题活动的设计

主题活动在设计的时候除了要全面考虑目标、内容、方法等方面外，还需要教师统筹兼顾，从主题网、目标体系到各个活动具体设计。

确定了主题之后，首要的任务就是制作主题网，主题网是由许多与主题相关的下位概念或主题编制的，在制作主题网之前，教师必须树立整合的教育观。教师可以调动自身与主题相关的知识经验，自己设计，也可以参考专家设计的主题网。教育内容的整合是学前教育整合的主要表现，教育内容整合的主要表现是使同一个领域的不同方面的内容、不同领域的内容之间产生有机的联系，最终让这些内容体现在主题网中。

### 1. 制作主题网的过程

（1）联想

活动主题教师尽可能围绕某一主题，展开丰富联想，充分调动主题相关的知识经验，将头脑中出现与主题有关的内容写在一个个小纸片上。而且，这些内容要尽可能特别和具体。如果有幼儿参与，也需要及时把幼儿的不同想法用简明的文字记录下来。

（2）分类

将记录着不同字词的纸条（可以选不同颜色的纸条）按类别分组，尽量把性质相同的字词归到同一类别中。这样做的目的是了解每一组的特殊性质。

（3）命名

最后可以在一张大纸中央写上主题名称，选择合适的字词或短语概括已经归类的每一组，即为每一组设计一个标题。（可以用不同颜色的笔制作标题）

（4）合作

在这个过程中可以和同事讨论、交流、分享，如果有和主题有关的内容还可以加入，丰富主题网。

（5）连接网状图

最后在主题周围画一些辐射状直线，与每一小组的标题相连，通过每一组小标题再与小组内容相连，将这些字词按组使用网状图连接起来，能让我们直观地看到主题的各个活动和所涉及的领域。

### 2. 设计主题网

主题网可以按活动内容而展开，这样教师就可以清晰了解活动之间的关系，有利于活动内容的拓展和生成。如图8-1主题活动"光"就是这样的主题网。

故事：七色花　　　三棱镜下的太阳光

种子发芽了；没有阳光的种子；阳光下的种子；歌曲：树苗苗；舞蹈：种瓜；绘画：太阳与花

太阳的颜色

飞机、眼睛火柴、火机、蜡烛、电视、烧香时、电脑、车灯、金属、太阳、星星、月亮、瀑布、镜子、指甲油、衣服的亮片、鞋子、表、电灯

太阳公公与植物　　太阳

奇妙的光

反光　　　　　什么会发光

光与影子

光、影子、人的影子、树、花、房子的影子；幻灯片：乌鸦喝水

游戏：镜子反光；瀑布闪闪发光；金属、水、金纸

游戏：踩影子。1. 互相踩影子；2. 踩自己的影子；3. 你能踩到自己的头吗

手影戏、动物、画手影

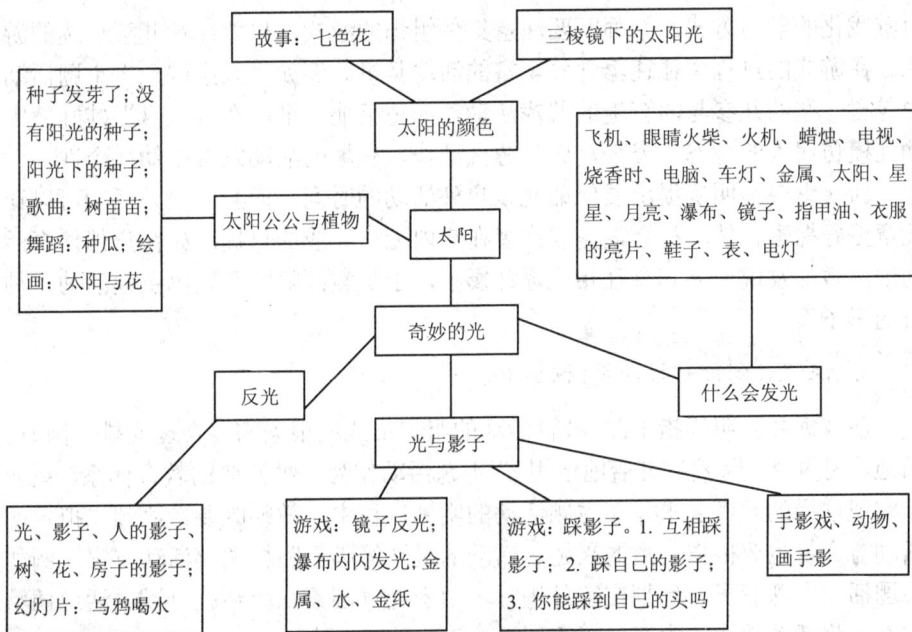

图 8-1　主题活动"光"

## 四、主题活动的指导

在主题活动的组织过程中，教师要特别注意以下问题：

### 1. 发挥幼儿学习的主动性、积极性

陈鹤琴先生说："幼儿自己能够做的，就让他自己去做。幼儿自己能够想的，就让他自己去想。"在主题活动中教师要努力体现这一教育原则，尽量让幼儿自己去想自己去做，发挥幼儿的主动性。例如在主题"春天来了"，教师要放手幼儿自由的观察春天的花草和小动物，并用自己的方式记录。由于主题活动的切入点是孩子的兴趣。因此在活动中幼儿的学习主动性、积极性都得到了最大程度的发挥。同时由于主题教学中问题的结论是由儿童与同伴、儿童与教师、儿童与家长共同探究而来的，因此在儿童的学习特点上不再表现为被动接受教师灌输，而是在学习的过程中表现出极强的主体意识。幼儿在活动中，他们往往不再满足于"听"，而更愿意"做"和"问"。所以，教师应该在活动中多采用合作探究的活动方式，采取多种形式激发儿童的探索欲望。

在合作探究的过程中，教师的一个重要任务就是引导幼儿发现问题、解决问题。而不是代替幼儿，所以教师应鼓励幼儿主动探究、大胆尝试、自主学习。

在探索性主题活动中，还要注意面向每一个幼儿，尊重幼儿的个性差异，允许孩子发展的不同方向和不同水平，并采用不同的教育方法和评估标准，为每一个儿童的发展创造条件。

### 2. 尽量采用游戏的方式，多提供户外活动的机会

幼儿园主题活动课程是以游戏和活动为基本活动形式，主题活动要更多采

用游戏化的学习方式。教师既要注意集体组织的游戏，也要注意儿童自选的游戏。在游戏的过程中往往蕴含着丰富的活动契机。例如"亲亲泥土"主题活动中包含一些幼儿参与的有趣的游戏活动，如猜猜他是谁，在音乐《泥娃娃》中幼儿模仿泥人的神态、姿势，边唱边做动作，有趣的活动发展了幼儿个性。

新《纲要》明确提出要保证儿童户外活动的时间，而且，户外活动可以让儿童更好探索自然和社会，完成许多在户内无法完成的目标。如在户外体育活动中，教师发现许多儿童互相追逐踩影子，于是教师随即开发出主题活动"神奇的影子"。

3. 课程做到计划性和灵活性相统一

新《纲要》明确指出："教育活动的组织形式应根据需要合理安排，因时、因地、因内容、因教材灵活地运用。"主题活动作为一种开放的教育体系，更应该实现这样的教育要求。在主题活动的实施过程中，教师既要参照预先拟定的活动方案，也要根据儿童的兴趣、活动的进展等因素随机调整活动方案。例如主题活动"踩影子"计划在室外进行，由于天气因素，教师就可以灵活地调整方案，将活动放在室内开展"手影游戏"。

4. 注意知识的整合和可利用资源整合

设计主题活动时，应考虑对五大领域的涵盖，将各领域内容有机的结合起来，例如"牙齿"既包含科学知识对牙齿的认识，也有社会知识，如何和保健医生交往，还有通过《没牙齿的大老虎》故事，来提高幼儿的语言和阅读能力。因此应尽可能地相互联系、有机结合。

在主题活动中教师要能充分利用幼儿园、家庭、社区和互联网的资源为主题活动服务。教师要把一日生活看做是一个教育整体，让一日生活的各个环节都成为实施主题活动的课堂。儿童一日生活包括了多种多样的活动，这些活动可以大致区分为教育活动、游戏活动及生活活动。这些活动在儿童的发展中都具有特殊的价值，起着特定的作用。因此，主题活动的实施应关注幼儿一日生活中的各类活动，并注意各类活动之间的有机联系，发挥这些活动的互补作用，做到在生活中学习，在游戏中学习，学习联系生活、利用生活，游戏反映生活、反映学习，使一日生活成为一个真正的教育整体。教师要在各种活动中将儿童的发现、探究和体验结合起来，将计划的学习情境与变化的学习情境结合起来，把各种探索活动有机地结合起来，把以前的活动与现在的活动和将要进行的活动结合起来，使各种学习活动产生多维度的联系。避免各种活动之间封闭、割裂甚至抵触的现象。

还要整合家庭资源为主题活动服务。教师要引导家长配合，共同推进主题活动的深入。家长的职业可以成为主题活动资源，如在主题活动"发生火灾怎么办"，可以请做消防员的家长来辅助教师开展一些教学活动。当然我们在挖掘利用家庭资源的时候，还要考虑到家长在时间、精力上的困难，不给他们增添额外的负担，可以通过各种形式的家教讲座、家长会、家长参与式研讨培训等，转变家长的教育观念，唤醒家长参与教育机构活动的积极性。成立班级"家长委员会"，让家长以主人翁的态度参与班级管理工作。教师可针对擅长动手操作的家长，在主题活动中设置亲子小制作、科学小实验展示、游园活动环境布置等活动充分展现他们的心灵手巧。教师还可以吸纳有时间、有能力、由兴趣的家长参与到主题活动中来，如从事艺术职业的家长在"我与春天有个约会"中与幼儿同画、同唱、同演奏……家长的融入不仅开阔了儿童视野，而且分享体验到教育的快乐。在参与方式上，可以通过想点子、资料提供、联系场所等方式参与。还可以发动家长收集、提供与主题活动有关的资料。此外，教师可以在家园栏里开辟《主题活动》栏，张贴主题活动的月目标、网络图、每周活动计划等，并通过各种形式向家长反馈儿童发展状况。帮助家长了解主题活动的开展情况，与家长建立密切的关系。教师也可适当开展一些亲子活动，促进家园教育的同步。如在主题活动"我与春天有个约会"中，儿童与家长一起寻找春天里植物、动物、我们小朋友的变化。

教师还要善于利用社区的环境设施、人文资源和互联网资源，及时丰富主题活动的内容和材料，让主题活动真正成为一个开放的体系。

## 五、幼儿园主题活动课程教育活动案例

### "快乐六一节"主题活动方案

设计意图："六一"是孩子们盼望已久的节日，把快乐、欢笑、温馨、童趣带给每一个孩子是幼儿园一贯的宗旨。为了让孩子们过一个开心难忘的节日，摒弃了文艺表演、大型演出等以大人为意愿的六一形式，决定把决策权留给孩子。幼儿是真正的小主人，把庆祝活动的主动权交给孩子，为孩子的童年留下美好的记忆，让孩子们自主讨论研究，开展"快乐六一"的主题活动，设计出一套属于自己的真正快乐的六一节活动方案。活动开展不仅仅局限于六一当天，可以为六一快乐周。

幼儿自由发言，教师记录。

幼："我希望能吃好东西……

师：喜欢吃什么样的好东西？

幼：比萨饼、水果沙拉、可乐鸡翅……

幼："我希望去看电影，看奥特曼、狮子王……

幼："我希望画一幅漂亮的画……

幼："我喜欢玩玩具。"

幼："我觉得大家应该唱歌跳舞庆祝一下。

依据幼儿的讨论，老师、幼儿共同确定出六一活动方案可以设 5 个小活动进行。分别是"布置漂亮教室"、"快乐放歌"、"开心美食"、"亲子大比拼活动"、"精彩电影"。每一个活动提供给孩子很大的自我展现空间，在很大程度上既锻炼了幼儿的动手能力，又提高了幼儿的合作能力、语言表达能力、表现能力、创新能力，让幼儿真真切切地感受到六一的快乐。

活动一：布置漂亮教室

设计意图：依据孩子们的心愿，我们确立了孩子们自由创意装饰环境，打扮教室的活动方案。幼儿园提供多种活动材料，并邀请家长参加创意装饰。

目标：

1）用画、捏、制作等形式，创意完成自己的各种作品。

2）尝试自主解决操作过程中的一些问题。

3）体验与同伴合作的乐趣。

准备：

1）各种卡纸、皱纹纸、海绵纸、蜡光纸、砂纸、电光纸、白纸等。

2）各种颜色的创意橡皮泥，以及橡皮泥工具。

3）各种辅助材料：曲别针、透明胶带、双面胶、胶水、剪刀等。

过程：

1）快过节了，小朋友想一想怎样布置我们的教室，让我们愉快的渡过一个儿童节。老师与幼儿讨论哪些场所需要装饰，幼儿发言。归纳出几处装饰场所：活动室、走廊、大门，以及教室一角。

2）请幼儿讨论各场所应该怎样装饰漂亮。

3）幼儿分组活动，自由创意，师巡视指导，帮助幼儿解决难点问题（如：不会做的装饰物师可给予适当的示范讲解）

4）幼儿作品完成后，各小组代表展示讲解自己的作品，与爸爸妈妈一起将折好的千纸鹤、剪拉花、窗花布置环境装饰。

活动二：快乐放歌

设计意图：六一最想唱什么歌？在哪里唱歌？孩子们讨论激烈，"快乐放歌"活动一经诞生，大家纷纷献言献策，形式多样，不拘一格。

目标：

1）知道六月一日是儿童节，乐意用歌声来表达欢快的心情，感受节日的热烈气氛。

2）能与同伴大胆演唱歌曲。

准备：

1）装饰材料、活动区。

2）话筒、打击乐器、手卷花、扇子等道具。

过程：

1）小组讨论"最喜欢演唱的歌曲有哪些？""用哪些道具？""什么时候演唱幼儿园园歌？怎样歌唱六一？"。

2）幼儿到表演区小组排练，老师分区指导。

3）大家一起布置、装饰演唱场地。

4）分不同形式演唱歌曲：大合唱、小组合唱、歌表演等等。

活动三：开心美食

设计意图：在节日里吃什么食品？怎样吃得健康科学，开心快乐？怎样体现节日美食？都是孩子们非常关心的话题。我们在尊重孩子想吃自己动手做的食品，好乐佳一样的自助餐基础上让孩子们讨论开心美食。

目标：

1）愿意在老师的指导下，尝试使用厨房小工具，体味做厨师的乐趣。

2）感受与伙伴分工、合作的快乐。

准备：

提前联系伙房准备发好的面团、各种水果，厨房小工具等。

过程：

1）幼儿讨论如何分工、合作，怎样安全使用小工具。

2）幼儿分组制作，可预设如下小组区域：

一组：面点组。用发好的面团做各种麻花、饼子、小果等。请厨房阿姨蒸熟。

二组：比萨组。尝试为比萨饼上添加辅料，体验拼盘的乐趣。

三组：沙拉组。尝试用小工具做水果沙拉。用榨汁机榨出各种水果汁。

3）幼儿自愿选组，与老师一起制作。

4）先讨论如何文明用餐，然后将制好的食品分组摆放好，幼儿开始自助餐。教育幼儿不要浪费。

活动延伸：预留部分食品，请家长品尝。

活动四：亲子大比拼活动

目标：通过全家成员共同做游戏，及才艺表演，培养幼儿的合作交往能力以及自信意识。

过程：才艺大比拼（我最棒）红队与蓝队打擂（提前两周，激发家长、幼儿踊跃报名参与）家长与孩子同台展示才艺，参与者可任意选择比拼班级。

活动五：精彩电影

设计意图：孩子们喜欢看动画片，但多数时间是看电视，那电影是什么样子的？许多小朋友一起怎样看电影？在孩子们的节日里让孩子们了解电影、感受电影带来的快乐并能遵守公共场合的规则是我们设计这个活动的主要意图。

目的：

1）了解电影，感受电影所带来的乐趣。

2）懂得入场规则，学会安静欣赏。

准备：与影院联系好。

过程：

1）进行主题活动"电影的产生"，大家一起了解电影。

2）共同谈论看电影的规则，然后制定规则。

3）组织幼儿集体观看电影。

4）看后，老师与幼儿谈话，回忆电影故事，感受电影乐趣。

活动延伸：

1）老师与幼儿一起回顾"快乐六一"的难忘情节、快乐场景等，请幼儿说说自己的感受。

2）把幼儿的精彩瞬间照下来展示给家长欣赏。

# 第五节　幼儿园游戏课程教育活动的设计

## 一、游戏课程的概念与特点

### （一）游戏课程的含义

游戏课程是以幼儿游戏为基本活动，以幼儿主体性的发展与培养为核心目标的课程。游戏是幼儿的基本活动，是幼儿与周围环境相互作用的基本形式，是他们基本的对象性活动，同时也是最能表现与肯定幼儿的主动性、独立性与创造性的主体性活动，是在学前教育阶段培养幼儿主体性的适宜途径，对幼儿主体性的发展与培养具有重要的教育价值。

游戏是向幼儿实施全面发展教育的重要手段，也是教育教学的有效组织形式。游戏是儿童普遍喜欢的活动。可以说有儿童就有游戏，儿童是在游戏中发展和成长的。德国的幼儿教育家福禄贝尔认为，游戏是儿童内部存在的自我活动的表现；美国的教育家杜威认为，游戏不是一种严肃的、追求外在目的的活动，游戏活动的意义在于游戏活动本身。席勒和斯宾塞认为游戏是一种本能的遗传行为，是个体发泄其过剩精力的过程（剩余精力说）；拉查鲁斯艾加克认为，游戏是松弛心理疲劳和压力的休闲活动（松弛说）；美国心理学家霍尔认为，游戏是复制或重演人类的进化史（复演论）；19 世纪德国学者格鲁斯认为游戏是对未来成年人所需生活技能的联系（生活预备说）；弗洛伊德、埃里克森等人则从精神分析的角度解释游戏，认为游戏不是做，而是人的情感和思想一种健康发泄方式（精神分析论）；美国心理学家皮亚杰认为，游戏是个体把信息纳入原有的认知图式，是同化的一种形式（认知结构论）；桑代克认为，游戏是一种学习行为，受社会文化和教育要求的影响（学习论）；前苏联学者维果茨基、鲁宾斯坦、艾里康宁等人则认为，游戏是儿童的社会性事件活动，而且是学前儿童的主导活动，游戏是解决儿童日益增长的新的需要和儿童本身的有限能力之间的矛盾的一种活动，游戏是社会性活动（活动论）。我国儿童心理学家陈鹤琴认为，游戏就是工作，工作就是游戏。"游戏是学前儿童最基本的活动。"

### （二）游戏的特点

幼儿游戏活动是幼儿园一日活动的重要组成部分，同学习活动、生活活动、劳动活动相比，游戏具有以下特点。

#### 1. 自愿性

幼儿喜欢游戏的最根本原因，在于游戏不是在外部强制情况下进行的，而是幼儿自主的活动。这种自主性表现在：幼儿可以自主选择游戏的主体和内容，自主决定游戏的伙伴和情节，自主决定游戏的时间和环境等。同时，游戏又符合了儿童的生理和心理发展水平，使儿童愿意加入到游戏中来。游戏有动作，有情节，有玩具和游戏材料，游戏内容和形式丰富多彩，灵活多变，引人入胜，所以幼儿乐于从事游戏，并易于在游戏中受教育。游戏中，幼儿与环境、同伴、成人相互影响、相互作用，幼儿作为主体体现自身的自由自主，然而，在接受相互作用的同时，又在不断调节自己的愿望和动机，转化自己与他人的行为。

## 2. 虚构性

游戏是幼儿的一种假象性活动。游戏并不是对类似游戏的活动的真实重演，而是"玩"，是"假装的，不是真的"。游戏是以模仿现实生活的某一侧面为基础，但又不是照样模仿，而是加入了儿童的想象活动，如捕捉一类的游戏，既来源于生活中的捕捉现象，但又不同于生活，不具有被捕的实在意义。又如儿童的角色游戏，是以扮演为快乐，所扮演的内容既是对现实生活的反应，又是儿童在特定条件下的假象活动，不具有现实的意义。同样，工具通常的工具性意义在游戏中就消失了，并且儿童通过把客体看成是别的什么东西，能够探究出客体的新的潜在意义。一把椅子不再用来坐，而是把它当作一辆汽车来用。因此，我们可以把游戏当成一种并非货真价实的模仿性行为。

## 3. 无目的性

劳动有明确的目的，要求生产有社会实用价值的财富，并且按照客观实际，严格地遵守操作方式。而游戏恰恰相反，游戏没有社会的实用价值的目的，游戏不在于外部目的而在于本身的过程。游戏没有强烈的完成任务的需要，没有外部的控制。当然，成人在设计、指导游戏时，也可给游戏外加一定目的，如通过在游戏中扮演医生，培养儿童关心别人，并发展儿童想象力等，但并不需要幼儿在游戏中明确这个目的，追求完成这一目的，幼儿的兴趣仍在于游戏的过程。

## 4. 愉快性

在游戏中，幼儿能控制所处的环境，表现自己的能力和实现愿望，从成功和创造中获得愉快。幼儿在游戏中能积极活动，从而体验到极大的快乐。因为小脑是运动控制中心，控制身体平衡，调节肌肉运动，小脑又与情绪控制中心相联系，所以儿童在活动的同时，带来了愉快情绪。再者，在游戏中没有强制的目标，因而可减轻为达到目标而产生的紧张，耗费精力小，也使幼儿感到轻松、愉快。

游戏的特点要求幼儿园在游戏的计划和引导上，要重视幼儿游戏的主动性，保持和加强这些特点，才可以更好地发挥游戏的教育作用，使游戏朝着正确的方向发展。

## 二、学前儿童游戏的功能

### （一）游戏对儿童的全面发展具有促进作用

#### 1. 游戏促进幼儿感知运动能力的发展

幼儿在游戏中身体器官处在积极状态，特别是活动性游戏中要奔跑、钻爬、攀登、跳跃等，不仅锻炼了动作技能，而且整个身体都在运动，对幼儿的发育和成长都有积极作用。

### 2. 游戏促进幼儿认知能力的发展

游戏是幼儿智力发展的动力，还是智力发展的有效手段。游戏是幼儿创造力发展的源泉。阿德诺曾说过："对于幼儿来说，游戏是一种有意义的和快乐的活动，而且它对幼儿的认知发展起着促进者和组织者的作用。"

### 3. 游戏促进幼儿社会性的发展

皮亚杰认为："游戏和与同伴的社会交往一起促进了幼儿从受自我中心控制的、由外界支配的道德水平向以主动性、交互性和合作为特征的主动的道德推理转化。"幼儿在游戏中要学会被同伴接受，掌握与同伴相处的原则，培养协作精神合作意识。

### 4. 游戏促进幼儿语言交流能力的发展

游戏是幼儿学习语言的一种重要方式。在游戏中幼儿运用语言表现游戏的情节和内容，通过同别的小朋友和成人的交往，来扩展他们的词汇和提高他们的语言表达能力。

### 5. 游戏促进幼儿自我意识的发展

游戏是幼儿最喜爱的活动，它对幼儿今后的成长发展具有十分重要的作用。自主是游戏的重要条件，游戏的形式、材料以及游戏开始、结束都由幼儿自己掌握，按照他们自己的意愿、体力、智力进行。在游戏中，引导幼儿通过游戏学会自我成长是相当重要的。

### 6. 游戏促进幼儿情感健康的发展

学前期是个体情绪情感发生的重要时期。游戏可以丰富幼儿的情感体验，幼儿可通过虚拟的情境，用自己特有的方式，来表达自己对现实生活的认识和理解，使幼儿获得成就感，增强自信心。游戏有机会使幼儿表现自己的情感，还能有效地消除幼儿的消极情绪，满足幼儿现实生活中不能实现的愿望，并学会表达和控制情感的方式，从游戏中获得快乐。

#### （二）游戏对障碍儿童具有治疗作用

卡特伦认为："游戏是幼儿生活中的一种有价值的治疗方式。"卡斯也说过：游戏通过"提供对伤害和悲伤的治疗"而促进情感的健康发展。可见，游戏不仅可促进正常儿童的发展，而且对障碍儿童还具有治疗作用。

## 三、儿童游戏的支持与指导

幼儿游戏的需要能否得到满足，游戏能否在实际上成为幼儿的基本活动，关键在于将幼儿的积极性和创造性与教师的正确引导结合起来，向着正确的方向发展。幼儿园的游戏活动开展的效果如何，在很大程度上取决于教师为游戏活动所创造的条件和对游戏的组织与指导。幼儿的游戏需要教师的激发、引导、支持和推进。

### （一）幼儿游戏的激发与引导

教师采用不同的方法激发和引导幼儿的游戏，不放任自流，不包办代替。

#### 1. 丰富幼儿的生活经验

幼儿的知识经验是游戏的源泉。因为幼儿游戏是建立在实际经验的基础上的。教师带领幼儿外出参观医院、超市、公园等，给他们讲故事、观看电影、阅读图书画册等方式，都可能引发他们开展某种游戏的高涨情绪，孩子学会如何使用各种材料、如何开展游戏。

#### 2. 创设适宜的游戏环境

教师可以有意识地创设丰富、变化、新颖的游戏活动区，在游戏场地置放一些新材料、新设备，将幼儿的积极性、主动性、创造性调动起来。

#### 3. 提出启发性的问题

游戏前教师要选择恰当的导入方式。在幼儿游戏活动的过程中，教师又要善于把握时机，特别在幼儿出现游戏中断时教师要提出启发性的问题，激发他们的想象和思考，注意教师的主导作用促进幼儿主体作用发挥，

#### 4. 提出合理化建议

当幼儿的游戏未能向前发展的时候，教师应适当地给予提示、建议，及时提出合理化建议或以角色身份介入游戏以引导幼儿开展游戏。

### （二）儿童游戏的支持与推进

教师应以幼儿的眼光来看待游戏，尽量满足幼儿游戏的各种需要，从物质上和精神上给幼儿的游戏予以支持，推动游戏不断地向前发展。

#### 1. 满足幼儿游戏的材料要求

教师要满足幼儿对游戏材料的需求，在投放游戏材料时应做到丰富、充足且富于变化，从物质上保证游戏的顺利进行，支撑幼儿游戏的延伸，避免出现因游戏材料的不足而影响游戏发展的情况。

#### 2. 共同探索游戏奥秘

当幼儿游戏中碰到困难时，教师不应马上给予答案，而是介入游戏之中与幼儿共同探索，用同伴的口吻与孩子讨论、商量，也可以通过师幼的共同活动，使幼儿自然地获得了直接体验，掌握了技能、提高独立性和坚持性，推动游戏不断发展。

#### 3. 满足幼儿游戏的需求

教师要满足幼儿充分游戏的心理需求，不能在幼儿的游戏过程中随意打断幼儿或限制幼儿的游戏，应给幼儿充分地表现，尽情地体验，心满意足地离开游戏区的时间和机会。

4. 关心幼儿的游戏意愿

教师应善于观察幼儿，从幼儿游戏中在语言、表情、动作上表现来揣摩幼儿的游戏心态，帮助他们顺利开展游戏。

5. 关注游戏的发展进程

教师要关心幼儿正在进行的游戏的进程。教师应随着幼儿游戏的发展，而不断地给予支持，站在幼儿的立场上去思考游戏的进程，清醒地意识到他们什么时候需要教师什么样的帮助，及时给予合理化的建议，以刺激游戏活动的进一步展开。

## 四、幼儿园游戏活动课程案例

### 音乐游戏：小青蛙打呼噜

活动目标：

1）学唱歌曲，并在此基础上按规则进行游戏。

2）学习青蛙的叫声，并能分辨出同伴的声音。

活动准备：

1）青蛙头饰一个，青蛙玩具一个。

2）音乐磁带。

活动过程：

一、根据教师的讲述，理解歌词

1）教师：小朋友们，昨天有一只小蜻蜓给我带来了一封信，我打开一看呀，原来是一个谜语，可是老师猜了好半天，就是猜不出来，你们能帮我猜一下吗？

妈妈有腿没有尾，

儿子有尾没有腿，

儿子长成妈妈样，

断掉尾巴长出腿。　　（打一动物）

回答后，总结：妈妈有腿没有尾，那是青蛙，而有尾没有腿的儿子又是谁呢？（小蝌蚪）。对，小蝌蚪大大的脑袋，黑灰色的身子，甩着长长的尾巴，在水中游来游去，挺逗人喜爱的。他们和青蛙妈妈住在一个美丽的池塘边，慢慢地，小蝌蚪长成了青蛙。

"冬天到了，小青蛙收起了小鼓，钻进了小屋。小朋友，你们知道冬眠是什么意思吗？"

2）幼儿讨论探索青蛙冬眠的动作。

二、幼儿学唱歌曲

1）欣赏教师范唱歌曲。

2）随音乐念歌词。

3）跟着琴声学唱歌曲。

三、讨论游戏玩法和规则

教师："小青蛙就要去冬眠了，它们围成了一个圈，最后一次跟妈妈学本领。

妈妈站在中间说："小青蛙真能干，妈妈叫你打呼噜的时候，你就要立即蹲下，闭上眼睛睡觉，手放在身后。"妈妈会在一只做的最好的小青蛙手上放一个玩具，这时，你要，呱呱叫两声，让哥哥姐姐猜猜你是谁。"

四、教师和幼儿共同游戏

教师扮演青蛙妈妈，幼儿扮演小青蛙，游戏要遵守游戏规则。

## 本章小结

本章主要讨论分析了五种幼儿园教育活动课程设计的问题：

1）学科领域活动课程的设计主要介绍了幼儿园学科领域活动内涵、特点。

2）综合性课程的含义和特点、幼儿园综合性课程中教育活动的设计和实施，分析了幼儿园综合性课程教育活动的实例。

3）区域活动课程设计，分析了区域活动内涵的基础上探讨区域活动布置指导等问题。

4）单元主题活动课程主要介绍了幼儿园单元主题活动内涵、特点。

5）游戏课程的含义和特点，介绍儿童游戏的功能以及教师如何激发和引导。

## 思考与练习

1．分析幼儿园学科课程、综合教育活动的实例。

2．设计幼儿园主题活动、游戏活动案例。

3．试述教师应如何指导幼儿园区域活动。

# 第九章

## 幼儿园课程评价

人的活动是具有自觉意识的、追求价值的活动。在活动过程中或者在获得一定的活动结果之后，人们总要对自己的活动的价值进行反思和评判，以便不断地做出调整、改进或选择自己的活动。幼儿园课程评价就是一种以幼儿园课程为评价对象的特殊的认识活动，它是针对幼儿园课程的特点和组成要素，收集相关信息，对幼儿园课程的价值、适宜性、效益作出判断的过程。"课程评价作为幼儿园教育活动的基本反馈机制，是深化课程改革，提高教育质量的必要手段。"通过对幼儿园课程的评价，幼教工作者可以了解课程的适宜性、有效性，这些信息将有助于调整和改进课程，从而提高教育质量，使课程更有效地为每个幼儿的发展服务。幼儿园课程评价在整个课程系统中占有举足轻重的地位，因为它既是课程运作的"终点"，又是它继续发展的起点，而且伴随着课程运作的全过程。

## 第一节　课程评价依据

对任何事物的评价都需要有合理的评价依据。课程评价依据是衡量课程设计、实施状态及其效果的尺度或"标尺"。标尺的科学性、合理性不仅对评价工作本身起重要的指导和规范作用，而且标尺所包含的教育价值观将长期影响幼儿园课程实践，对课程实践起着导向作用。不科学、不合理的标尺将对幼儿教育产生消极影响。虽然，对幼儿园课程评价应该有据可依，那么，这个"据"该如何制定呢？一般来说，课程评价标尺的选择或制定主要来源于理论和实践两个方面。

### 一、理论依据

任何实践活动的开展都是在一定的理论指导下进行的，幼儿园课程评价也是如此，它是以一定的评价标准和指标为理论依据的。评价工作其实就是把幼儿园课程的各个要素和环节的状况与评价标准和指标进行对照，从而对整个课程运作系统作出价值判断的过程。标准是评价的依据，是评价维度应该达到的水平。指标是评价的维度或内容（项目），是对评价标准的进一步细化，与概括性问题的表达方式相比，指标为课程评价提供了便利。

### （一）幼儿园课程评价的标准

幼儿园课程评价标准"是衡量幼儿教育之价值的现实的操作性尺度。"评价标准在课程评价活动中起着至关重要的作用，科学、合理的评价标准，可以使课程改革者坚定信心，坚持正确的课程观念和做法，排除各种思想观念的干扰；可以提高幼教工作者主动性、自觉性，更好地调控、完善课程；可以规范评价活动，使各种不同的评价角度、评价方式在价值取向上保持一致，保证评价的科学性与合理性；可以公正地判断课程的价值和意义，发现其优点与不足，作出恰当的评判。因此，任何课程评价都应是在一定的评价标准下进行。只不过，在不同的价值观念指导之下，从不同的视角看，会有不同的评价标准。例如，全美幼教协会（NAEYC）编制的《幼儿园课程整体评价标准（价值标准）》是由比较概括的 20 个问题组成（详见附录 1）；台湾蔡秋桃所著的《幼稚园课程通论》中"幼儿园课程整体评价标准"是将幼儿园课程划分为课程目标、物质环境、交互作用的环境、活动、作息时间表、幼儿进步等六个方面的评价维度，每个维度中提出若干个问题作为评价的标准（详见附录 2）。虽然这些评价标准都比较概括，但所提的问题针对性强，效度高，依然可以为教育工作者制定自己的评价标准和指标提供很好的参考。

总之，无论从怎样的视角去评价课程，一定要有科学、合理的评价标准，所制定的课程评价标准一定要准确、有用、合法和可行，也即所制定的评价标准应能保证所获得的信息是需要的、可靠的；评价结果应具有实用价值，能向各类对象提供丰富的信息，并对课程的发展、应用和推广有一定的影响作用；评价过程应符合社会道德准则，尊重机构或个人的权益；评价标准应切实可行，投入的人力物力适宜有效。这样，课程评价才能真正发挥其重要的作用。

### （二）幼儿园课程评价的指标

课程评价标准的具体化就是评价指标。"指标是一种具体的、可测量的、行为化的评价准则，是根据可测量或可观察的要求而确定的评价内容。"对课程进行评价，就是把幼儿园课程的各个要素和环节的状况与评价指标进行对照，从而对整个课程运作系统作出价值判断。有了评价指标，课程评价便更直观、更易于测量和分析处理。当然，关键是要制定好比较科学的评价指标，一般评价指标设计比较困难，需要考虑很多因素，需要专家反复实验。例如："幼儿发展评估指标系统中将幼儿发展的指标领域设定为健康与动作、语言能力、认知发展、社会性能力、习惯五个方面；每一个方面又可以进一步细分为多个一级和二级指标。健康与动作方面的一级指标有生长发育（身高、体重、血色素）、身体适应力（发病率）、大肌肉动作（走、跑、跳、平衡、拍球等）、小肌肉动作（画、捏、折、撕、剪贴、穿插等）、（括号内为相应的二级指标）（详见附录 3）。根据这些比较详细直观的指标，可以对幼儿园课程进行全面的评价。

## 二、实践依据

在幼儿园中，有很多幼儿教师对"到底什么是幼儿园课程评价，幼儿园课程评价的目的是什么，谁来进行课程评价，评价什么，怎么评价"等问题都不是很清楚，所以，在一线工作的幼儿教师也希望能够了解幼儿园课程评价，希望通过对幼儿园课程评价的了解，能有助于自己对这些问题进行关注和反思，能有助于帮助自己及时发现课程的不足或问题，并找出问题的原因和影响因素，从而为调整、改进课程提供依据。所以说，从幼儿园教学实践的角度，也需要进行课程评价。

例如，2006年5月15日，某一级一类幼儿园迎来了10名市学前教育质量验收小组成员。验收小组由市幼教处干部、教研员、幼儿园园长、市早期教育研究所研究人员、大学学前教育专业教师组成。验收小组要在该园停留3天，对该园的教育质量进行验收，以便确定该园能否成为市级示范园。他们查阅幼儿园工作计划，观察记录幼儿园一日生活的全部环节和幼儿及教师在活动中的表现，查阅教师的教育方案、教育笔记；检查幼儿园环境、材料配备，与园长、教师、家长进行了比较充分的交流，听取了各方的意见；他们还采用测量的方式对部分幼儿的发展状况进行了测查。他们从大、中、小班分别抽取了20名幼儿作为测查对象，测查的主要内容包括大肌肉动作、小肌肉动作、口语表达、数概念、图形识别、科学常识、唱歌、美工等。验收小组将这些幼儿的测查结果与年龄发展标准相比较，最终确认幼儿的发展水平。最后，验收小组根据这三天在幼儿园收集的各种数据得出结论：该幼儿园目前还没有达到市级示范园的标准。验收小组认为，该幼儿园虽然在硬件方面已经达到要求，但教师的教学观念比较陈旧；教学模式有小学化倾向，幼儿园课程缺乏系统性；幼儿的互动性、创造性、想象力不足，大部分幼儿的发展水平低于常模。验收小组针对上述问题提出了中肯的改进意见。

1）根据本园的实际情况选择或构建系统的幼儿园课程，增强课程实施的目的性。

2）根据《纲要》的精神，更新教师的教育观念，聘请幼教专家为教师搭建将理论转化为实践的桥梁。

3）改变小学化的教学方式、增加游戏在幼儿一日活动中的比重。加强生活环节的指导。

4）给幼儿更多的自由空间和时间，鼓励其主动性和创造性的发挥。

5）根据幼儿发展中存在的问题，将行为习惯、情感态度、独立生活能力、解决问题能力的培养作为课程的重点目标。

6）加强园领导、教师、家长三方的沟通与协调。

这个情境就显示了上级领导通过学前教育质量验收的方式加强对幼儿园教育质量的监控。这样的验收就是一种评价。这是对幼儿园课程比较全面的评价，幼儿园课程经过这样全面的评价之后，能使教师逐步了解课程评价的目的、内容、环节和方法。从而找出自己工作的不足或问题，最终作出改进。

# 第二节　课程评价要素

## 一、对课程目标的评价

课程目标是一定的教育价值理念或教育目的在课程领域的具体化，它是根据教育目的和教育规律而提出的课程的具体价值和任务指标。课程目标是课程及其教学活动的蓝图，是教育工作的指南，也是衡量课程最终质量的准绳。一定的课程目标是一定的教育价值观的体现，是一定的教育思想的反映。《纲要》明确指出，幼儿园教育是终身教育的奠基阶段，应为幼儿一生的发展打好基础。所以，幼儿园课程的目标就是要实现幼儿终身的可持续发展，使幼儿的主体性不断地提升，为其一生发展塑造良好品质。

课程目标对幼儿发展具有导向作用，因此，在遴选课程目标时就要从幼儿终身发展的角度衡量，课程目标要关注幼儿的发展，尤其要关注幼儿的需要与兴趣、关注幼儿的认知发展、情感萌发、社会化过程及个性形成等方面的规律与特点，只有这样我们才能选择出适宜幼儿发展的目标。那么，对课程目标评价就要看其是否对幼儿的发展起到很重要的作用。

### （一）课程目标与教育目标是否一致

课程目标是教育目标的下位概念，教育目标总是要通过课程来实现的。课程目标是否体现了教育目标，这对于教育目标能否落实有重要影响。因此，评价课程目标，首先要看其是否遵循教育目标，为教育目标服务。目前，我国幼儿园的教育目标在《幼儿园工作规程》中有所规定，即"对幼儿实施体、智、德、美诸方面全面发展的教育，促进其身心和谐发展。"这是幼儿园在确定课程目标时不能违背的基本原则，它对幼儿园课程目标的确定起着指导作用。确定适宜的课程目标并不是一件简单的事情，它不是对教育目标的简单转换，而是，需要幼儿园对儿童、社会及各学习领域进行深入的研究，才有可能实现教育目标。

如果课程目标与教育目标出现了偏差，就应该及时调整，使其最终能为教育目标服务，实现人才培养的要求。

### （二）幼儿园课程目标实现是否可行

一个目标的建立，不仅要研究它的必要性，而且还必须考虑它的现实可行性。所谓现实可行性就是说它在教学活动中是现实可行的，是符合幼儿园的客观基础，具有客观条件保证，能为教职员工所理解、接受并能在实际工作中得到落实。在实践中，我们经常看到这样的课程目标表述："培养幼儿的思维能力，促进幼儿语言能力的发展"等。显然，这样的课程目标依旧是笼统而模糊的，不可能对课程实施产生直接的指导作用。所以，在制定课程目标时，不仅要以教育目标为准绳，更要对教育目标进行正确解读和细化，使其能真正指导教学，从而实现教育目标。在这一点上，我们可以借鉴瑞吉欧教育体系中对课程目标的制定。例如，马拉古兹曾这样清楚地描述"落实儿童权利"这一课程目标："应有利于儿童经由连续不断地与他人及其他文化的区别和融合的过程，而形成创造性的智慧，使儿童有机会透过自由的学习方式获得个人独特的思考方式和对事物的敏感度"；"让创造力、知识和求知欲能永远伴随在孩子发展的旅程中"等等。瑞吉欧通过把目标深入到每个教师的心中，使生动灵活、充满变化的儿童活动始终沿着理想的大方向发展。所以，在制定课程目标时，一定要考虑其现实可行性。

另外，课程目标还必须要充分考虑幼儿发展的实际水平和幼儿身心发展规律。如果一门课程，其目标超出了幼儿现有的基础，脱离了幼儿发展的实际水平，或者，违反了幼儿身心发展的客观规律，我们就可以说，这一课程目标体系是不具有可行性的。所以，在制定课程目标时，可以借鉴维果斯基的"最近发展区"理论，"最近发展区"理论的基本观点是：在确定教学与发展的可能关系时，要使教育对儿童的发展起主导和促进作用，就必须确立儿童发展的两种水平。一是其已经达到的发展水平，表现为儿童能够独立解决问题的智力水平；二是他可能达到的发展水平，但要借成人的帮助，在集体活动中，通过模仿，才能达到解决问题的水平。维果斯基特别指出："我们至少应该确定儿童发展水平的两种水平，如果不了解这两种水平，我们将不可能在每一个具体情况下，在儿童发展进程与他受教学可能性之间找到正确的关系"。维果斯基将儿童在指导下借助成人的帮助所能达到解决问题的水平与在独立活动中所达到的解决问题的水平之间的差异称为"最近发展区"。维果斯基认为，"教育学不应当以儿童发展的昨天，而应当以儿童发展的明天为方向。只有这样，教育学才能在教学过程中激起那些目前尚处于最近发展区内的发展过程。"因此，在教学过程中，只有走在儿童发展前面的教学才是良好的教学，才能有效地促进儿童的发展。所以，幼儿园课程目标的制定一定要考虑幼儿的身心发展规律和学习的心理特点，找到幼儿的"最近发展区"才能使其可行并具有操作性。

### （三）课程目标来源是否科学

泰勒在《课程与教学的基本原理》一书中，把学习者的需要、当代社会生活的需求、学科的发展并列为课程目标的三个来源。此后，这三个方面成为课程开发的基本维度，这在教育界也基本上达成了共识。所以，对幼儿园课程目标的评价，还要看其来源是否科学。

首先，幼儿园课程的一个基本职能就是要促进幼儿身心的和谐发展，所以课程编制者必须关注幼儿的发展，尤其要关注幼儿的发展需要与兴趣、关注幼儿的认知发展、情感萌发、社会化过程及个性形成等方面的规律与特点，以使课程目标有效地发挥引导与促进幼儿学习与发展的作用。但长期以来，"教师本位"的思想一直在教育实践中占据主流地位，更为重要的是，幼儿教师对儿童的研究甚少，对儿童的需要知之甚少，开发的课程自然很难满足儿童发展的需要。于是，在幼儿园出现了课程理念与课程实践严重脱节的现象。在理念上，人们倡导在教学中要尊重幼儿的想法，注重培养幼儿的批判意识，但在课程实践中，源自幼儿经验的、他们感兴趣的话题常常被忽略，其丰富的想象常常被抑制，甚至被当作与教学内容无关的"瞎说"，教师不太尊重、也不设法满足幼儿的需要，幼儿成了知识的被动接受者。又如，在理念上强调课程的内容应来自幼儿的生活经验，在生活中、通过生活、利用生活进行教育，但在课程实践中，当幼儿热衷于表达自己的具体经验时，教师往往不屑一顾。所以，在评价时，首先要看其课程目标是否把儿童看做是课程的最根本来源。

其次，人是社会的人。幼儿不仅生活在幼儿园中，也生活在家庭、社区与社会之中。幼儿的成长是一个不断社会化的过程，也是一个不断突破时间与空间范围的过程。幼儿园作为一个教育机构，以培养适合社会需要的人才为终极目的。所以确立的课程目标也必须关注社会生活及其发展需求。《纲要》明确指出，幼儿园教育是终身教育的奠基阶段，应为幼儿一生的发展打好基础。所以，幼儿园课程的目标就是要实现幼儿终身的可持续发展，使幼儿的主体性不断地提升，为其一生发展塑造好品质。因此在遴选课程目标时就要从幼儿终身发展的角度衡量课程目标对幼儿的价值与意义，只有这样我们才能选择出适宜幼儿发展的目标。如果我们选择的目标只关注到幼儿当前的发展，或只注意了工具价值，那么它对幼儿终身的发展就会失去可持续性意义。

第三，幼儿园课程的一个重要职能就是传递社会文化，使幼儿从一个自然人发展为掌握一定知识经验的社会人。而学科知识是文化最重要的支柱，因为文化的基本构成和集中体现即是分门别类的学科。幼儿园课程所面对的特殊对象——3~6 岁幼儿的身心发展特点以及幼儿园教育作为学校教育和终身教育的奠基阶段所具有的性质，决定了幼儿园课程注重的应该是学科知识的一般发展价值而非专门的学术特殊价值。因此幼儿园课程目标在考虑学科知识时应更多地关注学科知识与幼儿身心发展的关系，关注学科知识能促进幼儿哪些方面的发展。

关于幼儿园到底需要什么样的课程、其课程目标又该如何确定等问题，幼儿园只有通过研究课程的三个来源，即明确当前幼儿的需要、当今社会生活的需要及各学习领域的需要，明确本园的课程观，才有可能给予较为合适的回答。否则，适宜本园实际的课程目标不会自动出现，所确定的课程目标也不能给予本园的课程建设以正确的指引。

## 二、对课程实施过程的评价

课程实施的本质是把静态的课程方案转化为动态的课程实践的过程，也是教师以课程计划为依据而组织幼儿的活动的过程。过程评价主要描述课程实施情况，并判断实际活动与课程计划是否一致。课程实施的过程常常被视为广义的"教学"过程，是由教师的"教"和幼儿的"学"同时交互进行而构成的双边活动。所以，对课程实施过程的评价，既是对教师"教"的评价，也是对幼儿"学"的评价。

### （一）对教师"教"的评价

教师是课程的实施者，课程是否能达到预期的效果，教师是关键的因素。教师对课程所要体现的思想、原理的理解，对幼儿发展和学习特点的把握，活动前的计划和准备，以及活动过程中对幼儿及其行为的态度、反应的机敏性等，都直接影响幼儿的学习和发展。所以，对幼儿园课程实施过程的评价，首先，要评价教师的"教"，也即教师实施教学的途径、类型等。

而幼儿园课程与中小学课程的一个最大区别在于，它主要是通过幼儿在园的一日生活中的教育活动完成课程目标的。幼儿园一日生活中的教育活动可以分为生活活动、游戏活动与教学活动。生活活动是指满足幼儿基本生活需要的活动，主要包括进餐、睡眠和盥洗等。生活活动是培养良好的生活卫生习惯，养成健康、文明的生活方式与习惯的重要途径。生活活动是在集体环境中进行的，因而，可以对幼儿进行集体生活教育，使他们适应集体生活，能与小朋友友好相处，心中有他人。生活活动是培养幼儿生活自理能力，形成乐于为集体服务的态度，萌发爱劳动的情感，增强责任感和独立性的重要途径。所以，教师在实施课程的过程中一定要抓住生活活动中的教育契机。

游戏活动是指充分满足幼儿玩的需要的一种活动，也是幼儿园教学活动的主要方式和途径。在游戏活动中，幼儿可以根据自己的兴趣自由选择游戏材料、活动方式方法、活动的难度等，从而最大限度地发挥自己的主体性。所以，游戏活动在幼儿园教学中占有很重要的地位，对幼儿园课程实施过程的评价，一定要看其游戏活动开展得如何，幼儿在游戏活动中其自主性是否得到了自由发挥等。

教学活动是一种有目的、有计划的由教师对幼儿施加影响的活动。它更多地强调教师的作用，强调教学的结果，承担着向幼儿传递人类和民族文化遗产的任务。尽管如此，也不能把幼儿园教学活动理解为以语言为媒介的讲授活动，即把教师的讲解、提问、解释等言语活动作为幼儿获得知识的唯一途径，更不能使幼儿长时间静坐课堂听讲，这都是不科学的。因为幼儿园课程实施的对象是幼儿，他们有自己的身心发展特点，所以教育要遵循幼儿的身心发展规律，找到适合他们的课程实施途径。对于幼儿园来说，教学情境生活化、教学内容综合化、教学过程操作化、教学组织形式多样化，才应该是幼儿园课程实施的主要形式。

所以，对幼儿园课程实施过程的评价，首先要看教师"教"的方式、途径等是否符合幼儿的身心发展规律，是否使幼儿的主体性得到充分发挥，是否能促进幼儿主动而有效地学习等。

### （二）对幼儿"学"的评价

幼儿的学习特点，与中小学生相比有很大不同，无论是学习内容、学习方式还是学习环境等方面都有自己的特点。而且，幼儿的学习，主要以主动学习为主，受兴趣和需求直接驱动，以直接经验为基础。所以，对幼儿"学"的评价，主要是了解幼儿在课程活动中的反应（主动性、参与程度、情绪等）。通过幼儿的反应判断幼儿对课程的适应情况。例如，在学习内容方面，日常生活是幼儿学习的主要资源。幼儿的心理活动既具有具体形象性，又带有很大情绪性，所以现实生活中的事物是幼儿最关心的，它们能引发幼儿知、情、意、行全方位的投入，因而是最有价值的学习对象。因此，从现实生活中进行教育，就能使幼儿感觉学习的需要和兴趣，产生学习的自觉性和积极性。幼儿越是密切地、直接地从社会环境中学习，他所获得的知识就越真实有效。

在学习方式方面，幼儿学习的基本模式是操作学习。幼儿是主动的学习者，他们会积极地从观察及参与人际活动中学习，从亲自操作及思考过程中（观察周围的人、事、物，思考、提问及提出答案）学习。虽然幼儿的学习方式随着语言的发生及其在心理活动中作用的增长而有所变化，但是操作学习作为幼儿学习的基本方式的地位并没有变。特别是实物操作活动，其重要性没有减弱。因此，对客观物质世界的"操作"，对幼儿来说，不只是求知，还是心灵的陶冶。所以，在课程实施过程中，一定要注重幼儿的操作学习。

在学习环境方面，真实体验是幼儿学习的根本含义，幼儿对特定学习环境的依赖是幼儿学习的特点之一。幼儿以其自身发展的需要为动力，投入到学习活动中，并成为学习活动的有机组成部分。因此，幼儿的学习环境应该是体验式的、生动活泼的，这样的环境才能使幼儿全身心地以直觉的、隐喻的方式知觉世界。因此，提供与幼儿特定需要相适应的、能与幼儿发生相互作用的学习是非常有必要的。

总之，课程实施过程的评价，教师可以动态地了解幼儿对课程的适应状况，发现课程的问题，及时调整课程。对实施过程的评价，教师主要通过不断反思、发现课程目标、课程内容和教育教学方式与幼儿的发展水平的适应程度等方面的问题，并及时加以修正。通过评价诊断课程在实施中的有效性和适宜性，发现课程的优势与不足，逐步修正或改革课程，逐步使课程完善、定型，从而更好地为幼儿的发展服务。例如，某幼儿园新开发了一套园本课程，通过在幼儿园中使用，发现幼儿并不是十分感兴趣，教师们通过评价分析，发现课程难度过大，超出了幼儿现有水平，使幼儿在操作过程中产生了挫败感，从而失去了兴趣。于是教师们对课程及时做了调整。因此，通过评价，能使课程的示范和推广过程更加科学，更切合课程采纳者的实际需要。

## 三、对课程结果的评价

对课程结果的评价，是评价者通过收集数据来决定课程最终取得的成效是否符合评价者的期望，并判断目标在多大程度上获得实现。它是一种对课程实施以后所获得的实际效果进行验证的评价方式，是对课程实施后在幼儿和教师身上所引起的发展变化作分析和评判，是衡量课程方案和教师教育教学行为适宜性的最终环节。课程结果评价是检验幼儿教育质量的必要手段，主要是通过幼儿的发展、教师行为这两个方面作出评价。

评价幼儿的发展，不只是评价他们掌握与课程有关具体知识的情况，更重要的是评价他们在活动过程中的参与程度、兴趣、态度、学习方式、学习能力等。不是看幼儿最终能得多少分，而是要看幼儿是否学到了一种学习的能力，他们的各种能力是否得到了充分发挥，课程是否达到了预期的培养目标。

评价教师的行为，"主要着眼于评价教师从设计、准备直到实施每一个阶段所进行的各项教育教学工作，包括工作的技巧和态度。"主要看教师是否为幼儿提供了适宜的学习经验，所提供的经验是否来源于幼儿的生活，与其已有的经验是否有联系，是否能兼顾幼儿全体和个体差异，是否适合幼儿的兴趣和学习特点。还要看师幼关系的状况，教师是否为幼儿营造了有利于学习和生活的健康环境。

课程结果评价所提供的信息有助于评价者对新的课程作出继续、终止或修订的决定，有助于为课程改革提供信息参考。但由于其过于注重结果，也显示了一定的弊端，目前注重发展性是当代课程评价功能的一个重要转向，它强调课程评价的根本目的在于促进幼儿的发展，任何类型的课程评价都应该以有利于幼儿的发展为根本宗旨，在此，幼儿的发展应该是符合当今时代精神的发展，符合当今的教育理想，并符合可持续发展的理念。如果一项课程评价仅仅是为了管理的方便，或者是为了其他工作的便利，而不利于幼儿的发展，那么这项评价从根本上讲是一项不好的评价。只有符合发展性原则，才能使课程向着更能促进幼儿发展的方向改进，从而实现教育的根本宗旨。

## 第三节　课程评价应用

幼儿园课程评价的根本目的是通过对课程的诊断，了解课程的适宜性、有效性，为修正、调整和完善课程乃至推广课程提供科学依据，从而提高幼儿教育的质量，促进幼儿的全面发展。因此，课程评价对课程改革、幼儿发展以及教师的发展都具有重要作用。

### 一、对课程改革的促进作用

课程评价具有诊断功能，能帮助我们及时发现课程的不足或问题，找出问题的原因和影响因素，可以为调整、改进课程提供依据。通过评价，能使评价者或者教师不断地发现问题，并尝试做出解释，他们在发现问题、寻找答案和解决问题的过程中，会不断加深对课程问题的认识，形成新的思想、新的经验，这就为课程改革注进了源头活水，对课程改革起到了促进作用。通过评价，评价者期望的是，该课程是成功的课程吗？学生发现课程是有趣的和具有挑战性的，教师发现课程是可教的；预期的学生学习将会实现，教师将获得必要的资源并将使用适当的教学策略。例如，有一幼儿园在学期测查中发现幼儿的小肌肉动作发展迟缓，手指动作不灵活，大多数幼儿不会用剪刀，握笔无力等。针对这种现象，他们在每日活动中增加了手工制作等专门的针对性活动，通过一阶段的努力，弥补了幼儿在这方面发展的缺失。这一过程也提醒了教师在整体课程中对这一方面的重视，在日常活动中给予幼儿足够的运用小肌肉的机会。如果没有评价，就无法了解课程达到预期目标的程度。评价可以表明课程的长处与短处。评价后将对结果做出解释并提出建议。这些建议将确定导致课程改进的行动。这也正是评价的贡献所在。

当然，幼儿园课程评价是为了发现课程运作各环节中存在的问题，进一步改进和完善课程，提高幼儿教育质量，促进每个幼儿的全面和谐发展。"一个好的课程需要通过评价不断地调整与完善，以达到不断接近教育目的的最佳教育效果。"如果发现了问题，应找出原因，提出改进的建议和措施，把问题解决掉，在一个新的起点继续努力。这才是评价的真正目的。如果我们把评价仅作为鉴定的手段，而忽略它的诊断、改进作用，处理不好就会使被评价者产生消极应付的动机和行为。例如，有的幼儿园在学期末对幼儿进行测查，并以这一结果作为教师工作的评定。于是，教师把一学期幼儿所学的内容印成复习材料发给家长，让家长帮助幼儿复习掌握，幼儿的日常活动内容也充满了类似的复习。这样做的结果对教师的提高、课程的改进、幼儿的发展丝毫没有好处。

课程评价可以帮助教师选择更好的课程。通常，幼儿教师在对幼儿实施恰当的教育之前，都要通过课程评价手段来了解幼儿的现有发展水平和需要，确定幼儿的最近发展区，从而找到课程实施的起点。教师通过对教育计划的执行情况和教育效果做出及时的评估，及时发现课程各要素的问题，为改进课程提供依据。教师也需要考虑家长对幼儿教育的认识水平和需求，来确定课程的内容。教师可能还需要对多种现成的课程方案的价值进行评估。当教师掌握了有关幼儿发展需要、社会需要以及现有课程方案的价值的有关信息时，就可以对多种课程方案作出合理的选择。

## 二、对幼儿发展的促进作用

幼儿园是幼儿发展的场所。幼儿的发展是通过教师向幼儿实施适宜的课程来实现的。课程评价中教师正确的评价观念影响着幼儿的发展。

首先，评价目标要符合幼儿身心整体发展原则，避免偏重某方面而忽略身心其他方面的发展。其次，内容及方法要符合幼儿的年龄特点，应是幼儿可以理解的事物及能够接受的方法，尽量在日常活动中进行，使幼儿感到舒适自然，毫无压力。评价是要找幼儿的优点，发现和发挥幼儿的潜能，以提供适宜的教育方案，而不是在幼儿中搞"排行榜"。例如，某幼儿园在对幼儿的体能发展状况进行评价后，给每个幼儿制作了一份评价报告，如实地反映了幼儿体能发展的优点与不足，并提出了相应的教育建议。这就是有利于幼儿发展的评价行为。评价要尊重幼儿的个体差异，最好以幼儿自己的早期表现与现在的情况作比较，不要轻率地对幼儿进行相互比较。评价时要给予幼儿足够的参与机会，要接纳幼儿的看法，发展幼儿的自我评价能力，让幼儿看到自己的优点和进步，增强自信心。评价要搜集不同方面的资料，包括对幼儿连续的定期观察和记录、家长提供的资料、幼儿的学习作品等，客观地加以整理和分析，不存偏见。评价的结果要清楚、有系统，并正面地告诉家长，使他们了解幼儿的发展进度，增强对幼儿成长的认识，以利家园合作。

课程评价通过评价了解幼儿的发展现状和需求，为课程方案制订提供重要的依据，增强了课程方案的针对性和适应性。

### 三、对教师发展的促进作用

在课程实施过程中，教师会被当作主要的被评价者。因为教师是课程的执行者和教学活动的设计与执行者，评价是检验教师所采取的教育措施是否有效地实现了预定的目标。对教师的评价，主要包括评价教师是否具备处理课程新要求的水平和能力；教师理解和接受课程的程度，他们在课程目标、内容和策略方面的知识；他们通过职前、在职和自学应对课程教学的准备程度；他们用来教课程的策略；他们用来教授课程的资源；他们在努力教授课程中可能遇到的局限；他们对课程适当性和适切性的看法；他们对教授课程的满意度；他们对课程变革的建议；他们教授预期课程的程度等等。尽管如此，评价却并不是鉴定的手段，教师也不是被动地接受"检查"，而是把评价作为不断改进教学，提高教育能力，有效地促进幼儿发展的一种需要和手段。教师可以在每一次教育活动结束后，自觉地对活动过程进行分析与评价，把不断提高、改进、完善作为自己的一种价值追求，而不是被动地完成管理者交给的任务。例如，有一位大班的幼儿教师在与幼儿的交往中，发现班上幼儿普遍一遇到什么就来找老师，问这怎么办？那该不该做？等等。他对这一现象进行了分析和评估，找到两个方面的原因：一个原因可能是教师的日常教学给幼儿的束缚太多了，使得幼儿"凡事先请示"；另一原因可能是独生子女的依赖性，缺乏自信，怕挫折。由此他设计和组织了"我们都是小老师"一组活动，让每个幼儿表现自己的长处，并教给别人，帮助幼儿建立信心，主动地去做自己能做的事情，取得了很好的效果。可见，教育过程中的评价活动需要尊重教师的主体地位，使教师能发挥自身的主体作用，这样才能使教师加深对课程问题的认识和看法，形成新的思想和经验，也才能促进教师积极地去探讨教育教学规律和方法，从而改进教学，提高教学效果。

所以，在评价过程中，我们应该用"在发展过程中"的眼光看待教师，所有的问题都是"发展中的问题"，因为发展了，所以过去认为"好"的，在今天可能就不适了，而需要改进。外部评价者要充分与教师沟通，尊重他们的说明与意见，并把这个过程作为一个研讨的过程，共同商讨解决的方法和今后发展的方向，把评价的结果作为发展中的一个新起点，这样才能充分调动教师对课程研究的积极性，提高教师的反思意识和反思能力。促进教师将评价过程作为对课程和幼儿的研究过程，使评价过程成为促进教师专业发展的有效途径。

总之，评价是课程的重要组成部分，它的主要目的就是为了改进和完善课程，为幼儿提供更适宜的教育机会和条件，促进幼儿健康和谐地发展。所以，评价要有利于发挥教师、园长不断改进课程、提高教育质量的主动性和积极性，提倡以研究的精神看待评价。

### 本章小结

本章主要讨论了三个问题：

1）幼儿园课程评价依据。

2）幼儿园课程评价要素。

3）幼儿园课程评价应用。

基本要点：

幼儿园课程评价依据是指衡量课程设计、实施状态及其效果的尺度。本章主要从幼儿园课程评价的理论和实践两个方面来阐述什么是幼儿园课程评价以及为什么要对幼儿园课程进行评价。幼儿园课程评价要有合适的评价标准，才能对幼儿园课程实践产生影响。

幼儿园课程评价要素主要是指对幼儿园课程目标、实施过程以及结果的评价。对课程目标的评价，主要是从幼儿园课程目标是否与教育目标一致、课程目标是否可行以及来源是否科学等几个方面来进行评价；对实施过程的评价主要是从对教师"教"的评价和对幼儿"学"的评价；对结果的评价，主要是指对课程实施效果的评价。通过这些要素的评价，可以对幼儿园课程在目标制定、课程实施以及结果认定等各个环节中出现的问题及时进行调整和修订。

幼儿园课程评价应用，主要是指课程评价在对课程改革、幼儿发展以及教师发展中的作用。课程评价能帮助我们及时发现课程的不足或问题，可以为调整、改进课程提供依据；课程评价通过对幼儿发展现状和需求的了解，能为课程方案的制定提供重要依据；课程评价可以作为促进教师不断改进教学、提高教学能力的手段。

### 📖 思考与练习

**一、简答题**

1. 什么是幼儿园课程评价？幼儿园课程评价的主要目的是什么？

2. 幼儿园课程评价的要素主要有哪些？

3. 幼儿园课程评价对幼儿以及教师有哪些影响？

**二、讨论**

1. 联系幼儿心理学的知识和我国社会主义初级阶段的特点，谈谈你对现行幼儿园课程的看法。

2. 结合幼儿园见习，议一议幼儿园使用的教育教学组织形式、方法、手段和途径是否合适，并提出你的建议。

**三、建立资料夹**

1. 收集幼儿园的教育教学计划（教案）。

2. 把所了解到的幼儿园课程的评价方法记录下来。

# 幼稚园课程整体评价标准 (价值标准)

1. 课程是否能促进儿童与伙伴和成人之间的相互作用和学习,并利于儿童对于知识的建构?

2. 课程是否能促进儿童在社会、情感、身体和认知方面的发展,有助于儿童掌握民主社会的价值观?

3. 课程在帮助儿童学习知识和掌握技能的同时,是否能够使儿童形成对学习的积极态度?

4. 课程对儿童来说是有意义的吗? 是否与儿童的生活有关? 是否注重与儿童个人经验的联系并强化这种联系? 能否使他们从课程中获得直接的经验?

5. 对儿童的期望和要求是否合理,是否可行? 抑或在以后学习和掌握这些内容更容易、更有效?

6. 儿童和老师对课程都感兴趣吗?

7. 课程是否对多元文化和语言尊重与敏感? 课程是否期望、允许和欣赏个别差异的存在? 是否有利于形成与家庭的良好关系?

8. 课程是否以儿童现在的知识和能力为基础并促进他们的发展?

9. 课程是否在有意义背景中,帮助儿童形成对概念的理解?

10. 课程是否注重促进各学科之间的联系和综合?

11. 给儿童介绍的知识按照有关的学科标准来看,是否准确、可靠?

12. 儿童有没有必要学习这些知识? 在现阶段学习这些知识是否有效?

13. 课程是否能促进主动学习并且允许儿童做出有意义的选择?

14. 课程是否能促进和鼓励儿童探究和提出问题;而不是看重"正确"的回答或者完成任务的"正确"的方法?

15. 课程是否能够促进较高水平的能力,如思维、推理、问题解决和判断能力的发展?

16. 课程是否能促进和鼓励儿童与成人间的社会性交往?

17. 课程是否尊重儿童对活动、感官刺激、新鲜空气、休息、健康和营养/代谢等的生理需要?

18. 课程是否有利于儿童形成心理安全感、信任感和归属感?

19. 课程是否能使儿童获得成就感和对学习的兴趣?

20. 课程对儿童和教师来说,是否具有灵活性?

# 幼儿园课程整体评价标准

（一）课程目标方面

1. 课程目标是否符合幼稚园的教育目标？

2. 单元的设定及目标是否合宜？

3. 单元目标是否具体可行并能进行评量？是否有明确具体的评价标准？评价方式是否合宜？

（二）物质环境方面

1. 活动区的规划是否合理，不致产生相互干扰的现象？活动空间是否合适？

2. 开放架上是否有各种材料可供幼儿随时使用？

3. 是否有幼儿个人可用的材料，而不必强迫他与其他幼儿共用？

4. 材料的放置是否井然有序，而能鼓励幼儿自动拿取？

5. 活动区的布置是否能将噪音减至最低程度？如：在积木区铺上一块地毯，以减低噪音。

6. 材料的布置与收拾整理是否容易进行？是否让幼儿参与收拾整理？

7. 是否小心地计划室外活动区的学习机会？

（三）交互作用的环境方面

1. 师生之间、幼儿与幼儿之间，是否有相互尊重的气氛？

2. 物质环境是否被充分控制，以便教师将大部分的时间用以观察幼儿或参与幼儿的活动？

3. 幼儿从事活动时，是否能免除干扰或分心？

4. 教师是否注意观察幼儿的活动，并仅于必要时才插手干预？

5. 教师是否根据每位幼儿的需要而拟订个别的成长目标？是否有个别化的课程以达成这些目标？

6. 幼儿相处在一起时，是否有安全感？

7. 是否有活动的常规（例如：活动人数的限制、轮流的时间表等）可避免幼儿不当的竞争？

8. 教师是否有教导幼儿自助的技巧？是否鼓励幼儿互相学习？

9. 是否有提供个别、小组和全班活动的机会？

10. 如有任何限制，教师是否有说明理由并能坚持原则？是否予以强迫限制？

11. 教师是否能示范建设性的行为和健康的态度？

12. 整个教室是否洋溢着温馨和谐的气氛？

（四）活动方面

1. 活动能否达成单元教学目标？

2. 活动展开的方式是否合宜？

3. 活动是否配合幼儿身心状况、季节时令、偶发事件、幼稚园的设备及社区的需要？

4. 教具设计是否合宜？

5. 活动的时间是否适当？

6. 各种课程领域的活动之间有无统整的组织？

7. 活动的方式是否多有变化？

8. 是否能提供许多戏剧表演的机会？

9. 是否利用基本的视听器材？

10. 是否平均重视各种课程领域的活动？

11. 是否有充分的活动材料和活动空间？

12. 是否有提供反复练习的机会？活动是否能够熟练？

13. 幼儿是否有参与计划和评价活动的机会？

（五）作息时间表方面

1. 每日作息时间表是否明确而可预测？

2. 作息时间表安排是否适合幼儿的需要？

3. 作息时间表的安排是否注意动态与静态的穿插？

（六）幼儿进步的评价及报告方面

1. 认知能力：从幼儿的认知发展概况及教师设计的活动内容来评价。

2. 身体及动作：从身体的发展及基本动作之能力来评价，如走、跑、跳、单脚跳、双脚跳、平衡感、眼手协调等。

3. 人格发展：

（1）自我观念的评价：

① 幼儿以什么方式来认定自己的情感？

② 幼儿对行为的控制方式合宜吗？

③ 幼儿如何表现独立和依赖？

④ 幼儿参与活动的程度如何？

⑤ 幼儿对新的经验有何反应方式？

⑥ 幼儿对成功与失败有何反应方式？

（2）人际关系的评价：包括社交技巧、对他人情感的敏感性、尊重他人、参与团体活动的程度、服从命令、与成人的关系等等。

4．习惯及态度的评量：

（1）个人生活习惯与态度的评量。

（2）团体生活适应能力的评量（包括家庭、幼稚园及社会）。

# 幼儿发展评估指标系统

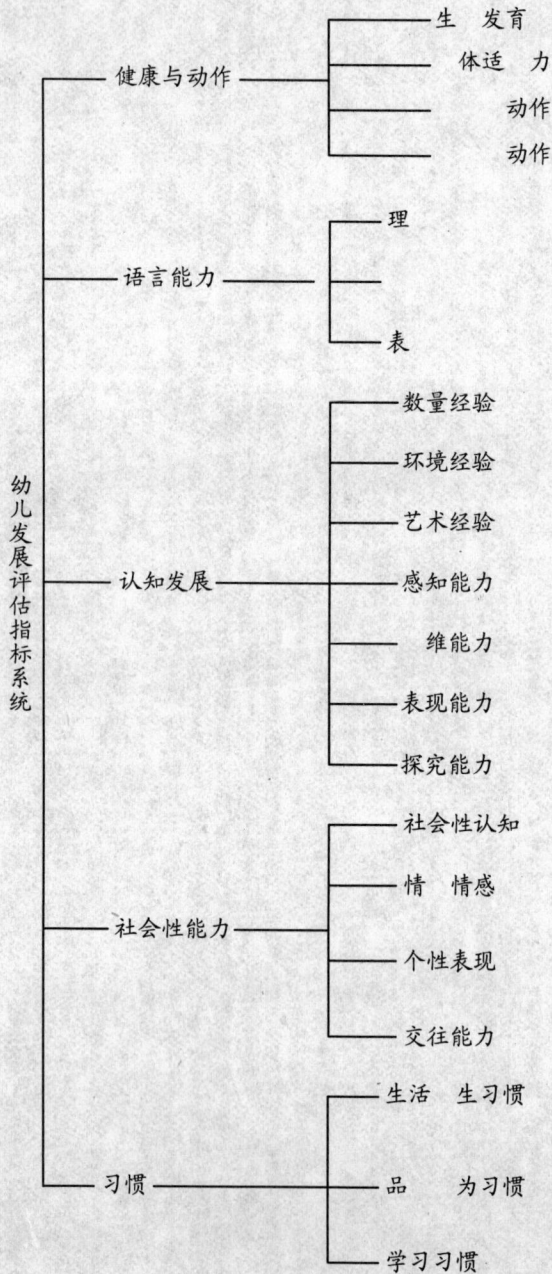

```
                                ┌─── 生  发育
                    健康与动作 ──┤─── 体适  力
                                │─────  动作
                                └─────  动作

                    语言能力  ──┬─── 理
                                ├───
                                └─── 表

                                ┌─── 数量经验
                                ├─── 环境经验
                                ├─── 艺术经验
幼                 认知发展  ──┼─── 感知能力
儿                              ├─── 维能力
发                              ├─── 表现能力
展                              └─── 探究能力
评
估                              ┌─── 社会性认知
指                 社会性能力 ──┤─── 情  情感
标                              ├─── 个性表现
系                              └─── 交往能力
统
                                ┌─── 生活  生习惯
                    习惯    ──┼─── 品  为习惯
                                └─── 学习习惯
```

# 附 录 4

## 幼儿园工作规程

### 第一章 总 则

**第一条** 为了加强幼儿园的科学管理，提高保育和教育质量，依据《中华人民共和国教育法》制定本规程。

**第二条** 幼儿园是对3周岁以上学龄前幼儿实施保育和教育的机构，是基础教育的有机组成部分，是学校教育制度的基础阶段。

**第三条** 幼儿园的任务是：实行保育与教育相结合的原则，对幼儿实施体、智、德、美诸方面全面发展的教育，促进其身心和谐发展。

幼儿园同时为家长参加工作、学习提供便利条件。

**第四条** 幼儿园适龄幼儿为3周岁至6周岁（或7周岁）。

幼儿园一般为三年制，亦可设一年制或两年制的幼儿园。

**第五条** 幼儿园保育和教育的主要目标是：

促进幼儿身体正常发育和机能的协调发展，增强体质，培养良好的生活习惯、卫生习惯和参加体育活动的兴趣。

发展幼儿智力，培养正确运用感官和运用语言交往的基本能力，增进对环境的认识，培养有益的兴趣和求知欲望，培养初步的动手能力。

萌发幼儿爱家乡、爱祖国、爱集体、爱劳动、爱科学的情感，培养诚实、自信、好问、友爱、勇敢、爱护公物、克服困难、讲礼貌、守纪律等良好的品德行为和习惯，以及活泼、开朗的性格。

培养幼儿初步的感受美和表现美的情趣和能力。

**第六条** 尊重、爱护幼儿、严禁虐待、歧视、体罚和变相体罚、侮辱幼儿人格等损害幼儿身心健康的行为。

**第七条** 幼儿园可分为全日制、半日制、定时制、季节制和寄宿制等。上述形式可分别设置，也可混合设置。

### 第二章 幼儿入园和编班

**第八条** 幼儿园每年秋季招生。平时如有缺额，可随时补招。

幼儿园对烈士子女，家中无人照顾的残疾人子女和单亲子女等入园，应予照顾。

第九条　企业、事业单位和机关、团体、部队设置的幼儿园，除招收本单位工作人员的子女外，有条件的应向社会开放，招收附近居民子女入园。

第十条　幼儿入园前，须按照卫生部门制定的卫生保健制度进行体格检查，合格者方可入园。

幼儿入园除进行体格检查外，严禁任何形式的考试或测查。

第十一条　幼儿园规模以有利于幼儿身心健康，便于管理为原则，不宜过大。

幼儿园每班幼儿人数一般为：小班（3至4周岁）25人，中班（4至5周岁）30人，大班（5周岁至6或7周岁）35人。混合班30人，学前幼儿班不超过40人。

寄宿制幼儿园每班幼儿人数酌减。

幼儿园可按年龄分别编班，也可混合编班。

## 第三章　幼儿园的卫生保健

第十二条　幼儿园必须切实做好幼儿生理和心理卫生保健工作。幼儿园应严格执行卫生部颁发的托儿所、幼儿园卫生保健制度>>以及其他有关卫生保健的法规、规章和制度。

第十三条　幼儿园应制订合理的幼儿一日生活作息制度。两餐间隔时间不得少于三小时半。幼儿户外活动时间在正常情况下，每天不得少于二小时，寄宿制幼儿园不得少于三小时，高寒、高温地区可酌情增减。

第十四条　幼儿园应建立幼儿健康检查制度和幼儿健康卡或档案。每年体检一次，每半年测身高、视力一次，每季度量体重一次，并对幼儿身体健康发展状况定期进行分析、评价。

应注意幼儿口腔卫生，保护视力。

第十五条　幼儿园应建立卫生消毒、病儿隔离制度，认真做好计划免疫和疾病防治工作。

幼儿园内严禁吸烟。

第十六条　幼儿园应建立房屋、设备、消防、交通等安全防护和检查制度；建立食品、药物等管理制度和幼儿接送制度，防止发生各种意外事故。

应加强对幼儿的安全教育。

第十七条　供给膳食的幼儿园应为幼儿提供合理膳食，编制营养平衡的幼儿食谱，定期计算和分析幼儿的进食量和营养素摄取量。

第十八条　幼儿园应保证供给幼儿饮水，为幼儿饮水提供便利条件。要培养幼儿良好的大、小便习惯，不得限制幼儿便溺的次数、时间等。

第十九条　积极开展适合幼儿的体育活动，每日户外体育活动不得少于一小时。加强冬季锻炼。

要充分利用日光、空气、水等自然因素，以及本地自然环境，有计划地锻炼幼儿肌体，增强身体的适应和抵抗能力。

对体弱或有残疾的幼儿予以特殊照顾。

**第二十条** 幼儿园夏季要做好防暑降温工作，冬季要做好防寒保暖工作，防止中暑和冻伤。

### 第四章 幼儿园的教育

**第二十一条** 幼儿园教育工作的原则是：

体、智、德、美诸方面的教育应互相渗透，有机结合。

遵循幼儿身心发展的规律，符合幼儿的年龄特点，注重个体差异，因人施教，引导幼儿个性健康发展。

面向全体幼儿，热爱幼儿，坚持积极鼓励、启发诱导的正面教育。

合理地综合组织各方面的教育内容，并渗透于幼儿一日生活的各项活动中，充分发挥各种教育手段的交互作用。

创设与教育相适应的良好环境，为幼儿提供活动和表现能力的机会与条件。以游戏为基本活动，寓教育于各项活动之中。

**第二十二条** 幼儿一日活动的组织应动静交替，注重幼儿的实践活动，保证幼儿愉快的、有益的自由活动。

**第二十三条** 幼儿园日常生活组织，要从实际出发，建立必要的合理的常规，坚持一贯性、一致性和灵活性的原则，培养幼儿的良好习惯和初步的生活自理能力。

**第二十四条** 幼儿园的教育活动应是有目的、有计划引导幼儿生动、活泼、主动活动的，多种形式的教育过程。

教育活动的内容应根据教育目的，幼儿的实际水平和兴趣，以循序渐进为原则，有计划地选择和组织。

组织活动应根据不同的教育内容，充分利用周围环境的有利条件，积极发挥幼儿感官作用，灵活地运用集体或个别活动的形式，为幼儿提供充分活动的机会，注重活动的过程，促进每个幼儿在不同水平上得到发展。

**第二十五条** 游戏是对幼儿进行全面发展教育的重要形式。

应根据幼儿的年龄特点选择和指导游戏。

应因地制宜地为幼儿创设游戏条件（时间、空间、材料）。游戏材料应强调多功能和可变性。

应充分尊重幼儿选择游戏的意愿，鼓励幼儿制作玩具，根据幼儿的实际经验和兴趣，在游戏过程中给予适当指导，保持愉快的情绪，促进幼儿能力和个性的全面发展。

**第二十六条** 幼儿园的品德教育应以情感教育和培养良好行为习惯为主，注重潜移默化的影响，并贯穿于幼儿生活以及各项活动之中。

**第二十七条** 幼儿园应在各项活动的过程中，根据幼儿不同的心理发展水平，注重培养幼儿良好的个性心理品质，尤应注意根据幼儿个体差异，研究有效的活动形式和方法，不要强求一律。

**第二十八条** 幼儿园应当使用全国通用的普通话，招收少数民族幼儿为主的幼儿园，可使用当地少数民族通用的语言。

第二十九条　幼儿园和小学应密切联系，互相配合，注意两个阶段教育的相互衔接。

## 第五章　幼儿园的园舍、设备

第三十条　幼儿园应设活动室、儿童厕所、盥洗室、保健室、办公用房和厨房。有条件的幼儿园可单独设音乐室、游戏室、体育活动室和家长接待室等。寄宿制幼儿园应设寝室、隔离室、浴室、洗衣间和教职工值班室等。

第三十一条　幼儿园应有与其规模相适应的户外活动场地，配备必要的游戏和体育活动设施，并创造条件开辟沙地、动物饲养角和种植园地。应根据幼儿园特点，绿化、美化园地。

第三十二条　幼儿园应配备适合幼儿特点的桌椅、玩具架、盥洗卫生用具以及必要的教具、玩具、图书和乐器等。

寄宿制幼儿园应配备儿童单人床。

幼儿园的教具、玩具应有教育意义并符合安全、卫生的要求。

幼儿园应因地制宜，就地取材，自制教具、玩具。

第三十三条　幼儿园建筑规划面积定额、建筑设计要求和教具玩具的配备，参照国家有关部门的规定执行。

## 第六章　幼儿园的工作人员

第三十四条　幼儿园按照编制标准设园长、副园长、教师、保育员、医务人员、事务人员、炊事员和其他工作人员。

各省、自治区、直辖市教育行政部门可会同有关部门参照国家教育委员会和原劳动人事部制订的《全日制、寄宿制幼儿园编制标准》，制定具体规定。

第三十五条　幼儿园工作人员应拥护党的基本路线，热爱幼儿教育事业，爱护幼儿，努力学习专业知识和技能，提高文化和专业水平，品德良好、为人师表，忠于职责，身体健康。

第三十六条　幼儿园园长除符合本规程第三十五条要求外，应具备幼儿师范学校（包括职业学校幼儿教育专业）毕业及其以上学历。

幼儿园园长还应有一定的教育工作经验和组织管理能力，并获得幼儿园园长岗位培训合格证书。

幼儿园园长由举办者任命或聘任。非地方人民政府设置的幼儿园园长应报当地教育行政部门备案。

幼儿园园长负责幼儿园的全面工作，其主要职责如下：

（一）贯彻执行国家的有关法律、法规、方针、政策和上级主管部门的规定；

（二）领导教育、卫生保健、安全保卫工作；

（三）负责建立并组织执行各种规章制度；

（四）负责聘任、调配工作人员，指导、检查和评估教师以及其他工作人员的工作，并给予奖惩；

（五）负责工作人员的思想工作，组织文化、业务学习，并为他们的政治和文化、业务进修创造必要的条件；关心和逐步改善工作人员的生活、工作条件，维护他们的合法权益；

（六）组织管理园舍、设备和经费；

（七）组织和指导家长工作；

（八）负责与社区的联系和合作。

**第三十七条** 幼儿园教师必须具有教师资格条例>>规定的幼儿园教师资格，并符合本规程第三十五条规定。

幼儿园教师实行聘任制。

幼儿园教师对本班工作全面负责，其主要职责如下：

（一）观察了解幼儿，依据国家规定的幼儿园课程标准，结合本班幼儿的具体情况，制订和执行教育工作计划，完成教育任务；

（二）严格执行幼儿园安全、卫生保健制度，指导并配合保育员管理本班幼儿生活和做好卫生保健工作；

（三）与家长保持经常联系，了解幼儿家庭的教育环境，商讨符合幼儿特点的教育措施，共同配合完成教育任务；

（四）参加业务学习和幼儿教育研究活动；

（五）定期向园长汇报，接受其检查和指导。

**第三十八条** 幼儿园保育员除符合本规程第三十五条规定外，还应具备初中毕业以上学历，并受过幼儿保育职业培训。

幼儿园保育员的主要职责如下：

（一）负责本班房舍、设备、环境的清洁卫生工作；

（二）在教师指导下，管理幼儿生活，并配合本班教师组织教育活动；

（三）在医务人员和本班教师指导下，严格执行幼儿园安全，卫生保健制度；

（四）妥善保管幼儿衣物和本班的设备、用具。

**第三十九条** 幼儿园医务人员除符合本规程第三十五条规定外，医师应按国家有关规定和程序取得医师资格；医士和护士应当具备中等卫生学校毕业学历，或取得卫生行政部门的资格认可；保健员应当具备高中毕业学历，并受过幼儿保健职业培训。

幼儿园医务人员对全园幼儿身体健康负责，其主要职责如下：

（一）协助园长组织实施有关卫生保健方面的法规、规章和制度，并监督执行；

（二）负责指导调配幼儿膳食，检查食品、饮水和环境卫生；

（三）密切与当地卫生保健机构的联系，及时做好计划免疫和疾病防治等工作；

（四）向全园工作人员和家长宣传幼儿卫生保健等常识；

（五）妥善管理医疗器械、消毒用具和药品。

**第四十条** 幼儿园其他工作人员的资格和职责，参照政府的有关规定执行。

**第四十一条** 对认真履行职责，成绩优良者，应按有关规定给予奖励。

对不履行职责者，应给予批评教育；情节严重的，应给予行政处分；构成犯罪的，由司法机关依法追究刑事责任。

## 第七章　幼儿园的经费

**第四十二条**　幼儿园的经费由举办者依法筹措，保障有必备的办园资金和稳定的经费来源。

**第四十三条**　幼儿园收费按省、自治区、直辖市或地（市）级教育行政部门会同有关部门制定的收费项目、标准和办法执行。幼儿园不得以培养幼儿某种专项技能为由，另外收取费用；亦不得以幼儿表演为手段，进行以营利为目的的活动。

**第四十四条**　省、自治区、直辖市或地（市）级教育行政部门应会同有关部门制定各类幼儿园经费管理办法。

幼儿园的经费应按规定的使用范围合理开支，坚持专款专用，不得挪作他用。

**第四十五条**　任何组织和个人举办幼儿园不得以营利为目的。举办者筹措的经费，应保证保育和教育的需要，有一定比例用于改善办园条件，并可提留一定比例的幼儿园基金。

**第四十六条**　幼儿膳食费应实行民主管理制度，保证全部用于幼儿膳食，每月向家长公布账目。

**第四十七条**　幼儿园应建立经费预算和决算审核制度，严格执行有关财务制度，经费预算和决算，应提交园务委员会或教职工大会审议，并接受财务和审计部门的监督检查。

## 第八章　幼儿园、家庭和社区

**第四十八条**　幼儿园应主动与幼儿家庭配合，帮助家长创设良好的家庭教育环境，向家长宣传科学保育、教育幼儿的知识，共同担负教育幼儿的任务。

**第四十九条**　应建立幼儿园与家长联系的制度。

幼儿园可采取多种形式，指导家长正确了解幼儿园保育和教育的内容、方法，定期召开家长会议，并接待家长的来访和咨询。

幼儿园应认真分析、吸收家长对幼儿园教育与管理工作的意见与建议。幼儿园可实行对家长开放日的制度。

**第五十条**　幼儿园应成立家长委员会。

家长委员会的主要任务是：帮助家长了解幼儿园工作计划和要求，协助幼儿园工作；反映家长对幼儿园工作的意见和建议；协助幼儿园组织交流家庭教育的经验。

家长委员会在幼儿园园长指导下工作。

**第五十一条**　幼儿园应密切同社区的联系与合作。宣传幼儿教育的知识，支持社区开展有益的文化教育活动，争取社区支持和参与幼儿园建设。

## 第九章　幼儿园的管理

**第五十二条**　幼儿园实行园长负责制，园长在举办者和教育行政部门领导下，依据本规程负责领导全园工作。

幼儿园可建立园务委员会。园务委员会由保教、医务、财会等人员的代表以及家长的代表组成。园长任园务委员会主任。

园长定期召开园务会议（遇重大问题可临时召集）对全园工作计划，工作总结，人员奖惩，财务预算和决算方案，规章制度的建立、修改、废除，以及其他涉及全园工作的重要问题进行审议。

不设园务委员会的幼儿园，上述重大事项由园长召集全体教职工会议商议。

第五十三条　幼儿园应建立教职工大会制度，或以教师为主体的教职工代表会议制度，加强民主管理和监督。

第五十四条　党在幼儿园的基层组织要发挥政治核心作用。园长要充分发挥共青团、工会等其他组织在幼儿园工作中的作用。

第五十五条　幼儿园应制定年度工作计划，定期部署、总结和报告工作。每学年末应向行政主管部门和教育行政部门报告工作，必要时随时报告。

第五十六条　幼儿园应接受上级教育督导人员的检查、监督和指导。要根据督导的内容和要求，切实报告工作，反映情况。

第五十七条　幼儿园应建立教育研究、业务档案、财务管理、园务会议、人员奖惩、安全管理以及与家庭、小学联系等制度。幼儿园应建立工作人员名册、幼儿名册和其他统计表册，每年向教育行政部门报送统计表。

第五十八条　幼儿园在当地小学寒、暑假期间，以不影响家长工作为原则，工作人员可轮流休假，具体办法由举办者自定。

## 第十章　附　则

第五十九条　本规程适用于城乡各类幼儿园。

第六十条　各省、自治区、直辖市教育行政部门可根据本规程，制订具体实施办法。

各省、自治区、直辖市教育行政部门，可根据规程对不同地区、不同类别的幼儿园分别提出不同要求，分期分批地有步骤地组织实施。亦可制订本地区不同类型幼儿园的工作规程。

条六十一条　本规程由国家教育委员会负责解释。

第六十二条　本规程自 1996 年 6 月 1 日施行。1989 年 6 月 5 日国家教育委员会第 2 号令发布的幼儿园工作规程（试行同时废止）。

# 幼儿园教育指导纲要（试行）

## 第一部分　总　则

一、为贯彻《中华人民共和国教育法》、《幼儿园管理条例》和《幼儿园工作规程》，指导幼儿园深入实施素质教育，特制定本纲要。

二、幼儿园教育是基础教育的重要组成部分，是我国学校教育和终身教育的奠基阶段。城乡各类幼儿园都应从实际出发，因地制宜地实施素质教育，为幼儿一生的发展打好基础。

三、幼儿园应与家庭、社区密切合作，与小学相互衔接，综合利用各种教育资源，共同为幼儿的发展创造良好的条件。

四、幼儿园应为幼儿提供健康、丰富的生活和活动环境，满足他们多方面发展的需要，使他们在快乐的童年生活中获得有益于身心发展的经验。

五、幼儿园教育应尊重幼儿的人格和权利，尊重幼儿身心发展的规律和学习特点，以游戏为基本活动，保教并重，关注个别差异，促进每个幼儿富有个性的发展。

## 第二部分　教育内容与要求

幼儿园的教育内容是全面的、启蒙性的，可以相对划分为健康、语言、社会、科学、艺术等五个领域，也可作其他不同的划分。各领域的内容相互渗透，从不同的角度促进幼儿情感、态度、能力、知识、技能等方面的发展。

一、健康

（一）目标

1. 身体健康，在集体生活中情绪安定、愉快；

2. 生活、卫生习惯良好，有基本的生活自理能力；

3. 知道必要的安全保健常识，学习保护自己；

4. 喜欢参加体育活动，动作协调、灵活。

（二）内容与要求

1. 建立良好的师生、同伴关系，让幼儿在集体生活中感到温暖，心情愉快，形成安全感、信赖感。

2. 与家长配合，根据幼儿的需要建立科学的生活常规。培养幼儿良好的饮食、睡眠、盥洗、排泄等生活习惯和生活自理能力。

3．教育幼儿爱清洁、讲卫生，注意保持个人和生活场所的整洁和卫生。

4．密切结合幼儿的生活进行安全、营养和保健教育，提高幼儿的自我保护意识和能力。

5．开展丰富多彩的户外游戏和体育活动，培养幼儿参加体育活动的兴趣和习惯，增强体质，提高对环境的适应能力。

6．用幼儿感兴趣的方式发展基本动作，提高动作的协调性、灵活性。

7．在体育活动中，培养幼儿坚强、勇敢、不怕困难的意志品质和主动、乐观、合作的态度。

（三）指导要点

1．幼儿园必须把保护幼儿的生命和促进幼儿的健康放在工作的首位。树立正确的健康观念，在重视幼儿身体健康的同时，要高度重视幼儿的心理健康。

2．既要高度重视和满足幼儿受保护、受照顾的需要，又要尊重和满足他们不断增长的独立要求，避免过度保护和包办代替，鼓励并指导幼儿自理、自立的尝试。

3．健康领域的活动要充分尊重幼儿生长发育的规律，严禁以任何名义进行有损幼儿健康的比赛、表演或训练等。

4．培养幼儿对体育活动的兴趣是幼儿园体育的重要目标，要根据幼儿的特点组织生动有趣、形式多样的体育活动，吸引幼儿主动参与。

二、语言

（一）目标

1．乐观与人交谈，讲话礼貌；

2．注意倾听对方讲话，能理解日常用语；

3．能清楚地说出自己想说的事；

4．喜欢听故事、看图书；

5．能听懂和会说普通话。

（二）内容与要求

1．创造一个自由、宽松的语言交往环境，支持、鼓励、吸引幼儿与教师、同伴或其他人交谈，体验语言交流的乐趣，学习使用适当的、礼貌的语言交往。

2．养成幼儿注意倾听的习惯，发展语言理解能力。

3．鼓励幼儿大胆、清楚地表达自己的想法和感受，尝试说明、描述简单的事物或过程，发展语言表达能力和思维能力。

4．引导幼儿接触优秀的儿童文学作品，使之感受语言的丰富和优美，并通过多种活动帮助幼儿加深对作品的体验和理解。

5．培养幼儿对生活中常见的简单标记和文字符号的兴趣。

6．利用图书、绘画和其他多种方式，引发幼儿对书籍、阅读和书写的兴趣，培养前阅读和前书写技能。

7．提供普通话的语言环境，帮助幼儿熟悉、听懂并学说普通话。少数民族地区还应帮助幼儿学习本民族语言。

（三）指导要点

1. 语言能力是在运用的过程中发展起来的，发展幼儿语言的关键是创设一个能使他们想说、敢说、喜欢说、有机会说并能得到积极应答的环境。

2. 幼儿语言的发展与其情感、经验、思维、社会交往能力等其他方面的发展密切相关，因此，发展幼儿语言的重要途径是通过互相渗透的各领域的教育，在丰富多彩的活动中去扩展幼儿的经验，提供促进语言发展的条件。

3. 幼儿的语言学习具有个别化的特点，教师与幼儿的个别交流、幼儿之间的自由交谈等，对幼儿语言发展具有特殊意义。

4. 对有语言障碍的儿童要给予特别关注，要与家长和有关方面密切配合，积极地帮助他们提高语言能力。

三、社会

（一）目标

1. 能主动地参与各项活动，有自信心；

2. 乐意与人交往，学习互助、合作和分享，有同情心；

3. 理解并遵守日常生活中基本的社会行为规则；

4. 能努力做好力所能及的事，不怕困难，有初步的责任感；

5. 爱父母长辈、老师和同伴，爱集体、爱家乡、爱祖国。

（二）内容与要求

1. 引导幼儿参加各种集体活动，体验与教师、同伴等共同生活的乐趣，帮助他们正确认识自己和他人，养成对他人、社会亲近、合作的态度，学习初步的人际交往技能。

2. 为每个幼儿提供表现自己长处和获得成功的机会，增强其自尊心和自信心。

3. 提供自由活动的机会，支持幼儿自主地选择、计划活动，鼓励他们通过多方面的努力解决问题，不轻易放弃克服困难的尝试。

4. 在共同的生活和活动中，以多种方式引导幼儿认识、体验并理解基本的社会行为规则，学习自律和尊重他人。

5. 教育幼儿爱护玩具和其他物品，爱护公物和公共环境。

6. 与家庭、社区合作，引导幼儿了解自己的亲人以及与自己生活有关的各行各业人们的劳动，培养其对劳动者的热爱和对劳动成果的尊重。

7. 充分利用社会资源，引导幼儿实际感受祖国文化的丰富与优秀，感受家乡的变化和发展，激发幼儿爱家乡、爱祖国的情感。

8. 适当向幼儿介绍我国各民族和世界其他国家、民族的文化，使其感知人类文化的多样性和差异性，培养理解、尊重、平等的态度。

（三）指导要点

1. 社会领域的教育具有潜移默化的特点。幼儿社会态度和社会情感的培养尤应渗透在多种活动和一日生活的各个环节之中，要创设一个能使幼儿感受到接纳、关爱和支持的良好环境，避免单一呆板的言语说教。

2. 幼儿与成人、同伴之间的共同生活、交往、探索、游戏等，是其社会学习的重要途径。应为幼儿提供人际间相互交往和共同活动的机会和条件，并加以指导。

3. 社会学习是一个漫长的积累过程，需要幼儿园、家庭和社会密切合作，协调一致，共同促进幼儿良好社会性品质的形成。

四、科学

（一）目标

1. 对周围的事物、现象感兴趣，有好奇心和求知欲；

2. 能运用各种感官，动手动脑，探究问题；

3. 能用适当的方式表达、交流探索的过程和结果；

4. 能从生活和游戏中感受事物的数量关系并体验到数学的重要和有趣；

5. 爱护动植物，关心周围环境，亲近大自然，珍惜自然资源，有初步的环保意识。

（二）内容与要求

1. 引导幼儿对身边常见事物和现象的特点、变化规律产生兴趣和探究的欲望。

2. 为幼儿的探究活动创造宽松的环境，让每个幼儿都有机会参与尝试，支持、鼓励他们大胆提出问题，发表不同意见，学会尊重别人的观点和经验。

3. 提供丰富的可操作的材料，为每个幼儿都能运用多种感官。多种方式进行探索提供活动的条件。

4. 通过引导幼儿积极参加小组讨论、探索等方式，培养幼儿合作学习的意识和能力，学习用多种方式表现、交流、分享探索的过程和结果。

5. 引导幼儿对周围环境中的数、量、形、时间和空间等现象产生兴趣，建构初步的数概念，并学习用简单的数学方法解决生活和游戏中某些简单的问题。

6. 从生活或媒体中幼儿熟悉的科技成果入手，引导幼儿感受科学技术对生活的影响，培养他们对科学的兴趣和对科学家的崇敬。

7. 在幼儿生活经验的基础上，帮助幼儿了解自然、环境与人类生活的关系。从身边的小事入手，培养初步的环保意识和行为。

（三）指导要点

1. 幼儿的科学教育是科学启蒙教育，重在激发幼儿的认识兴趣和探究欲望。

2. 要尽量创造条件让幼儿实际参加探究活动，使他们感受科学探究的过程和方法，体验发现的乐趣。

3. 科学教育应密切联系幼儿的实际生活进行，利用身边的事物与现象作为科学探索的对象。

五、艺术

（一）目标

1. 能初步感受并喜爱环境、生活和艺术中的美；

2. 喜欢参加艺术活动，并能大胆地表现自己的情感和体验；

3. 能用自己喜欢的方式进行艺术表现活动。

（二）内容与要求

1. 引导幼儿接触周围环境和生活中美好的人、事、物，丰富他们的感性经验和审美情趣，激发他们表现美、创造美的情趣。

2. 在艺术活动中面向全体幼儿，要针对他们的不同特点和需要，让每个幼儿都得到美的熏陶和培养。对有艺术天赋的幼儿要注意发展他们的艺术潜能。

3. 提供自由表现的机会，鼓励幼儿用不同艺术形式大胆地表达自己的情感、理解和想象，尊重每个幼儿的想法和创造，肯定和接纳他们独特的审美感受和表现方式，分享他们创造的快乐。

4. 在支持、鼓励幼儿积极参加各种艺术活动并大胆表现的同时，帮助他们提高表现的技能和能力。

5. 指导幼儿利用身边的物品或废旧材料制作玩具、手工艺品等来美化自己的生活或开展其他活动。

6. 为幼儿创设展示自己作品的条件，引导幼儿相互交流、相互欣赏、共同提高。

（三）指导要点

1. 艺术是实施美育的主要途径，应充分发挥艺术的情感教育功能，促进幼儿健全人格的形成。要避免仅仅重视表现技能或艺术活动的结果，而忽视幼儿在活动过程中的情感体验和态度的倾向。

2. 幼儿的创作过程和作品是他们表达自己的认识和情感的重要方式，应支持幼儿富有个性和创造性的表达，克服过分强调技能技巧和标准化要求的偏向。

3. 幼儿艺术活动的能力是在大胆表现的过程中逐渐发展起来的，教师的作用应主要在于激发幼儿感受美、表现美的情趣，丰富他们的审美经验，使之体验自由表达和创造的快乐。在此基础上，根据幼儿的发展状况和需要，对表现方式和技能技巧给予适时、适当的指导。

## 第三部分　组织与实施

一、幼儿园的教育是为所有在园幼儿的健康成长服务的，要为每一个儿童，包括有特殊需要的儿童提供积极的支持和帮助。

二、幼儿园的教育活动，是教师以多种形式有目的、有计划地引导幼儿生动、活泼、主动活动的教育过程。

三、教育活动的组织与实施过程是教师创造性地开展工作的过程。教师要根据本《纲要》，从本地、本国的条件出发，结合本班幼儿的实际情况，制定切实可行的工作计划并灵活地执行。

四、教育活动目标要以《幼儿园工作规程》和本《纲要》所提出的各领域目标为指导，结合本班幼儿的发展水平、经验和需要来确定。

五、教育活动内容的选择应遵照本《纲要》第二部分的有关条款进行，同时体现以下原则：

（一）既适合幼儿的现有水平，又有一定的挑战性。

（二）既符合幼儿的现实需要，又有利于其长远发展。

（三）既贴近幼儿的生活来选择幼儿感兴趣的事物和问题，又有助于拓展幼儿的经验和视野。

六、教育活动内容的组织应充分考虑幼儿的学习特点和认识规律，各领域的内容要有机联系，相互渗透，注重综合性、趣味性、活动性，寓教育于生活、游戏之中。

七、教育活动的组织形式应根据需要合理安排，因时、因地、因内容、因材料灵活地运用。

八、环境是重要的教育资源，应通过环境的创设和利用，有效地促进幼儿的发展。

（一）幼儿园的空间、设施、活动材料和常规要求等应有利于引发、支持幼儿的游戏和各种探索活动，有利于引发、支持幼儿与周围环境之间积极的相互作用。

（二）幼儿同伴群体及幼儿园教师集体是宝贵的教育资源，应充分发挥这一资源的作用。

（三）教师的态度和管理方式应有助于形成安全、温馨的心理环境；言行举止应成为幼儿学习的良好榜样。

（四）家庭是幼儿园重要的合作伙伴。应本着尊重、平等、合作的原则，争取家长的理解、支持和主动参与，并积极支持、帮助家长提高教育能力。

（五）充分利用自然环境和社区的教育资源，扩展幼儿生活和学习的空间。幼儿园同时应为社区的早期教育提供服务。

九、科学、合理地安排和组织一日生活。

（一）时间安排应有相对的稳定性与灵活性，既有利于形成秩序，又能满足幼儿的合理需要，照顾到个体差异。

（二）教师直接指导的活动和间接指导的活动相结合，保证幼儿每天有适当的自主选择和自由活动时间。教师直接指导的集体活动要能保证幼儿的积极参与，避免时间的隐性浪费。

（三）尽量减少不必要的集体行动和过渡环节，减少和消除消极等待现象。

（四）建立良好的常规，避免不必要的管理行为，逐步引导幼儿学习自我管理。

十、教师应成为幼儿学习活动的支持者、合作者、引导者。

（一）以关怀、接纳、尊重的态度与幼儿交往。耐心倾听，努力理解幼儿的想法与感受，支持、鼓励他们大胆探索与表达。

（二）善于发现幼儿感兴趣的事物、游戏和偶发事件中所隐含的教育价值，把握时机，积极引导。

（三）关注幼儿在活动中的表现和反应，敏感地察觉他们的需要，及时以适当的方式应答，形成合作探究式的师生互动。

（四）尊重幼儿在发展水平、能力、经验、学习方式等方面的个体差异，因人施教，努力使每一个幼儿都能获得满足和成功。

（五）关注幼儿的特殊需要，包括各种发展潜能和不同发展障碍，与家庭密切配合，共同促进幼儿健康成长。

十一、幼儿园教育要与0～3岁儿童的保育教育以及小学教育相互衔接。

## 第四部分　教　育　评　价

一、教育评价是幼儿园教育工作的重要组成部分，是了解教育的适宜性、有效性，调整和改进工作，促进每一个幼儿发展，提高教育质量的必要手段。

二、管理人员、教师、幼儿及其家长均是幼儿园教育评价工作的参与者。评价过程是各方共同参与、相互支持与合作的过程。

三、评价的过程，是教师运用专业知识审视教育实践，发现、分析、研究、解决问题的过程，也是其自我成长的重要途径。

四、幼儿园教育工作评价实行以教师自评为主，园长以及有关管理人员、其他教师和家长等参与评价的制度。

五、评价应自然地伴随着整个教育过程进行。综合采用观察、谈话、作品分析等多种方法。

六、幼儿的行为表现和发展变化具有重要的评价意义，教师应视之为重要的评价信息和改进工作的依据。

七、教育工作评价宜重点考察以下方面：

（一）教育计划和教育活动的目标是否建立在了解本班幼儿现状的基础上。

（二）教育的内容、方式、策略、环境条件是否能调动幼儿学习的积极性。

（三）教育过程是否能为幼儿提供有益的学习经验，并符合其发展需要。

（四）教育内容、要求能否兼顾群体需要和个体差异，使每个幼儿都能得到发展，都有成功感。

（五）教师的指导是否有利于幼儿主动、有效地学习。

八、对幼儿发展状况的评估，要注意：

（一）明确评价的目的是了解幼儿的发展需要，以便提供更加适宜的帮助和指导。

（二）全面了解幼儿的发展状况，防止片面性，尤其要避免只重知识和技能，忽略情感、社会性和实际能力的倾向。

（三）在日常活动与教育教学过程中采用自然的方法进行。平时观察所获的具有典型意义的幼儿行为表现和所积累的各种作品等，是评价的重要依据。

（四）承认和关注幼儿的个体差异，避免用划一的标准评价不同的幼儿，在幼儿面前慎用横向的比较。

（五）以发展的眼光看待幼儿，既要了解现有水平，更要关注其发展的速度、特点和倾向等。

# 主要参考文献

北京市教育局幼儿教育教研室. 1979. 北京幼儿园教学大纲和教材（小班试用），北京：北京出版社：50-58.

北京市教育科学研究所. 1985. 陈鹤琴文集（下卷）. 北京：北京出版社.

陈文华. 2007. 中外学前教育史. 北京：科学出版社.

崔允漷，杜萍. 1999. 校本课程开发：辩护与机制. 教育发展研究，11.

戴自俺. 1994. 张雪门幼儿教育文集（上卷）. 北京：北京少儿出版社.

冯晓霞. 2001. 幼儿园课程. 北京：北京师范大学出版社.

何幼华. 2001. 幼儿园课程. 北京：北京师范大学出版社.

黄瑾. 2007. 幼儿园教育活动设计与指导. 上海：华东师范大学出版社.

霍力岩，孙冬梅，等. 2006. 幼儿园课程开发与教师专业发展. 北京：教育科学出版社.

教育部基础教育司. 2002. 幼儿园教育指导纲要（试行）解读. 南京：江苏教育出版社.

拉尔夫·泰勒. 1994. 课程与教学的基本原理. 施良方，译. 北京：人民教育出版社.

劳伦斯·斯坦豪斯·宾特雷伊. 1989. 课程研究与课程编制入门. 诸平，等译. 北京：春秋出版社.

廖哲勋、田慧生. 2003. 课程新论. 北京：教育科学出版社.

林崇德. 1995. 发展心理学. 北京：人民教育出版社.

刘立民. 2006. 幼儿园课程论. 大连：大连理工大学大学.

鲁艳. 1999. 校本课程：要领必须正确理解. 教育发展研究，12.

彭俊英. 2003. 对构建幼儿园课程评价方案的粗浅思考. 学前教育研究，(7-8)：46.

上海市教委教研室. 2004. 幼儿园课程园本化. 上海：上海教育出版社.

上海中小学课程教材改革委员会. 2002. 幼儿园教师参考用书教师参考用书（学习活动）. 上海：上海教育出
    版社：68-80.

石筠弢. 1999. 学前教育课程论. 北京：北京师范大学出版社.

唐淑. 2007. 学前教育史. 北京：人民教育出版社.

王春燕. 2007. 幼儿园课程概论. 北京：高等教育出版社.

吴刚平. 1999. 校本课程开发活动的类型分析. 教育发展研究，11，3.

小威廉姆·多尔. 2000. 后现代课程论. 北京：教育科学出版社.

许卓娅. 2005. 幼儿园课程理论与实践. 南京：南京师范大学出版社.

杨向东. 1999. 学前儿童发展心理学. 上海：华东师范大学出版社.

杨晓萍. 2002. 学前教育回归生活课程研究. 重庆：西南师范大学出版社.

虞永平，彭俊英. 对我国幼儿园课程评价现状的分析和建议. 人民教育，2003（11）：23.

虞永平. 2006. 学前课程的多视角透视. 南京：凤凰传媒集团江苏教育出版社.

张承芬. 2006. 教育心理学. 济南：山东教育出版社.

张华. 2000. 课程与教学论. 上海：上海教育出版社.

张毅龙. 2007. 陈鹤琴教学法. 北京：教育科学出版社.

郑健成. 2007. 学前教育学. 上海：复旦大学出版社.

中国学前教育史编写组. 2002. 中国学前教育史资料选. 北京：人民教育出版社.

中国学前教育研究会. 2003. 为了每个幼儿的健康成长. 南京：江苏教育出版社.

钟启泉. 2003. 现代课程论. 上海：华东师范大学出版社.

周玮. 2008. 当前我国幼儿园课程多元化现状及思考. 学前教育，9（9）：35-37.

朱家雄. 2003. 幼儿园课程论. 上海：华东师范大学出版社.

朱家雄. 2008. 幼儿园教育活动设计与实施. 北京：高等教育出版社.

W．H．克伯屈. 1990. 教学方法论原理. 北京.人民教育出版社：136

See Elliot, J.A., Curriculum for study of human affairs: The contribution of lawrence stenhouse. Journal of Curriculum Studies,15（2）：112.

幼儿园课程论